세계를
정복한
식물들

What Have Plants Ever Done for Us
First published in the Korean language by Book's Hill Publishers, 2020
First published in 2015 by the Bodleian Library, Broad Street, Oxford OX1 3BG

인류의 역사를 이끈 50가지 식물 이야기

세계를 정복한 식물들

스티븐 해리스 지음
장진영 옮김

돌배나무

차례

들어가며

> 미개하기만 한 국가는 없다. 아무리 미개한 국가라도 나름의 독창성과 창의력을 발휘해 과도한 식욕을 충족시킨다.
>
> 토마스 타운센드, 《스페인의 멕시코 정복의 역사》(1738)[1]

식물은 지구상의 모든 생명의 근본이다. 우리가 숨쉬는 이 공기도 식물에서 얻는다. 누구나 다 아는 사실이지만, 우리는 식물을 연극의 주인공이 아닌 보조 출연자로 취급한다. 예컨대 식물은 정원을 구성하는 한 부분에 지나지 않고 메인 요리가 돋보이도록 곁들이는 가니쉬일 뿐이다. 그러나 식물은 인간의 삶 속에 만연해 있다. 과거의 야생만큼 현대의 도시에서도 식물은 우리의 삶 곳곳에 스며들어 있다. 나는 3시간 동안 식물 40여 종의 생산물과 접촉했다. 하루 동안 접촉하는 수는 족히 그 두 배는 될 것이다. 참고로 앞서 언급한 40여 종의 식물 중 절반 정도가 이 책에 등장한다. 내가 온종일 '식물과 씨름하는' 식물 과학자이기 때문에 하루 만에 이렇게 다양한 식물에서 나온 생산물을 접하는 것이 아니다. 식물에 직접적으로 영향을 받지 않는 인간의 삶의 영역은 없다고 해도 과언이 아니다. 이때 식물은 다양한 모습을 한다. 그리고 각각의 식물에는 자신만의 이야기가 있다. 예측 가능한 이야기도 일부 있지만, 대다수가 놀라운 이야기다. 내가 아침에 먹은 비스킷을 예로 들어보겠다. 지금 우리가 알고 있는 밀의 탄생 배경에는 1만 년의 오랜 선별과정이 있었다. 그리고 기발한 산업 아이디어에서 지금의 초콜릿이 나왔다. 설탕, 팜유와 야자유 등 다른 재료들이 만들어지기까지의 역사도 밀과 초콜릿의 역사만큼 흥미롭다. 내가 비스킷과 함께 즐기는 차도 마찬가지다. 차의 역사는 밀수, '외국놈' 그리고 전쟁과 얽혀 있다.

전 세계적으로 인류가 활용하고 있는 식물 종수는 대략 5만 가지에 달한다. 이 책에 등장하는 50종은 지극히 개인적인 이유로 선택되었다. 참고로 나는 서구 문명에서 식물의 중요성을 분명히 보여주는 식물 50종을 고르라고 직장동료 10명에게 물었다. 그 결과는 놀랍고도 만족스러웠다. 그들의 선택과 나의 선택이 60퍼센트 일치했다. 나머지는 개인의 독특한 취향과 관심사의 차이로 나온 결과였다.

녹색 식물은 지구상의 생명체에게 없어서는 안 될 존재다. 인간은 광합성 없이 살 수 없다. 광합성은 식물이 햇빛을 이용해 이산화탄소와 물을 포도당으로 전환시키는 과정이다. 인류는 식물의 생체 프로세스에서 벗어나려고 부단히 노력해 왔다. 그러나 인간은 여전히 식량, 연료와 약 그리고 숨 쉴 공기를 얻기 위해서 식물의 건강 상태와 다양성에 의존하고 있다. 한마디로 인간의 모든 활동은 식물에 의해 좌우된다. 심지어 3억 년 동안 이 지구상에 존재하지 않았던 식물도 인간의 활동을 좌지우지한다.

농부가 된 약탈자

1만 년 전, 수천만 년 동안 북반구를 둘러싸고 있던 빙상이 마침내 녹아내렸다. 인류는 서서히 수렵채집생활을 포기하고 한곳에 정착해서 땅을 일구고 식물을 재배하고 동물을 사육하기 시작했다. 이것이 바로 인류 문명의 발전에 핵심이 되는 혁명적인 사건이었다. 고대 인류는 그야말로 손에 잡히는 대로 먹고살았다. 그래서 그들의 삶은 그들이 발견한 동식물의 습성과 서식지에 달려 있었다. 그러나 아주 원시적인 단계의 농업의 등장으로 이 관계가 영원히 바뀌었다. 재배는 역동적인 프로세스다. 재배는 야생식물의 형태학적, 해부학적, 생리학적 그리고 화학적 구조를 변화시켜 농작물로 만들었다. 인류는 가장 키가 크고 가장 단단하고 가장 많은 열매를 맺는 식물을 선택했고, 가장 유용하다고 판단되는 식물의 특징이 대대손손 이어지도록 유전적 변화를 일으켰다. 그 결과 인간의 선택을 받은 식물은 야생에서는 더 이상 생존할 수 없게 되었고 야생종과의 교배도 불가능해졌다. 결국 재배식물도 우리가 그들에게 의존하듯이 우리에게 의존하게 된 것이다.

전 세계적으로 다양한 식물이 재배용으로 주목받았다. 어떤 식물을 재배하느냐는 토양, 기후 그리고 우연에 의해 결정됐다. 그러나 재배 과정은 거의 유사했다. 서구 문명을 탄생시킨 초석들 중 하나로 근동에서 재배된 보리와 밀과 같은 식물을 들 수 있다. 초기 농부들이 유목생활을 포기하면서, 휴대하기 쉬운 것들만 소유할 필요가 없어졌다. 그리고 식량을 장기간 저장하고 재배시기 사이에 씨앗을 보관할 수 있게 되면서 부가 축적되기 시작했다. 그 결과 인구가 늘어났고 사회에 계층이 생겨났으며 정부가 발전하기 시작했다. 전문 지식을 지닌 엘리트 계층도 등장했다. 이런 엘리트 계층에는 정치인과 성직자, 예술가와 건축가, 수학자와 과학자, 엔지니어와 기술자가 있었다. 그 어느 때보다 복잡해진 조직을 관리하기 위해서는 관료체계의 진화, 표준화된 측량단위, 교환 수단이 필요했다. 그리고 행동 방식을 강화하기 위해서 정보, 법체계, 종교 시스템을 기록할 문자도 필요했다. 이전에는 종교, 미신과 불길한 징후로만 설명됐던 자연 현상들이 서서히 과학적으로 해석되기 시작했다. 이런 인류 문명의 발전 속에서 식물과 그 생산물은 모든 단계에서 지대한 기여를 했다.

식물이 우리의 삶에 영향을 미쳐왔다는 것은 분명해 보인다. 하지만 잠깐 생각해보면 식물이 인간의 삶에 영향을 미친 방식들 중 일부 방식들, 즉 보다 깊은 유전적 차원에서의 영향은 덜 명백하다. 인류는 삶에 유용하다고 판단되는 특징을 지닌 식물을 선택해서 재배해왔다. 그리고 인류도 그 선택한 식물이 지닌 나머지 특징들 중 일부에 순응하곤 했다. 가장 기본적이고 어디서나 볼 수 있는 작물인 밀이 바로 그런 식물이었다.

사회적, 정치적, 환경적 그리고 문화적 조건이 다양해졌다. 그 결과 사람들은 특정한 욕구를 충족시키기 위해 다양한 식물을 받아들이고 활용하고 있다. 예컨대, 사과와 비트부터 감자와 토마토에 이르는 채소와 과일을 식단에 추가했다. 팜유, 대두유와 올리브유로 채소와 과일을 요리하고 포도주스, 커피나 차로 풍미를 높인다. 그리고 식물로 천을 물들이고 옷을 만들어 입는다. 파피루스, 뽕나무와 소나무로 만든 종이에 참나무와 같은 식물로 만든 잉크로 기록을 남기기도 하였으며 장미와 튤립과 같은 꽃으로 정원을 가득 채우기도 한다. 그러나 이것들은 우리가 주변 식물을 활용하는 수많은 방법 중에서 극히 일부에 불과하다. 예전부터 인류는 식물로 무언가를 만들고 병을 치료하였으며, 식물 때문에 이동이나 탐험을 감수해왔다.

식물과 그 식물의 생리활성물질은 약물로써 중요하게 여겨졌다. 150개의 약용식물이 기록된 3,500년 전의 이집트 에버스 파피루스와 2,500년 전에 쓰인 아슈르바니팔 국왕의 아시리아 약초 의약서는 약초에 관한 가장 오래된 사료에 속한다.[2] 디오스코리데스는 1세기경 고대 그리스·로마 시대에 사용되던 약초에 관한 지식과 정보를 정리해서《약물에 대하여De Materia Medica》를 남겼다.《약물에 대하여》는 서구 문화에서 가장 유명한 약학서로 르네상스 이전 대부분의 약용식물에 관한 책과 문헌의 기초가 된다.[3] 오늘날에도 여전히 식물을 원료로 만든 약물이 치료제로 널리 사용되고 있다.

시간이 흐르면 어떤 식물은 사람들의 관심을 받다가 그 관심 밖으로 밀려난다. 하지만 친숙한 식물이 새로운 분야에서 활용되기도 한다. 서양주목으로 중세 영국에서 쓰이던 큰 활인 롱보우longbow를 만드는 시장은 아쟁쿠르 전투가 벌어지던 시대만큼 활기차지 않다. 하지만 지금은 껍질과 과거에 주목받지 못했던 가시가 중요하게 사용된다.

식물 고고학자의 등장

정주 문명의 사회적, 문화적 그리고 정치적 변화는 고고학적 기록에 보존되어 있다. 현재 우리는 무덤, 쓰레기와 두엄 더미에서 나온 유물과 기록을 통해 조상의 삶을 이해한다. 그들의 유골은 그들이 어떻게 살다가 죽었고 무엇을 먹었는지를 알려준다. 그리고 일상용품들은 과거 사람들이 어떻게 생활했는지를 알려준다. 문명이 붕괴되고 문화가 사라지면서, 죽은 사람을 매장했던 구덩이나 쓰레기를 파묻었던 구멍도 사라졌다. 그들의 삶의 흔적이라고는 몇 개의 유물과 단편적인 지식기록물이 전부다. 지금 그 누가 절멸된 타이노족을 기억할까? 오직 담배를 뜻하는 'tobacco'와 옥수수를 뜻하는 'maize'라는 영어 단어에서 그들의 삶과 문화를 어렴풋이 느낄 수 있을 뿐이다.

작물기원의 발견은 단순한 지적활동이 아니다. 여기에는 우리가 직접적으로 누릴 수 있는 실용적이고 문화적인 혜택이 존재한다. 인구가 증가하면서 더 많은 식량이 필요해졌다. 식물을 자연 서식지에서 논과 밭으로 가져와 재배하거나 작물의 유용한 특징을 선택적으로 강화한다면 식량 생산량은 증가할 것이다. 이것은 지나치게 단순한 설명이다. 작물이 어떻게 진화했는지 서서히 이해하기 시작하면서, 인류는 작물을 재배하고 개량하는 기술의 정확도를 높일 수 있었다. 만약 예측대로 2050년까지 먹여 살려야 할 인구가 90억 명에 육박하게 된다면 이런 기술들이 필수가 될 것이다.

다윈의 진화론은 현대 생물학을 하나로 묶는 원칙이다. 이 이론은 지구의 생물다양성을 설명할 수 있는 틀을 제공한다. 찰스 다윈과 그레고어 멘델은 자연 개체군이 변화를 거듭하고 유전정보가 한 세대에서 다음 세대로 이어지고 오랜 세월을 거쳐 특정 환경에 적응할 수 있었던 것은 '진화' 덕분이라고 생각했다.

19세기 중반 식물학자들은 도전을 받고 있었다. 프랑스계 스위스인 식물학자 알퐁스 드 캉돌은 생물 형태학, 생물 지리학, 역사학, 언어학 그리고 고고학 등 다양한 학문의 데이터를 활용하고 통합할 필요가 있음을 깨달았다.[4] 유적지에서 식물의 흔적이 발견되었지만 그 고고학적 유물의 연대를 정확하게 추정하고 그것과 현재 식물의 관계를 객관적으로 파악하는 데 어려움을 겪었기 때문이다. 20세기 초, 소련의 유전학자 니콜라이 바빌로프는 식물에 유전적으로 접근했다. 그는 작물을 재배하고 재배작물이 야생 연관식물과 접촉할 수 있는 지역의 현지 작물 가변성이 가장 클 것이라 추론했다.[5] 게다가 현지 작물 품종은 재배지역과 재배환경에 상당히 적응했고 야생 연관식물과 유사한 유전자를 다량 보유하고 있을 것이라 추론했다.

문명과 함께 진화한 작물의 기원을 찾는 것은 대단한 도전이다. 그 난이도는 과소평가되어서는 안 된다. 식물의 부드러운 이파리 부분은 고고학적 흔적을 거의 남기지 않는다. 그러나 지난 세기동안 고고학, 물리학, 과학론, 컴퓨터 공학 그리고 유전학의 발전으로 작물 기원을 조사하는 데 방해가 되는 걸림돌들이 많이 제거되었다.[6] 발굴현장에서 사용되는 고고학적 기술이 정교해지면서 식물 잎의 조각, 작은 씨앗과 화분립을 쉽게 현장에서 채집할 수 있게 되었다. 현대의 연대 추정기술은 개별 식물 조각의 극소 샘플에서 연대를 추정해내고 저렴하고 강력한 공학 기술은 식물 종간의 관계를 복원해낸다. 그리고 DNA시퀀스 분석은 방대한 유전 데이터를 복원한다.

식물의 세력 확장

식물이 자연의 순리대로 번식하도록 내버려뒀다면, 어디에서나 쉽게 볼 수 있는 식물은 거의 없었을 것이다. 사람들은 세계를 탐험하면서 새로운 분야에서 활용할 수 있는 새로운 식물을 발견했고 집으로 가지고 돌아왔다. 서구 문명은 바다 건너 구세계(유럽, 아시아, 아프리카)에서 주로 재배됐던 작물을 받아들였다. 예를 들어, 중국으로부터 쌀, 남아시아와 동남아시아로부터 사탕수수와 바나나, 폴리네시아로부터 코코넛 그리고 아프리카로부터 기름야자나무를 받아들였다. 신세계를 탐험하며 식단을 풍부하게 발전시키기도 했다. 멕시코에서는 옥수수를, 안데스 산맥에 위치한 국가들에서는 감자를 들여왔다. 매운 고추와 이국적인 파인애플과 토마토도 신세계에서 전파된 것이다. 이런 새로운 작물에 대한 열정은 식탁을 넘어 새로운 분야로까지 뻗어나갔다. 사람들은 카카오와 담배에서 약물을 추출했고 뽕나무에서 실크를 뽑아냈으며 정원에 심을 희귀식물을 찾아나섰다. 그중에서도 고무나무는 가장 예측 불가능한 방식으로 세계에 영향을 미쳤다. 그 영향은 개화적이면서 파괴적이었다. 호주 식물, 특히 유칼립투스는 세계 건축역사에 지대한 기여를 했다. 그러나 이상하게도 서구 세계에서 주된 식재료로 사용되는 작물들 중에서 호주 문화에 뿌리를 둔 것은 거의 찾아볼 수 없다.

세계탐험이 우리를 이렇게 매력적인 새로운 식물로 이끌었듯이, 이들에 대한 수요가 탐험의 경계를 넓혔다. 사람들은 새로운 식물에 대한 수요를 충족시키기 위해 보다 넓은 세계를 향해 나아갔다. 사람들은 새로운 영토를 차지하고 자신들의 영토를 보호하기 위해 전쟁을 벌였다. 그리고 지구 끝에서 어렵게 얻은 '보물들'을 본국으로 이송하기 위한 안전하고 효율적인 교통 시스템이 발달하기 시작했다. 참나무, 소나무, 서양주목이나 갈대와 같은 목재와 풀은 배와 무기를 만들고 집을 짓는 데 중요한 재료로 쓰였다. 국가적으로 고기를 많이 소비하거나 가축을 수송하는 시스템을 만들면서 왕포아풀 같은 가축 사료도 필요로 했다. 상인들은 직간접적으로 식물 생산물과 서비스를 거래하면서 부를 축적했다. 포르투갈과 네덜란드는 16세기 동방 향신료 무역을 장악하면서 단숨에 부유한 국가가 되었다. 사람들이 새로운 세계를 탐험하고 전쟁을 벌일 때, 식물도 자연스럽게 그들과 세계를 이동했다. 이렇게 세계로 퍼져나간 대부분의 식물들은 기존 생태계를 파괴하지 않는 종들이었다. 하지만 레그워트와 같은 몇몇 종들은 잡초가 됐고 서구 문명의 발달에서 다른 역할을 했다.

생태계를 교란시키는 인간

2천 년 전, 그리스 철학자 테오프라스토스는 경제적이고 의학적인 이유로 자신의 식물 연구를 정당화했다. 식물학자들도 실리적인 이유를 들면서 식물에 대한 자신들의 관심을 정당화하고 있다. 식물은 녹색 동물이 아니다. 그러므로 식물을 연구할 가치가 있는 존재로 만드는 근본적인 이유가 존재한다. 인구증가로 말미암아 이 지구가 환경적, 정치적 그리고 사회적 위협에 직면한 상황에서 식물의 본질적인 중요성이 다시 한 번 재조명될 것이다. 인류의 역사는 착취의 역사이기도 하다. 박물관, 정원과 밭은 인류가 착취하고 착취당하는 존재임을 여실히 보여주는 증거로 가득하다. 지난 수백 년 동안 인류가 천연자원을 지속가능하게 활용해온 증거는 희박하다. 19세기 미국의 외교관 조지 마시는 '인간은 도처에 존재하는 교란인자다. 인간의 발길이 닿는 곳에서는 항상 자연의 조화가 깨지고 불화가 생긴다.'[7]고 말하며 당대의 통념을 부정했다. 그의 발언에서 짙은 신학적인 색채를 걷어내면, 생태계에 대한 시각은 놀라울 정도로 현대적이다.

조지 마시가 주장한 조화로운 자연을 변함없는 에덴동산으로 생각하면 오산이다. 이 지구는 끊임없이 변하고 적응하고 진화하고 있다. 로빈 후드가 오래된 참나무가 우거진 숲을 누비며 노팅엄의 주장관을 공격하는 모습은 순진하고 상투적인 허상일 뿐이다. 설령 로빈 후드가 존재했더라도, 그는 신석기 시대 이후로 깔끔하게 관리된 풍경을 가로지르며 사냥을 했을 것이다. 그 풍경은 오늘날 햄프셔

Hampshire의 삼림지대인 뉴포레스트를 닮았을지도 모른다.[8] 인간이 '교란인자'임을 보여주는 증거는 도처에 있다. 멸종 동식물의 목록이나 보르네오Borneo 섬부터 브라질에 이르기까지 파괴된 숲이 바로 그 증거다(선옹초, →340쪽).

나는 50종의 식물을 알파벳 순서나 대표적인 활용분야를 기준으로 열거하지 않았다(무엇보다도 하나의 식물이 한 가지 이상의 분야에서 중요하게 사용되는 경우가 대부분이다). 대신 서구 문명의 발전에 첫 영향력을 행사한 시기를 기준으로 열거했다. 예를 들어, 보리와 밀과 같은 식물들은 사회가 탄생하는 순간에 존재했고 그 이후로도 주요 산물로 인간의 삶에 영향을 미쳤다. 후추와 육두구와 같은 식물들은 아주 값비싼 외래종으로 각광을 받았다. 과거에는 이 외래종들을 중심으로 막대한 부가 형성되고 사라지기도 했다.

지금은 어느 집에나 있는 흔한 향신료 중 하나일 뿐이지만, 어떤 식물들은 주변 환경을 바꿨고 어떤 식물들 때문에 전쟁이 벌어지기도 했다. 그리고 어떤 식물들은 의학적 지식을 넓히는 계기가 되기도 했고, 단순히 인간의 삶을 보다 세련되게 만들기도 했다. 예나 지금이나 식물과 그 생산물은 도처에 있다. 이들이 우리의 삶에 미치는 영향은 심오하며 종종 예측할 수 없기까지 하다.

식물의 이름

각 챕터는 식물의 일반명, 학명 그리고 과명으로 시작한다. 국제적으로 통용되는 학술적인 표현인 학명보다 각 나라에서 그들만의 표현으로 부르는 이름인 일반명을 더 선호하는 경향이 있다. 물론 일반명이 학명보다 친숙하고 이해하기 더 쉽다. 하지만 일반명은 지나치게 현지화되어 혼란을 불러일으킬 수 있다. 반면 학명은 전 세계적으로 사용되는 이름이다. 오늘날 모든 생물을 명명할 때 사용되는 이명법을 고안해낸 사람이 바로 스웨덴 식물학자인 칼 폰 린네다. 그는 자신이 알고 있는 모든 생물을 이명법으로 명명했다. 학명은 속명과 그 식물을 처음으로 묘사한 사람의 이름 뒤에 따라오는 종소명, 이 두 개의 단어로 구성된다. 이 책에 나오는 많은 종소명의 뒤에 붙는 머리글자 'L'은 '린네Linné'를 나타낸다. 단일 식물에 붙는 일반명이 얼마나 혼란스러울 수 있는지 그리고 린네의 이명법이 얼마나 큰 차이를 만들어내는지 확인하고 싶다면 왕포아풀을 참조하기를 바란다(→253쪽).

학명도 그 자체로 특이한 정보의 원천일 수 있다. 학명은 장소('중국산'이란 뜻의 *sinensis*와 '브라질산'이란 뜻의 *brasiliensis*), 서식지('초원에서 서식하는'이란 뜻의 *pratensis*) 또는 쓰임새('약용으로 사용되는'이란 뜻의 *officinale*, '염색용의'란 뜻의 *tinctoria*, '수면유도의'란 뜻의 *somniferum*)와 관련 있다. 많은 학명이 어떤 특징을 보여준다(예를 들어, *Helianthus*은 '태양의 꽃'을 의미하고, *fragrans*는 '향기가 나는', *tuberosum*는 '덩이줄기가 있는'이란 의미이며 *nigra*는 '검은색' 그리고 *oleracea*는 '정원에 있는' 또는 '야채'라는 뜻이다). 친구, 후원자 그리고 동료 식물학자를 기리기 위한 학명도 있다(*Cinchona*, *Nicotiana*, *Thaliana* 등이다). 보다 낭만적으로 식물의 특징을 보여주는 학명도 있다. 예를 들어 바나나의 학명은 '*Musa* ×*paradisiaca*'다. 이것은 '낙원의 과실'을 뜻한다. 그리고 카카오의 학명인 '*Theobroma*'는 말 그대로 '신들의 음식'이란 의미다. 이렇듯이 학명은 그 자체로 특정 문화역사의 일부분으로, 식물학자 개개인과 그들이 살았던 시대에 대해서 이야기해 준다.

곳곳에 등장하는 인용어는 명료성을 위해 현대적으로 수정하여 표기했다.

보리

빵, 화폐 그리고 맥주

수천 년 동안 인간은 보리를 재배하고 거래해 왔고, 보리 재배는 서구 문명을 지탱하는 하나의 기틀로 자리잡았다. 밭을 갈고 죽은 듯 보이는 낟알을 뿌리면 이내 새싹이 나고 작물을 맺는다. 이 과정이 1년 주기로 반복된다. 분명히 초기 농부들은 이런 과정을 신비롭게 여겼을 것이다. 그래서 과거에는 밭에 낟알을 뿌리면서 신에게 풍년을 기원하고 익은 곡식을 거두어들일 때 신에게 감사하는 종교 의식이 발달했다. 이것은 지극히 당연한 일이었다. 이러한 종교 의식은 공동의 신앙을 낳고 그 신앙을 중심으로 공동체를 결속시켰으며 공동체 구성원들에게는 미래 생존이 보장되었다는 안도감을 심어줬다. 단, 종교 의식의 제물로 선택되지 않은 이들에 한해서 말이다.

새로운 사회와 제국이 등장하고 사라지는 과정 속에서 이런 종교 의식의 형태도 발전하고 변했다. 그러나 우리는 뒤늦게 등장한 종

보리

Hordeum vulgare L.

볏과

교 관례들에서 앞선 시대의 신앙을 찾아낼 수 있다. 그중 하나가 로비갈리아 축제다. 로마력으로 4월 25일에 열리는 이 축제는 곡물의 신을 위한 것이었다. 한 해의 수확을 기념하기 위해 기독교 의식들이 추분과 관련된 이교도 의식들을 대체했지만,[9] 기독교력의 기원절은 로비갈리아와 유사한 역할을 한다. 이 기간 동안 교구 경계는 통제되고 사람들은 한 해의 풍년을 기원한다. 보리를 의인화한 인물, 존 발리콘에 관한 영국 민요와 설화에서 밭을 갈고 씨를 뿌리고 작물을 수확하는 농사 과정은 한 인간의 탄생, 역경, 죽음 그리고 부활로 묘사된다. 존 발리콘은 음험한 분위기의 컬트영화 〈위커맨The Wicker Man〉(1973)에 등장한다. 영화 속에 등장하는 스코틀랜드의 외딴 마을에서 사람들은 현지에서 재배하는 보리의 일종인 비어bere로 존 발리콘 허수아비를 만드는데, 이 허수아비가 생명을 얻어 인간 제물을 요구하는 '밭의 신'이 된다.

보리를 의미하는 영어 단어 'bere'와 'barley'는 고대 영어 'baerlic'에서 파생됐다. 인간의 농경사에 아주 깊이 박힌 이 고대 영어에서 헛간이라는 뜻의 'barn'이나 또는 보리 창고라는 의미의 'barley place'란 단어가 만들어졌다. 하지만 보리는 본래 유럽이나 북미 농가에 딸린 아늑한 헛간과 아주 멀리 떨어진 곳에서 비롯됐다.

농가에서 재배되는 보리 품종은 '비옥한 초승달 지대'에서 유래된 것으로 여겨지고 있다. 비옥한 초승달 지대는 홍해 북부에서 지중해 동부를 따라 시리아 북부로 이어지는 긴 활 모양의 지역이다. 이 지역은 동쪽으로는 터키 남동부를 통과하고 남동쪽으로 이라크와 이란의 경계를 따라 길게 펼쳐져 있다.

보리가 농가에서 재배되었음을 보여주는 첫 증거는 기원전 8000년경까지 거슬러 올라가 예리코Jericho 인근의 유적지에서 발견된다. 그러나 기원 5세기부터 보리를 주식으로 삼아온 티베트도 보리를 재배했던 주요 지역이다.[10] 보리의 재배종과 고대 야생종에는 두 가지의 중요한 차이점이 존재한다. 야생종의 경우 낟알이 익으면 땅에 떨어지지만 재배종의 경우 끝까지 꽃대에 달려 있어 수확이 훨씬 용이하다. 그리고 이삭을 맺는 과정 자체가 다르다. 보리 이삭에는 각 마디마다 세 개의 낟알꽃이 달리고 이런 세 개의 낟알꽃 더미가 꽃자루의 양쪽에 배열된다. 마디에 달린 세 개의 낟알꽃이 모두 여물거나 가운데 낟알꽃만 여물게 되는데, 세 개의 낟알꽃이 모두 여물면 여섯 줄로 보리 씨알이 열린다. 그러나 그중 가운데 낟알꽃만 여물면 보리 씨알이 두 줄로 배열되어 열린다. 보리 야생종은 2조맥, 즉 두 줄 보리로 분류된다. 인간이 보리를 재배하면서 다양한 종류의 보리 품종이 만들어졌다. 현재는 대부분의 학명이 여섯 줄 보리로 통합됐지만, 과거에는 기초적인 보리 유전학에 대한 이해가 없었던 탓에 무수히 많은 학명이 생겨나기도 했다.

흔히 사람들은 식재료로서 밀보다 보리의 질이 낮다고 여긴다. 그러나 보리는 없어서는 안 될 곡물이다. 2012년, 보리는 전 세계적으로 1억 3천만 톤 이상 생산되면서 세계 4대 곡물 중 하나가 됐다. 생산량의 대부분이 주류와 가축 사료를 생산하는 데 사용되며, 여섯 줄 보리가 두 줄 보리보다 단백질 함량이 높고 당분 함량이 낮아 사료로 만들기에 더 적합하다. 보리는 건조하고 영양분이 빈약하고 염도가 맞지 않는 척박한 환경에서도 자란다는 주요 특징을 가지고 있다. 반면 밀은 보리에 비해 이런 환경을 잘 견디지 못한다.

술을 빚는 능력이 인간 문명의 발전에서 획기적인 역할을 담당했다는 주장이 있다. 술에 취해 휘청이는 것이 아니라 식품을 가공해 보관하는 능력의 관점에서 말이다. 발효는 탄수화물을 알코올과 이산화탄소 그리고 궁극적으로 유기산으로 바꾼다. 우리가 마시는 술은 간단히 말해 탄소 원자가 두 개인 에탄올이다. 이 에탄올을 만들려면 물, 당분(맥아 보리 혹은 엿기름), 혐기성 환경과 효모균만 있으면 된다. 인류는 수천 년 동안 에탄올을 만들어 왔다. 자그로스 산맥에서 발견된 적어도 5천 년은 된 것으로 추정되는 도자기 파편에서 보리 맥주의 흔적이 나왔다.[11] 수많은 수메르 설형문자판에는 양조법과 보리 거래내역이 자세히 기록되어 있고 이집트 무덤에서 나온 장례용품에는 보리로 맥주를 만드는 모습이 묘사되어 있다.《길가메시 서사시The Epic of Gilgamesh》와 술의 여신을 기리는 고대 시를 보면 메소포타미아 문명에도 맥주가 존재했음을 확인할 수 있다.[12]

양조업자들은 홉이 맥주를 보존하고 풍미를 높인다는 사실을 알아차렸다. 맥주는 홉이 첨가된 에일이다. 게다가 양조업자들은 보리 품종의 차이를 이용했다. 전통적으로 영국과 독일은 두 줄 보리로 에일을 만들었고 미국은 여섯 줄 보리로 라거를 만들었다. 초기 양조업자들도 발효과정을 조절했다. 하지만 효모와 발효의 관계는 1856년 프랑스 화학자인 루이 파스퇴르에 의해서 밝혀졌다.[13] 보리를 발효시키면 맥주와 에일을 만들 수 있고 증류시키면 몰트위스키가 된다.

외부인의 눈에는 거의 미신과 다를 바 없는 종교의식과 미스터리로 가득한 문화들은 술을 중심으로 발달해왔다. 술을 둘러싼 문화는 단순히 특정 양조업자가 만든 술만 마신다거나 특정 싱글몰트위스키에 경의를 표하는 것을 넘어 사회 전반에 영향을 미쳤다. 깨끗한 식수가 없었기 때문에 맥주는 많은 이들이 선호하는 음료였다. 심지어 어린아이들도 장티푸스균이나 콜레라균이 득실거리는 물보다 더 안전한 맥주를 소량 연하게 마셨다. 과거 맥주를 많이 마셨던 배경에는 정치적인 요인도 있었다. 1751년 만화가이자 판화 제작자인 윌리엄 호가스는 '맥주 거리와 진 골목'이라는 판화를 공개했다. 맥주 거리에서 사는 사람들은 행복하고 책임감 있는 근면한 시민들이었지만 진 골목에 사는 사람들은 불행하고 무책임하고 게으른 시민들이었다. 이 판화를 통해 윌리엄 호가스가 전달하고자 하는 메시지는 분명하다. 바로 '무엇을 언제 마시느냐가 중요하다. 영국 에일은 좋고 외국의 진은 나쁘다.'란 메시지를 전달하고자 한 것이다.[14] 그러나 발효주든 증류주든 술은 양날의 검이었다. 영국 재무성은 주류 판매에 엄청난 액수의 누진세를 부과했지만 주류가 국민의 행동과 건강에 미치는 부정적인 영향을 해결해야만 했다.[15] 결국 19세기 영국에서 술로 야기된 각종 사회문제를 해결하기 위해 금주운동이 일어났다(차, →293쪽 참고).

돈은 나무에서 열리지는 않지만 귀금속의 무게를 정확하게 측정하는 수단이다. 그리고 시민사회의 경제적 발전에 따라 화폐가 생겨났다. 화폐의 등장 이전에는 곡물이 화폐의 역할을 대신했다. 고대 그리스에서 1드라크마는 캐롭carob* 꼬투리 18개였고, 캐롭 꼬투리 1개는 밀알 4개였다. 아일랜드의 켈트족에게 밀알 8개는 1핑귄의 값어치를 했다. 영국은 앨프리드 대왕부터 튜더 왕조까지 이어지는 600년 동안 1페니의 가치를 밀알 32개로 규정했다. 밀이 없을 때는 교환수단으로 보리를 사용했다. 대략적으로 보리알 3개는 밀알 4개와 교환할 수 있었다. 참고로 영국의 신발 사이즈는 보리알의 길이를 기준으로 만들어졌다.

곡물을 무게와 화폐의 기준으로 사용했다는 것은 곡물 낟알의 크기가 상당히 균일했다는 뜻이다. 과거에 곡물을 실질적으로 무게와 단위의 기준으로 사용했느냐를 두고 의견이 분분하지만, 어쨌든 곡물이 엄격한 측량과 연관될 정도로 중요한 존재였다는 것은 자명하다. 영국 농부들은 곡물 낟알의 크기가 다양하다는 사실을 인지하고 있었고 이 차이로 발생하는 오류를 해결하기 위해 노력했다. 예를 들어 에드워드 1세가 집권하던 시기의 영국법에 '1페니는 이삭 중간에서 딴 둥글고 건조한 밀알 32개'라고 명시되어 있다.[16]

분명 특별할 것 없는 곡물인 보리는 수천 년 동안 서구 문명의 든든한 버팀목이었다. 보리는 빵, 맥주와 가축 사료로 서구 문명에 큰 기여를 했고, 사람들이 화학 반응을 이해하고 효모를 재배하는 토대가 되었다. 게다가 저가의 원료를 고가의 상품으로 만드는 데에도 한몫했다.

---

* 캐롭은 상록 활엽 관목으로 녹색의 긴 꼬투리를 맺는다. 이 꼬투리는 익으면 초콜릿색으로 변하며, 속에는 작고 광택이 나는 딱딱한 콩이 들어 있다.

맨드레이크

비명을 지르는 뿌리

인류는 화학전에 뒤늦게 참전했다. 수백만 년 동안 식물은 초식동물의 끈질긴 공격과 병충해의 집요한 위협을 받으며 진화했다. 식물은 이런 공격과 위협에 다양한 방법으로 대응했는데, 그중 하나가 복잡한 화학물질을 다량으로 생산하는 것이었다. 이러한 식물성 화학물질은 인류의 직접적인 관심사다. 19세기 후반까지 식물에서 추출한 화학물질은 가장 효과적인 약물 원료였다.

그리스·로마 시대의 의사 디오스코리데스는 1세기에 환자들을 치료하는 데 사용하는 식물의 종류와 특징을 목록으로 작성했다. 그로부터 400년 전, 테오프라스토스는 경제적 그리고 사회적으로 중요한 분야인 농업과 의학을 위해서 지중해 식물을 연구한다고 주장했다. 비록 테오프라스토스의 과학적 통찰력은 대체로 간과되었지만, 이후 1,500년 동안 유럽의 식물 관련 저서들은 이 두 권위자들의 영향을 많이 받았다. 이 시기에 진행된 식물 연구는 순전히 식물이 약용인지 식용인지를 구분해내는 활동이었다. 식용 식물에 대한 지식이 없는 의사들은 환자에게 부정확한 처방을 내리고 약제상에게 속아서 불순물이 섞인 약재를 살 위험에 노출됐다.[17] 기원 70년에 플리니우스는 '조금씩 경험하는 것은 모든 분야에서 가장 효과적인 학습방법이다. 특히 의학에서 그렇다. 그러나 경험은 책과 강연으로 퇴보했다. 강의실에 가만히 앉아서 교수의 설명을 듣는 것이 그 시기에 나는 다양한 야생 식물을 직접 찾는 것보다 더 편하기 때문이다.'[18]라고 불평했다. 이런 환경에서는 객관적인 증거는 퇴색되고 미신, 사이비 과학과 사기성 예언이 성행하게 될지도 모를 일이다.

적어도 4천 년 동안 맨드레이크는 서구 문명에서 가장 유명하고 악명 높은 약용식물이었다. 맨드레이크는 수많은 일반명을 가지고 있다. 몇 가지 예를 들면, '사탄의 사과', '바보의 사과', '사탄의 촉수' 그리고 '용 인형' 등이 있다. 맨드레이크는 보통 지중해와 레반트 Levant의 건조한 지역에서 자란다. 이 식물은 파스닙parsnip 모양의 길고 곧은 뿌리를 가지고 있다. 독특한 암녹색의 잎은 납작한 장미 모양이다. 봄에 잎의 중간에서 종 모양의 자주색 꽃이 피어오른다. 가을이 되면 독특한 향을 지닌 노란색 열매를 맺는데, 이 열매는 탁구공만 하다. 맨드레이크는 주로 스코폴라민, 환각제, 히오시아민으로 사용되는 트로판 알칼로이드tropane alkaloids를 함유하고 있어서 아주 위험한 식물로 여겨진다. 이 화학물질은 시냅스의 정상 기능을 방해한다.[19] 스위스계 독일 연금술사인 파라켈수스가 언급했듯, 맨드레

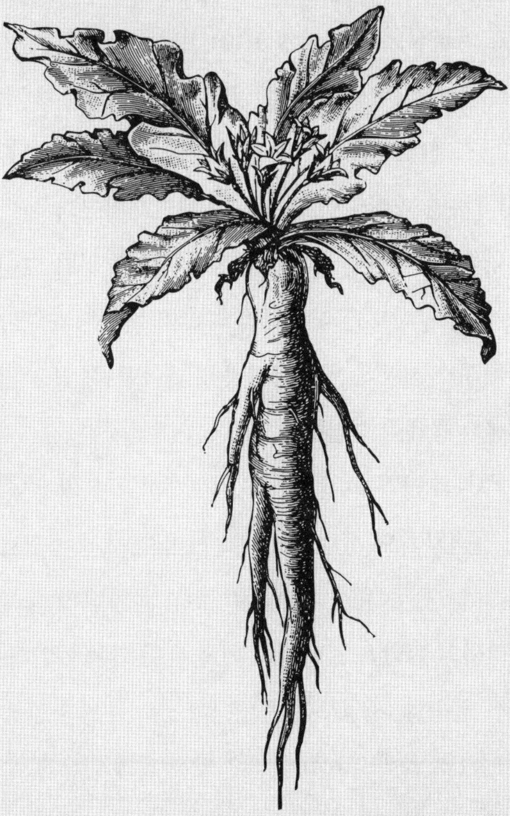

맨드레이크

Mandragora officinarum L.

가짓과

이크의 독성은 투여량에 따라 달라진다. 다시 말해서 사람을 살리고 죽이는 일이 단 한 방울에 달려 있다. 저용량을 사용하면 사람이 무기력해지고 마취상태에 빠지게 된다. 적당량을 사용하면 환각이 일어나고, 고용량은 사람의 목숨을 끊을 수 있다. 모든 약용식물과 마찬가지로 맨드레이크의 투여량을 조절하는 것은 까다롭고 어려운 일이다. 왜냐하면 알칼로이드 농도는 맨드레이크의 어느 부분에서 추출했는지, 맨드레이크가 어떤 환경에서 자랐는지 그리고 개체의 성장 수준이 어느 정도인지에 따라 다르기 때문이다.[20] 그래서 맨드레이크를 제대로 사용하려면 적정량을 판단할 수 있을 정도로 화학과 생물학에 정통해야 한다.

고대 수메르인과 이집트인은 맨드레이크를 활용했고 이 식물로 무덤을 장식하기도 했다.[21] 카르타고의 전사인 마하르발은 전투에서 맨드레이크를 이용했다. 이것은 초기 화학전의 사례다. 마하르발은 아프리카의 반란을 진압하는 데 혈안이 되어 있었다. 그는 자신의 진영에서 철수할 때 일부러 맨드레이크를 섞은 와인을 남겨뒀다. 얼마 뒤 진영으로 돌아온 마하르발은 약에 취해 깊은 잠에 빠진 반란군을 발견하고 즉시 그들의 목을 베어버렸다.[22] 로마 의사들은 맨드레이크를 수면유도와 마취, 눈병 치료, 낙태 등에 사용했다. 의술이 발달하지 않아 잔인한 방식으로 수술이 진행되던 시대에 신경이나 의식을 마비시키는 이 식물은 대단히 귀한 약재였다. 이아고는 오셀로의 마음의 평화를 깨뜨리기 위한 계략을 짜면서 이렇게 독백한다. '아편도 맨드레이크도 소용없다. / 수면을 유도하는 시럽도 소용없다. / 그 어떤 약도 그대에게 달콤한 잠을 선사할 수 없을 것이다.'[23] 일부 학자들은 잘 익은 맨드레이크 열매의 향기에 있는 화학물질이 최음제 성분을 함유하고 있다고 주장했다.[24] 고대 그리스인들은 최음제에 맨드레이크를 넣었으며, 창세기에 기록된 라헬, 레아 그리고 야곱의 이야기에서도 이와 같은 사례를 찾아볼 수 있다.[25] 트로판 알칼로이드는 지용성이다. 사람들은 머지않아 지방과 기름을 사용해서 맨드레이크의 독성을 줄일 수 있다는 사실을 깨달았다. 그리고 맨드레이크로 만든 연고를 직장이나 질의 점막 또는 피부에 바르면 트로판의 환각효과를 극대화할 수 있다는 사실도 알게 되었다.[26]

이러한 맨드레이크의 환각성분은 이집트, 그리스 그리고 로마의 종교 의식에서도 사용되었다. 그러나 맨드레이크와 주술 행위가 밀접하게 결부되기 시작한 때는 유럽 중세부터였다. 마녀들은 맨드레이크의 가까운 친척뻘에 해당되는 사리풀과 벨라도나를 '마법 연고'의 재료로 사용했다. 비율은 다르지만, 이 두 식물은 모두 트로판 알칼로이드를 함유하고 있다. 맨드레이크 혼합물은 주로 화형을 선고받은 사람들에게 주어졌는데, 아이러니하게도 그들 중에는 단지 맨드레이크 혼합물과 같은 성분을 사용했다는 이유로 마녀로 몰린 여성들도 포함되어 있었다.[27] 구전에 의하면 그리스도는 십자가에 못박힐 때 맨드레이크 와인을 마셨다고 한다.

맨드레이크에 관한 설화는 대체로 사람의 형상을 닮은 뿌리 때문에 생겨났다. 이는 '인간의 특정 신체기관과 생김새가 비슷한 식물은 그 신체기관에 약리효과가 있다'는 의미의 약징주의와 깊은 연관이 있다. 대표적으로 맨드레이크를 땅에서 뽑으면 맨드레이크가 비명을 지르는데, 이 비명소리를 듣는 사람은 즉시 죽는다는 이야기가 있다. 셰익스피어의 줄리엣은 죽음을 가장하려 물약을 마시기 전에 가족 무덤에서 홀로 깨어나는 두려움에 대해 다음과 같이 이야기한다. '이 혐오스러운 냄새 / 그리고 땅에서 뽑혀 울부짖는 맨드레이크의 비명소리 / 그 소리를 들은 인간은 미쳐서 날뛰네.'[28] 사람들은 맨드레이크를 땅에서 뽑을 때 검으로 원을 그리는 의식을 치르면 죽음으로부터 보호될 수 있을 것이라 믿었다. 하지만 맨드레이크를 수확할 때는 주로 개를 사용했다. 이와 관련해 다음과 같은 기록이 있다. '맨드레이크를 뽑으려는 사람은 반드시 개의 목줄을 맨드레이크에 묶어야만 한다. 그렇지 않으면 땅에서 뽑힐 때 지르는 그 무시무시한 비명소리를 듣자마자 목숨을 잃게 될 것이다.'[29] 실제로 초기 맨드레이크 삽화에는 종종 뿌리를 매단 채 죽은 개의 모습이 그려졌다. 중세 사람들은 맨드레이크가 교수형에 처한 시체의 소변과 정액이 떨어진 바닥에서 자란다고 믿었다.

그러나 맨드레이크를 수확하는 데 따르는 수많은 어려움과 위험도 맨드레이크를 정원에서 기르고자 하는 10세기 초 영국 사람들의 열정을 꺾을 수 없었다. 흥미로운 이야기와 희귀성은 이 식물을 더 갖고 싶은 존재로 만들었다. 맨드레이크 뿌리는 강한 인간의 모습을 할수록 아주 강력한 힘을 가진 존재로 여겨졌다. 그래서 맨드레이크 뿌리를 인간의 형체와 더 유사하게 깎는 것만으로도 시장가치를 극적으로 높일 수 있었다. 유럽 전역에서 흰 브리오니아 뿌리를 깎아서 만든 가짜 맨드레이크 뿌리가 불운을 막아주는 부적으로 흔히 통용되기까지 했다.

맨드레이크에 대한 속설은 17세기 후반까지 이어졌지만, 식물을 실질적으로 잘 아는 사람들은 이를 우습게 여겼다. 영국 식물학자 존 제랄드는 다음과 같이 말했다.

'수다쟁이 노파나 헛된 소문을 퍼뜨리는 돌팔이들이 이 식물을 두고 터무니없는 이야기를 너무 많이 만들어냈다. 지금부터 당신이 들었던 허황된 이야기와 노파의 얼토당토않은 이야기를 책과 기억에서 몰아내라. 왜냐하면 어느 하나 진실된 것 없이 거짓이기 때문이다.'[30]

맨드레이크를 둘러싼 이런 터무니없는 이야기가 더 이상 약으로 맨드레이크를 사용하지 않게 된 직접적인 원인이었다는 주장도 있다. 18세기와 19세기의 의료인들은 사람들로부터 신임을 얻으려고 노력했기 때문에 말도 안 되는 소문만 무성한 맨드레이크를 애용하지 않았다. 맨드레이크를 약용으로 더 이상 사용하지 않게 된 또 다른 요인은 맨드레이크보다 더 효과적인 마취약이 등장했기 때문이다.[31]

맨드레이크는 여전히 직간접적으로 약의 원료로 사용된다. 하지만 주류 의학은 더 이상 맨드레이크를 의학적으로 가치 있는 약용식물로 여기지 않는다. 오늘날 신약을 개발해서 시판하기까지 10년 이상의 시간과 수억 파운드의 비용이 들 수 있으며, 의약품의 대다수는 안전과 효과를 검증하기 위해 엄격한 테스트를 거친 화학물질로 만들어진다.

맨드레이크 신화는 여전히 강력해서 지금까지도 대중문화에서 자주 발견된다. 현대에도 잘 속거나 절망에 빠져 냉철한 판단이 힘든 사람들을 노리는 약물들이 존재한다. 이 약물들은 사회적 지위, 성적 능력과 경제적 힘을 부여하여 잠시나마 현실로부터 벗어나도록 이성을 마비시킨다. 그 이름은 각기 다르지만, 이것들은 사실상 맨드레이크와 다름없다.

비트

약초에서 달콤한 수입원으로

서유럽과 지중해 해안가의 황무지나 주차장, 해변과 절벽을 둘러보면 분명 윤기가 흐르는 초록빛의 두꺼운 잎사귀와 이랑처럼 난 검붉은 줄기를 지닌 식물이 눈에 띌 것이다. 이것은 갯근대다. 매끈한 생김새와는 달리 갯근대는 8천 년이 넘는 긴 시간 동안 야생에서 채취됐다. 지중해 지역은 야생에서 갯근대를 채취해서 그 잎사귀를 식재료로 자주 사용한다.[32] 북유럽에서는 잎사귀를 포함하여 갯근대의 뿌리도 중요한 식재료였다. 다른 지역에서 갯근대는 단순한 야생 식재료가 아니었으며, 서유럽권과 달리 갯근대의 특성 중 유용한 것들을 선별해서 직접 재배했다.

최초로 갯근대를 재배한 곳은 약 8천 년 전 근동으로 추정된다. 처음에 근동 사람들은 잎사귀를 먹기 위해서 갯근대를 재배했다. 이 과정에서 시금치를 닮은 잎을 먹는 스피니치 비트spinach beet와 굵고 흰 줄기와 잎을 주로 먹는 근대와 같은 작물 품종이 나왔다. 기원전 1000년의 그리스인들에게 근대는 친숙한 식재료였고 로마인들도 서서히 근대를 식재료로 받아들였다. 둥그런 뿌리를 주로 먹는 비트루트beetroot는 기원전 500년경에 등장한 것으로 알려져 있지만, 정확한 기원은 알려지지 않았다. 중세 유럽에서 다양한 크기의 비트루트가 개발됐고 망겔베젤Mangelwurzel이란 거창한 이름을 지닌 사료용 비트도 등장했다.

테베 인근의 이집트 무덤 안에서도 비트가 그려진 벽화가 발견됐다. 테베는 기원전 2000~1788년의 고대 이집트 12대 왕조에 존재했던 도시다. 고대에 비트는 비듬, 동상 그리고 나병 등을 치료하는 약초로 여겨졌다. 비트의 뿌리에서는 단맛이 난다. 심지어 아우구스투스는 비트 뿌리의 부드러움과 달콤함을 표현하기 위해 '비트처럼 부드럽다'란 뜻을 지닌 라틴어 동사 'betizare'를 만들어냈다. 비트의 식량으로서의 가치 또한 근대에 들어서면서 주목받기 시작했다. 당시의 약초에 관한 기록을 보면 스피니치 비트, 근대, 비트루트 그리고 망겔 베젤의 형태를 한 것들이 많다. 특히 선홍색의 비트루트와 근대의 유색 잎사귀가 큰 주목을 받았고 장식용품으로도 자주 사용됐다. 이처럼 비트는 여러 분야에서 활용됐다. 17세기 프랑스 식물학자 피에르 마놀은 '비트보다 더 쓸모 있는 식재료는 없다.'라고 여러 번 언급했다.[33]

품종이 다양하고 오랜 기간 재배되었다는 사실에서 이미 예상했겠지만, 비트의 분류체계는 복잡하다. 아주 단순하게 분류하면 사

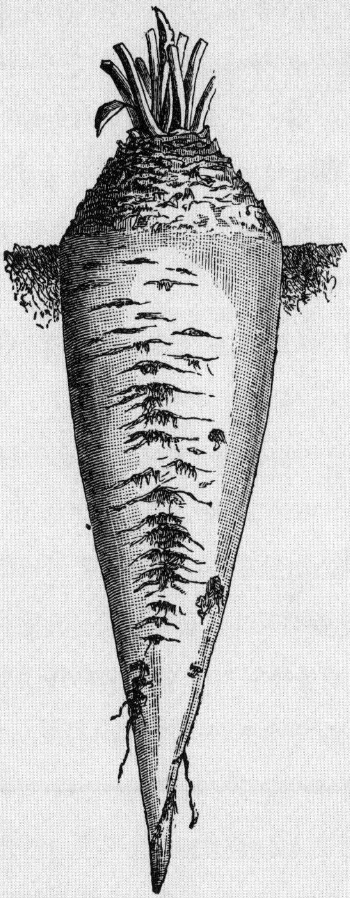

비트

Beta vulgaris L.

비름과

람이 재배하는 모든 비트품종은 단일 아종에 속한다. 그리고 이 단일 아종 내에서 각각 다른 종류들이 식물학에서의 품종으로 간주된다. 여기에 선발, 교잡 등을 통해 개량된 수많은 원예품종까지 추가하면 비트의 분류체계는 훨씬 더 복잡해진다. 19세기 말 한 원예업체는 다섯 종류의 스피니치 비트와 근대, 스물한 종류의 비트루트 그리고 열여섯 종류의 망겔베젤을 판매했다.[34] 심지어 이 업체는 열두 종류의 사탕무도 팔았다.

사탕무의 영향으로 작은 텃밭용 작물이었던 비트가 공예작물이 되었다. 16세기 농학자 올리비에 드 세르는 프랑스 요리사들이 비트루트로 달콤한 시럽을 만들었다고 말했고, 약 150년 후 독일 물리학자 안드레아스 마르그라프는 비트루트로 만든 설탕인 비트슈가가 사탕수수로 만든 설탕과 같은 자당임을 증명해냈다.[35] 1784년 프란츠 아카드는 흰 실레지아산 근대를 품종개량해서 사탕무를 재배하기 시작했다.[36] 나폴레옹 전쟁의 막바지였던 1801년, 프란츠 아카드는 독일에 비트슈가 추출 공장을 열었다. 프랑스는 나폴레옹 전쟁으로 인해 고립되어 식량 공급이 줄어들었다. 카리브 해 식민지로의 접근이 제한되자, 프랑스에서는 사탕무가 귀해졌다. 나폴레옹은 프랑스 화학자 앙투안 오귀스탱 파르망티에에게 설탕을 추출할 수 있는 다른 식물을 조사하도록 했다(감자, →219쪽). 파르망티에는 포도처럼 당도가 높은 과일부터 연구하기 시작했으나, 그는 이내 설탕을 안정적으로 공급하고 수입 설탕에 대한 의존도를 줄일 수 있는 최고의 재료는 비트임을 확신했다. 1811년 나폴레옹은 프랑스 농부들에게 사탕무를 재배하도록 명령했고, 그 다음 해인 1812년에 두 명의 프랑스 기업가 장 밥티스트 그뢰즈와 벤자민 델레세르가 비트에서 설탕을 추출해내는 상업 프로세스를 개발해냈다. 1813년 나폴레옹은 카리브 해 식민지에서 프랑스로 설탕을 수입하는 행위를 금지한다고 발표했다. 프랑스는 1837년에 500개 이상의 설탕 공장을 가동했고 2010년까지 세계 최대의 사탕무 생산지였다. 19세기 동안 사탕무 재배는 기후가 온화한 지역으로 서서히 확대됐지만, 제1차 세계대전 이후에는 영국 일대에서만 재배됐다(사탕수수, →273쪽).

사탕무는 식물 품종개량의 힘을 생생하게 보여준다. 과거 사탕무의 자당 함량은 불과 건중량의 5~6퍼센트였다. 하지만 선별적인 품종개량을 통해 세대가 10번도 채 바뀌기 전에 자당 함량이 약 20퍼센트까지 증가했다. 사탕무는 사탕수수와 달리 열대기후보다 온난기후에서 잘 자란다. 사탕수수는 오래 두면 자당 함량이 수준 이하로 떨어지기 때문에 며칠 안으로 설탕 추출에 들어가야 한다. 하지만 비트는 설탕 추출 공정에 들어가기 전에 상당 기간 저장이 가능하다. 사탕무의 열대 품종과 아열대 품종을 개량하려는 노력은 계속해서 진행 중이며, 그것이 사탕무가 유전자 변형 식품 논란의 중심에 있는 이유이기도 하다. 혹자는 사탕무처럼 농산물의 유전자를 변형하는 것이 해충과 질병, 기후변화 그리고 인구증가로 발생하는 문제를 해결하고 식량의 생산을 유지할 수 있는 유일한 방법이라고 확신한다. 혹자는 유전자 변형 식품이 인간의 건강에 미칠 영향을 걱정한다. 그러나 초반부터 사탕무 진화로 이어진 비트 본연의 난잡한 메커니즘에 관심을 가지는 사람들도 있다.

비트는 약 천 년 동안 약초로 사용되었지만 오늘날에는 비주류 동종요법을 제외하고는 거의 약용으로 쓰이지 않는다. 요즘은 주로 식재료로 잎과 뿌리채소를 사용한다. 비트 가계도에서 등장한 지 얼마 되지 않은 사탕무는 전 세계적으로 중요한 자원이 되었다. 1960년대 이후로 전 세계의 사탕무 연간 생산량은 두 배나 증가하여 약 2억 7천 톤에 달했다. 오늘날 사탕무는 전 세계 설탕의 연간 생산비율의 3분의 1 가량을 차지하며 가축 사료로 주요하게 쓰이는 작물이다. 또한 화석연료의 의존도를 줄일 바이오연료로서 연구되고 있으며, 이 흐름에 따라 사탕무 재배자들은 바이오연료 산업에 활용할 사탕무의 특성을 연구하기 시작했다.[37]

이처럼 비트는 인간의 생활방식에 높은 적응력을 보여 왔다. 앞으로도 비트는 유전기술의 발달과 함께 계속해서 인류의 진화에 중요한 역할을 할 것이다.

양귀비

동전의 양면처럼

어떤 식물의 보전은 종종 약용 목적으로 정당화된다. 미래에는 어떤 식물의 어떤 특성이 인간에게 유용해질지 알 수 없다. 마취제 없이 야만적인 치료가 성행했던 시기에 유라시아 전역에서는 양귀비를 몇 안 되는 진통제 중 하나로 사용했다.[38] 이탈리아의 외과의사 안젤로 살라는 저서 《아편학Opiologia》(1614)의 부제로 양귀비에 대한 의견을 다음과 같이 밝혔다. '극도의 슬픔이나 극심한 정신적 고통에 시달리는 사람, 특히 어떤 약으로도 치료할 수 없는 육체적 고통으로 자연의 안식을 얻지 못하는 이의 평안과 위안을 위한 약초다.'[39] 17세기 영국의 외과의사 토마스 시드넘은 '모든 새로운 치료제는 … 자연으로부터 그 미덕을 받는다.'라고 주장했으며, 양귀비의 눈물이라 불리는 아편과 기나나무의 껍질에서 나오는 퀴닌을 '신의 손'에서 만들어진 가장 '숭고한' 약으로 짝지었다.[40] 이런 찬사에도 아편이라고 하면 에드거 앨런 포의 말처럼 '아편의 굴레에서 벗어나지 못하는 노예'가 떠오른다.[41] 아편은 개인과 제도적 차원에서 그 깊이를 알 수 없는 고통을 야기했다. 아편은 중독, 부패 그리고 범죄와 같은 문제를 초래한다.

양귀비는 소아시아 토착식물로 한해살이풀이다. 꽃대가 보통 솜털 없이 매끈하고 청록색 잎에서는 하얀 진액이 나온다. 꽃과 열매의 색깔과 모양이 다양해서 매력적인 관상용 식물로 재배된다. 열매가 건조되면 작은 구멍들이 여러 개 생기는데, 이 구멍들이 열리면서 후추통에서 후추가 나오듯이 조그맣고 검은 씨앗이 터져 나온다. 양귀비 씨앗에는 극소량의 모르핀이 함유되어 있고 이 모르핀은 향료와 기름의 원료로 널리 사용된다.[42] 반면 이파리의 하얀 진액에는 모르핀과 아편 성분이 풍부하다.

양귀비의 흔적은 유럽 전역의 신석기 시대, 청동기 시대 그리고 철기 시대의 유적지에서 발견되고 있다. 지중해, 북아프리카, 근동과 중앙아시아의 고전 문명에서도 양귀비를 이용하고 재배했다.[43] 아편은 고대 이집트의 의학서 《에베르스 파피루스Ebers Papyrus》, 그리스 약학자 디오스코리데스의 《약물지De Materia Medica》 그리고 이슬람 의학자 이븐 시나의 《의학정전The Canon of Medicine》 등 고대 의학문헌에서 중요한 자리를 차지했다. 17세기 중반까지 이 문헌들에 담긴 정보가 복사되고 번역되고 수정되기를 반복하며 유럽의 권위 있는 의학서적에 기록되었다.

양귀비에서 아편을 추출하는 과정은 고대 이후 거의 변한 것이

양귀비

Papaver somniferum L.

양비귀과

없다. 랜싯이라는 양날의 끝이 뾰족한 의료용 칼로 잘 익은 양귀비 열매의 표면에 반복적으로 칼집을 낸다. 그러면 칼집에서 유액이 나오는데, 이 유액을 건조시키면 끈적끈적한 갈색 수지가 만들어진다. 잘 재배한 양귀비 밭 1헥타르에서 생아편을 12킬로그램까지 얻을 수 있다. 암시장에서는 밀수하기 쉽도록 생아편을 정제해서 모르핀 재료나 헤로인으로 만든다.

현대의학에서도 이와 유사한 방식으로 양귀비 같은 식물이 활용되고 있다. 간단하게 말해 식물에서 유용한 성분을 추출해내는 것으로, 활성 혼합물을 찾아내 분리시켜 인공적으로 합성해내는 과정이다. 20세기 초까지 대부분의 의약품은 식물 추출물을 직접 활용해서 만든 것이었다. 정제된 혼합물은 투여량을 구체적으로 정할 수 있지만, 식물에서 추출한 성분의 경우에는 유효성분의 양을 조절할 약재상이 필요하다. 너무 적으면 약효가 없고 너무 많으면 환자가 목숨을 잃을 수 있기 때문이다.[44] 19세기 초반에야 정제된 약물이 사용되기 시작했는데, 이런 추세에 불을 붙인 이가 바로 독일 화학자 프리드리히 제르튀르너다. 그는 양귀비에서 모르핀을 분리하는 데 성공했다. 이 성공으로 니코틴, 카페인 그리고 퀴닌과 같은 식물에서 추출한 유용한 성분을 정제해서 사용하는 경향이 생겼다. 클로로포름, 에테르와 같은 마취제가 인기를 끌면서 모르핀 사용이 줄어들었지만, 순수 모르핀의 상용화가 빠르게 이어졌다. 그러나 순수 모르핀을 쉽게 구할 수 있게 되었다고 해서 양귀비 수지가 불필요해진 것은 아니었다. 빅토리아 시대에 사람들은 양귀비 수지에서 추출한 알코올

성분인 아편틴크를 상비약으로 구비해뒀다. 서구 전역에서 아편제가 통제되기 시작한 19세기 말까지도 아편틴크는 보편적으로 사용되는 조제약이었다.[45]

19세기에 들어 반합성 아편인 헤로인이 발견됐다. 당시에 이 약물은 중독성이 없어 모르핀을 대체할 수 있는 약물로 알려졌다. 20세기에는 메타돈과 페티딘과 같은 완전합성 아편제가 개발됐다. 그리고 다른 모든 아편제와 마찬가지로 완전합성 아편제에는 중독성이 있다.

서구인들은 아편과 중국을 결부시켜 연상하는 경향이 있지만, 정작 중국에서는 아편을 그들보다 늦게 사용했다. 중국인들이 아편을 사용하기 시작했던 19세기 후반 이전부터 오스만 제국은 서구 유럽에 아편을 공급했다. 서기 1000년에 아랍 무역상들이 아편을 중국에 들여온 것으로 여겨지고 있으나 중국인들이 아편을 오락용으로 사용했다는 기록은 1483년의 문헌에 처음 등장한다.[46] 이후 아편이 정력을 높이고 수명을 늘린다는 믿음이 확산되면서 엘리트 계급이 이 약물을 주로 사용하기 시작했다.

18세기와 19세기 동안 아편은 대영제국과 중국의 교역에서 주요한 이슈였다. 집권 초기에 청 왕조는 광둥항을 외국 무역상들에게 개방했다. 영국 동인도회사는 광둥항을 통해 중국차를 수출하기 시작했다. 당시 영국인들은 중국차를 광적으로 사랑하며 즐겨 마셨다. 반면 청 왕조의 유일한 관심사는 은이었기 때문에 영국의 많은 광물이 중국으로 수입됐다. 대영제국의 국고가 바닥나는 것을 두고 볼 수 없었던 영국 동인도회사는 식민지인 인도에서 재배하는 값싼 아편을 값비싼 교역상품으로 둔갑시켜 중국에 수출하는 묘안을 생각해냈다. 1792년에 청 왕조가 아편 판매를 금지했지만, 이 금지령으로 중국 내에 유통되는 아편량을 줄일 수 없었다. 대량의 아편이 인도 캘커타를 통해 중국으로 유입되었다. 그로부터 100년 동안 불법 아편 무역이 전 세계적으로 성행했고 대영제국은 세계 최대 마약 밀매국가가 되었다.[47] 중국인들은 어디서든 손쉽게 아편을 구해 피울 수 있었으며 아편 수요는 폭발적으로 증가했다. 추산에 따르면 20세기 초반에 중국 남성의 27퍼센트가 정기적으로 아편을 피웠다.

1840년, 중국 측에서 아편이 가득 실린 무역선을 불태운 사건을 계기로 대영제국은 제1차 아편전쟁을 일으켰다. 이 전쟁으로 중국은 홍콩을 대영제국에 할양했다. 1856년에 발발한 제2차 아편전쟁에서도 중국이 패배하여 아편 사용을 강제적으로 합법화했다. 이에 중국은 아편의 중국 내 생산량을 증가시키는 것으로 대응했다. 그 결과 20세기 초반에는 전 세계에 유통되는 아편의 85퍼센트가 중국산이었다.[48] 이 시기의 영국과 중국의 관계는 오늘날 새로이 벌어지고 있는 마약과의 전쟁에 시사하는 바가 크다. 현대판 마약과의 전쟁에서는 서구 세계가 마약 밀매국가들로 고통받고 있다.

아편은 과거 예술 활동의 두드러진 특징 중 하나이기도 하다. 예술가들의 약물 사용은 새로운 현상이 아니다. 영국 비평가 겸 소설가 토마스 드 퀸시의 《어느 아편 중독자의 고백Confessions of an English Opium-Eater》(1822)은 아편 중독의 기쁨과 고통을 보여준다. 아편틴크 중독자였던 영국 시인 사무엘 테일러 콜리지의《쿠블라 칸Kubla Khan》(1816)에는 아편 여행이 묘사되어 있다. 빅토리아 시대부터 에드워드 시대가 시작될 무렵의 유럽 문학에서는 주로 범죄자, 외국인 그리고 사회 부적응자가 아편을 흡연하는 모습이 묘사된다. 영국 소설가 찰스 디킨스의 미완성작《에드윈 드루드의 비밀The Mystery of Edwin Drood》(1870)에는 아편굴을 운영하는 노파 '프린세스 푸퍼'가 등장한다. 20세기 초반에 출간된 영국 소설가 색스 로머의《푸맨추Fu Manchu》 시리즈에서는 아편으로 인한 범죄와 폭행의 전형적인 모습이 등장한다. 하지만 영국 추리작가 아서 코난 도일의《셜록 홈즈Sherlock Holmes》 시리즈에서 아편을 묘사하는 방식은 애매모호하다. 아편굴은 주인공 셜록 홈즈의 적들이 출몰하는 장소이지만 셜록 홈즈는 자신의 방에서 아무렇지 않게 모르핀을 맞는다.

세계에는 불법 생산된 아편이 넘쳐난다. 각국 정부는 정치적 편의를 위해 아편 생산과 사용을 사실상 묵인하거나 심지어는 적극적으로 허용한다. 현재 세계 아편 생산량은 20세기 초반의 5분의 1 수준이다. 1900년대에는 중국이 아편 교역을 장악했지만, 1920년대에는 태국과 버마 그리고 라오스로 구성된 '황금의 삼각지대'가 중국으로부터 최대 아편 교역국의 자리를 빼앗았다. 오늘날에는 아프가니스탄이 주요 아편 생산국이다. 최근 발발한 아프간 전쟁의 영향으로 암시장의 82퍼센트를 아프가니스탄이 장악하고 있다.[49] 반대로 인도와 터키에서 합법적으로 생산되는 아편으로는 수요를 따라잡지 못한다. 주로 화제가 되는 측면은 아편의 부정적인 측면이지만, 왕립 마취과 협회의 문장에 그려진 양귀비 열매는 현대 의학에서 아편이 어떤 유산을 남겼고 무슨 역할을 하는지 상기시켜 준다.

배춧속 식물

다양한 진화의 가능성

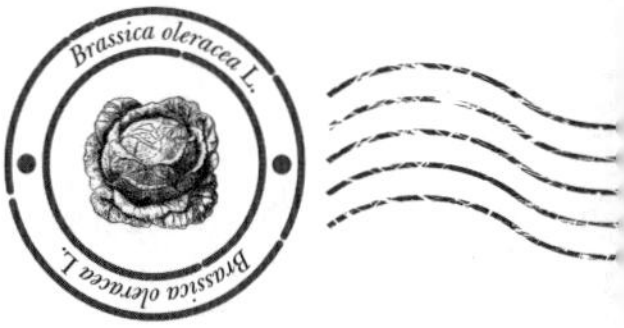

배춧속 식물은 양배추, 케일, 브로콜리, 콜리플라워, 콜라비, 순무, 방울다다기양배추, 겨자무, 로켓, 겨자 등 재배품종이 아주 다양하다. 어떤 재배품종은 너무 익숙해서 아무런 특색 없는 '지루한 채소'로 여겨질 정도다.[50] 하지만 배춧속 식물은 단순히 식탁 위에 자주 오르는 채소가 아니다. 이 식물은 품종개량, 의학 그리고 전쟁 분야에서 제 역할을 톡톡히 해내고 있다.

다양한 시기에 여러 문화권에서 배춧속 식물의 부위를 선택적으로 개량하면서 재배품종이 다양해졌지만, 궁극적으로 그 뿌리는 동일하다. 야생 양배추Wild cabbage라는 종으로, 이 종은 형태학적 변화가 이뤄지기 쉽다. 이 사실이 밝혀진 시기는 생물학자 찰스 다윈의 《종의 기원On the Origin of Species》이 출간되고 1년 뒤인 1860년이다. 사이런세스터 농업대학교의 연구진은 잉글랜드 해안에서 발견된 야생 양배추에서 브로콜리와 양배추처럼 생긴 식물을 만들어내기 위해서 간단한 선택 실험을 진행했다.[51] 그들은 잎의 모양과 곁눈 형성에 변화를 주어 잎이 케일처럼 퍼지거나 오늘날의 양배추처럼 잎으로 심을 감싸고 있는 품종을 만들었다. 줄기를 길쭉하게 만들고 다양한 방식으로 꽃을 형성하는 데 집중한 결과 야생 양배추에서 콜리플라워와 브로콜리를 비롯하여 줄기가 극단적으로 커진 콜라비와 곁눈이 큰 방울다다기양배추를 개량해내는 데 성공했다.

찰스 다윈은 작물의 기원을 연구하면서 '식물학자들이 일반적으로 재배종을 주목할 가치가 없는 것으로 등한시'한다고 불평했다.[52] 식물의 두껍고 부드러운 부분은 화석으로 잘 보존되지 않는다. 하지만 지난 100년 동안 물리학, 유전학 그리고 컴퓨터 공학과 같은 다양한 분야의 학문이 발전한 덕분에 배춧속 식물의 기원을 연구하는 데 필요한 데이터가 많이 확보됐다.

케일은 배춧속 식물의 가장 오래된 재배품종으로 지중해 동부와 소아시아에서 개발되었다. 배춧속 식물의 재배는 지중해와 레반트에서 시작되어 중국 남부지역으로 확대됐다. 그 결과 푸른양배추 Chinese kale 등의 다양한 재배품종이 동양에서 등장했다.[53]

브로콜리와 콜리플라워도 지중해 사람들에게 익숙한 채소였다. 하지만 케일은 북유럽의 대륙성 기후에서 재배하기에 적합한 품종이 아니다. 북유럽에는 추위에 강한 잎이 심을 빽빽하게 감싸는 양배추 품종의 재배가 적합했다. 이런 특성의 둥근 양배추는 확실히 고대에는 존재하지 않았는데, 중세 시대에 존재했는지는 관련 기록이

배춧속 식물

Brassica oleracea L.

십자화과

많이 남아있지 않아 확인하기 어렵다. 하지만 1536년 프랑스인 장 루엘의 기록 중 명백히 흰 양배추를 묘사한 부분이 발견됐다. 그리고 프랑스 항해사 자크 카르티에가 1541년에 심이 잎으로 덮인 둥근 양배추를 캐나다에 소개하면서 둥근 양배추가 서구 세계로 전파되기 시작했다. 둥근 양배추는 17세기 중반까지 영국의 북아메리카 식민지에서 재배됐다.

16세기의 영국에서 콜리플라워는 진귀한 식물이었다. 당시 콜리플라워는 지중해 동부 식물임을 강조하는 키프로스 서양평지Cyprus colewort라는 이름으로 불렸다. 하지만 17세기가 시작되면서 콜리플라워는 런던 시장에서 쉽게 구매할 수 있는 흔한 채소가 됐다. 콜라비와 방울다다기양배추는 상대적으로 최근에 나온 품종이다. 콜라비는 15세기 후반 북유럽에서 개발됐고 이탈리아 식물학자 피에란드레아 마티오리가 콜라비에 대한 첫 기록을 남겼다. 모란채는 18세기 초까지 재배되지 않았지만 최근 들어 크게 인기를 얻었다. 오늘날 서양인들은 주로 크고 수분이 많으며 녹색 콜리플라워처럼 생긴 칼라브레세Calabrese 품종을 많이 먹는다. 방울다다기양배추는 소위 '뉴 페이스New face'로 20세기가 되어서야 흔한 품종이 됐다.

많은 사람들이 순무, 겨자무, 로켓 그리고 겨자도 배춧속 식물에 속한다는 것을 알고 놀라곤 한다. 양배추와는 거리가 멀어 보이는 이 식물들이 하나의 뿌리에서 나왔음을 알려주는 단서는 화학물질이다. 겨자씨 기름의 화학물질은 배춧속 식물의 독특한 맛을 낸다. 배춧속 식물은 이 톡 쏘는 맛의 휘발성 기름을 곤충의 습격을 막아낼 무기로 진화시켰다. 그리고 이 기름은 화학전에 쓰이는 독가스, 머스터드 가스의 원료가 되었다.

유채도 배춧속 식물에 속한다. 중세 이후 유럽에서 재배된 이 작물은 20세기 들어 기름과 가축 사료의 주원료로 조명받았다. 1960년대 초, 세계 유채 생산량은 400만 톤을 밑돌았지만 2012년에는 거의 6,500만 톤으로 증가했다. 게다가 유채는 순무와 양배추의 교배종으로 무작위로 자라나기 때문에 식물 연구계의 모델이자 세간의 뜨거운 관심을 받는 개량품종이 되었다.[54]

인간은 다양한 수요에 맞춰 절벽에서 자라는 야생 양배추의 모든 부분을 변형시켰다. 기후변화로 식량 확보의 필요성이 커지면서 인간은 더 많은 노력을 해야만 한다. 이런 관점에서 유연하게 진화하는 야생 양배추의 특성은 앞으로 인간에게 더욱 유용할 것이다.

삼

은밀하게 위험하게

삼은 수천 년 동안 인간과 상호작용하며 마치 섬세한 문양의 태피스트리처럼 복잡하게 엮여 하나의 문화를 형성했다. 삼의 잎과 꽃에서 얻어지는 대마초는 마약류의 일종으로 마리화나라고도 한다. 환각작용이나 긴장을 푸는 마취효과, 또는 치료를 위한 약물 성분으로서의 기능이 알려져 있다. 삼과 식물로, 과거 많은 제국에서 대마의 줄기를 이용해 돛과 밧줄을 엮었고 씨앗으로는 기름을 짜 식량과 윤활유로 사용했다. 중국에서는 지난 6천 년 동안 삼을 재배해 섬유와 식량을 확보해왔다. 이렇게 재배된 삼은 전 세계로 유통된다. 삼섬유는 서구에서 캔버스로 다시 태어났고 이 위에 전 세계 예술사의 한 획을 그은 위대한 작품들이 그려졌다. 참고로 캔버스는 삼을 의미하는 영어단어 'cannabis'에서 유래됐다.

수 세기에 걸친 치열한 식물학적 논의 끝에 많은 이들이 마약성

삼

Cannabis sativa L.

삼과

약물과 섬유가 같은 종에서 나왔다는 사실에 동의했다. 칸나비스 사티바*Cannabis sativa*는 삼속에 해당하는 유익한 식물종이다. 두 개의 아종이 있는데 그중 사티바*sativa*는 섬유, 식량 그리고 기름 생산에 사용할 줄기와 열매를 위해 개량된 품종이고 또 다른 아종인 인디카*indica*는 약물 생산에 쓰이는 꽃과 잎을 위해 선택적으로 개량된 품종이다. 삼을 둘러싼 과학적 논쟁의 핵심은, 삼 품종에서 발견된 수천 년에 걸친 복잡한 형태학적 변형을 어떻게 설명하고 어떤 이름을 붙이는가 하는 것이다. 변호사들이 미국의 약물에 관한 법률에서 의미론적 허점을 찾으려고 애썼던 1970년대 초에 삼의 학명을 둘러싼 당시 학계의 논쟁이 잠깐 대중에게 노출된 바 있다.[55]

삼은 키 큰 한해살이 풍매초로 암술과 수술만으로 이루어진 각각의 꽃이 따로 피는 단성화다. 좁은 톱니 모양의 잎은 사람의 손을 닮았다. 쉽게 알아볼 수 있는 형태이기 때문에 반체제의 상징으로 많이 사용되기도 한다. 가끔 쓰레기통과 정원에서 삼이 발견되거나 도시의 거리에서 대마초 연기의 달싹한 냄새가 풍겨오지만, 삼 재배와 관련해서 법이 엄격하기 때문에 밭에서 자라고 있는 삼을 보기가 쉽지 않다.

섬유를 얻기 위해 삼을 재배한 중국과는 달리, 인도 아대륙의 주민들은 삼의 약 성분에 주목했다. 향정신성 약물 THC테트라하이드로칸나비놀은 특히 암그루의 꽃눈을 덮고 있는 극미한 분비선에 응축되어 있다. 일반적으로 삼의 THC 함량은 건조 중량의 0.3퍼센트 미만이나 약물 생산을 위해 개량된 품종의 함량은 20퍼센트에 이를 수 있다. 삼은 인도, 아프리카, 유럽, 중국 그리고 중앙아시아에서 제례의식용으로도 사용되었다. 약 2,500년 된 삼 조각이 중국의 북서지역에 있는 어느 무당의 무덤에서 발견되기도 했다.[56] 기원전 5세기의 스키타이에서 삼 열매를 태워서 연기를 제례의식에 사용했다는 그리스 역사가 헤로도토스의 기록도 있다. 삼는 수피교, 시크교와 관련이 있고 라스타파리 문화와도 깊게 연관되어 있다. 삼는 여러 문화권에서 수백 개에 이르는 다양한 이름으로 불리며 은밀하게 사용되고 있다. 삼의 별칭에는 방bhang, 간자ganja, 그라스grass, 해쉬hash, 해쉬쉬hashish, 스컹크skunk, 왜키 배키wacky baccy 그리고 위드weed 등이 있다. 1940년대 이후로 많은 국가에서 삼의 사용과 재배가 불법이 되었지만 삼는 여전히 가장 잘 알려진 오락성 약물이다. 지난 50년 동안 소형 싱크리티즘 종교단체들이 삼를 성체로 채택하기도 했다. 삼의 의학적 가치를 주장하는 사람들도 있다.

섬유 생산용 삼의 THC 함량은 극소량이다. 역학적이라기보다 선험적 성분들이 중국인들과 초기 삼 재배자들을 끌어모았다. '해상교역과 해군력은 삭구 공급에 달려 있다'는 18세기 영국 무역 전문가 말라키 포스틀레드와잇의 말처럼, 항해의 시대에 선박을 바다에 띄우기 위해서는 돛과 삭구를 제작할 삼이 지속적으로 공급되어야 했다.[57] 한 척의 전함에는 약 80톤의 삼이 필요했는데, 이는 400에이커의 땅에서 생산되는 삼의 양과 맞먹는 것이었다. 이런 상황에서 삼은 식량과 경쟁적으로 생산됐다.[58] 영국 정부는 대대로 삼 조달의 전략적 문제에 대비해 훈련을 진행했다. 엘리자베스 1세는 심지어 삼을 재배하지 않는 신하들에게 엄청난 벌금을 물리겠다고 으름장을 놓았다. 그러나 삼으로 만든 밧줄에는 바닷물에 썩지 않도록 정기적으로 타르를 발라야 하는 번거로움이 있었다. 그리고 삼의 대체물질이 개발되면서부터 삼으로 만든 제품의 수요가 점점 줄어들었다. 동아시아 바나나에서 분리해낸 마닐라삼은 삼보다 더 튼튼했고 타르를 바를 필요가 없었다. 하지만 마닐라삼 생산지역의 불안한 정세를 비롯해 제2차 세계대전 동안 일본에 의해 마닐라삼 공급이 중단되는 전략적 문제가 발생하자, 미국에서는 밧줄 조달 문제로 잠깐이지만 다시 삼 재배에 관심을 가질 수밖에 없었다.

성경과 화폐는 삼이 많이 함유된 종이에 인쇄된다. 마리화나를 포함해서 담배를 싸는 대부분의 종이도 마찬가지다. 배의 틈으로 물이 새어들지 못하도록 메우는 뱃밥은 낡은 밧줄에서 뽑아낸 삼에 타르를 발라 만든 것이다. 빅토리아 시대에는 뱃밥을 만들기 위해 삼을 뽑아내는 작업에 빈자와 수감자들을 투입했다. 셰익스피어의《헨리 5세Henry V》에서 피스톨은 바돌프의 목숨을 구하기 위해 '헴프Hemp의 숨통을 조이지 마세요!'라고 청한다. 이 표현은 엘리자베스 시대에 삼을 부르던 별칭 중 하나인 넥위드neckweed를 넌지시 암시한다. 삼을 재배해서 섬유를 추출하는 데에는 많은 비용이 들기 때문에 오늘날에는 삼으로 만든 밧줄, 종이나 섬유를 대상으로 하는 아주 작은 틈새시장만이 존재한다.

삼은 서구 문명에서 섬유의 원료로 쓰이며 오랫동안 경제적으로 중요한 식물로 자리했다가 마약 성분으로 재배와 사용이 법으로 금지되었다. 서구 세계가 세계의 방대한 지역을 지배할 수 있도록 했던 이 식물은 이제 국가를 붕괴시킬 수도 있는 위험한 존재로 여겨지고 있다.

밀

인간의 유전자를 변화시키다

밀은 생명의 양식이다. 밀은 서유럽에서 가장 중요한 식용 작물로 서양의 문명, 철학, 종교 그리고 과학의 발전을 뒷받침하고 지속시킨 식물임에 틀림없다. 밀은 탄수화물과 단백질이 풍부하여 고에너지가 응축된 소형 저장소라고 할 수 있다. 이런 밀 덕분에 수메르, 이집트, 그리스 그리고 로마에 이르는 다양한 문명이 발전하였으며 고대 세계가 다방면에서의 성장을 이뤄낼 수 있었다.

밀은 극동의 비옥한 초승달 지대에 분포하는 한해살이풀이다.[59] 고고학 유적지에서 발굴된 밀의 흔적은 비옥한 초승달 지대가 서구 농경문화의 요람이었음을 보여준다. 야생 밀과 그와 가까운 친척인 염소풀은 매년 열매를 맺고 드넓은 지역에 대규모로 자라 손쉽게 수확할 수 있었다. 덕분에 과거의 유목민과 반유목민들은 식량의 공급량을 예측할 수 있었다. 인간은 작물을 경작하면서 정착생활을 하기

밀

Triticum aestivum L.

벼과

시작했다. 이렇듯 인간의 삶은 재배하는 식물에 의해서 변화하기도 했다.

오늘날 우리가 알고 있는 통통한 밀 이삭은 우리의 선조가 채집한 곡물이 수 세기에 걸쳐 변화한 결과물이다. 이 과정은 진화를 보여주는 좋은 사례다. 5천~300만 년 전 야생 밀이 염소풀과 자연교잡하면서 잡종인 야생 에머밀이 탄생했는데, 이 진화의 성공은 인간이 경작을 시작하기 전부터 극동 전역으로 퍼져나갔다. 2만 3천 년 전 요르단 계곡과 시리아의 초기 수렵채집인은 야생 에머밀과 외알밀을 사용하고 있었다. 그로부터 약 1만 년 뒤에야 야생 에머밀과 외알밀이 재배되기 시작했다. 에머밀은 보리와 함께 재배되어 이집트에서 메소포타미아와 인더스에 이르는 문명의 주식이 되었다. 오늘 우리가 알고 있는 밀은 7천~10만 년 전 트랜스코카시아에서 에머밀 재배종과 염소풀의 교배로 탄생했다.[60]

밀 재배는 자연적인 유전 변이에 인공적 조작을 가해서 나온 놀라운 결과물이다. 수렵채집 시대에 사람들은 야생 밀을 채집해서 식량으로 사용했다. 그들은 야생 밀에 어떤 지속적인 유전적 변화를 주지는 않았지만, 이 밀을 저장하여 이듬해 땅에 심었다. 그들의 이런 단순한 행동은 밀과 인간의 삶에 지대한 영향을 주었다. 밀은 인간에게 좋은 식량이 되어야 했고 그러려면 재배에 알맞은 유전인자를 가지고 있어야 했다. 밀은 인간 사회에 맞추어 생산성 높은 작물로 진화해야 했고, 이 진화는 사회적으로 그리고 생물학적으로 중요했다. 무엇보다 중요한 사실이 있다. 밀은 서유럽에서 지중해, 북아프리카,

레반트 그리고 중앙아시아와 인도 북부에 걸쳐 존재했던 문명을 이해하는 데 중요한 고고학적 지표가 된다. 야생 밀의 낟알은 익으면 바닥에 떨어지지만, 재배종의 낟알은 그대로 꽃대에 붙어 있어 수확이 용이하다. 고고학적으로 이런 변화가 일어나는 데 약 1,500년이 걸렸지만, 이 밀들을 이론적으로 구분하기 시작한 것은 불과 20년밖에 되지 않았다.[61] 밀 생산이 에머밀 생산을 앞지른 것은 약 2천 년 전부터이다.

역사 속에서 밀은 사회적 특징을 지니는 곡물이었다. 밀로는 가볍고 소화하기 쉬운 빵을 만들 수 있는데, 과거에 밀은 특정한 지역에서만 재배되었기 때문에 값이 비쌌다. 부자들은 밀로 만든 빵을 먹을 수 있었지만 빈자들은 그럴 수 없었다. 밀은 군주들도 머리를 조아리게 만드는 중요한 식량곡물이었으며 부자와 빈자를 구분하는 상징이었다고 할 수 있다.

밀밭은 본래 밀이 자라던 야생 서식지와는 아주 다른 환경이다. 쟁기로 땅을 갈고 잡초를 제거하는 아주 단순한 행위가 밀의 성장 환경을 바꿨다. 종 사이의 경쟁은 줄어들었지만 밭에 심어진 모종 간 경쟁은 그 어느 때보다 치열해졌을 것이다. 인간은 제일 먼저 싹을 틔우거나 가장 큰 모종을 생산한 밀의 낟알을 저장했다가 이듬해 다시 심었다. 이 과정이 반복되면서 재배종의 낟알은 크고 고르며 통통한 모양으로 자라났고, 반면 야생 밀은 작고 다양한 모양의 길고 가는 낟알을 만들어냈다.

이처럼 사회적, 환경적 그리고 정치적으로 중요한 작물인 밀은 더 나아가 인간을 유전적으로 바꿔놓았다. 곡류 중심의 농업은 식량의 생산량과 공급의 예측성을 높였지만 필연적인 질의 개선으로 이어지지는 않았다. 수렵채집 시대의 식단과 비교했을 때 초기 농경사회는 더 적은 단백질과 비타민, 그리고 훨씬 많은 탄수화물을 소비했다. 인간은 여러 세대에 걸쳐 채집과 수렵 생활에 유전적으로 적응해왔기 때문에 농경시대 초기에는 정착생활에 완벽하게 적응하지 못했다.[62]

밀 낟알은 건강에 해로운 화학물질을 함유하고 있다. 밀에는 철분 흡수를 지연시키는 화학물질이 다량 함유되어 있어서, 밀 중심의 식단을 먹으며 성장한 사람의 뼈에는 철분 부족 증상이 나타난다. 인간이 많은 양의 밀을 생산하고 소비하면서 이러한 증상이 더욱 뚜렷해졌다.[63] 고고학적 기록에 따르면 농경 사회에서 사람들은 비타민 D의 결핍으로 발생하는 구루병에 시달렸다. 인간은 음식이나 자외선을 통해 비타민 D를 흡수한다. 아프리카인의 조상은 해로운 자외선으로부터 몸을 보호하기 위해서 색소가 짙은 피부로 진화했다. 하지만 그들의 후손이 햇빛이 덜 강한 지역으로 이주하여 농사를 지으면서 아프리카 지역에 구루병이 만연하게 되었다. 반면 북반구에 살던 인구는 두 가지 방법으로 적응했다.[64] 약 8천 년 전 인간의 몸에서 유당을 분해할 수 있도록 유전 변이가 일어났고, 북유럽 사람들이 우유를 마시기 시작하자 이 변이는 그들에게도 빠르게 확산됐다. 1991년에 5,300년 된 냉동인간 외치의 시체가 알프스 산맥에서 발견되었을 때, 외치는 유당분해효소를 가지고 있지 않았다.[65] 농경생활은 개인

건강의 급격한 악화와 상관관계가 있지만, 사회 구성원의 일부는 농경생활로부터 수혜를 입었다. 채집과 수렵 생활을 하던 여성의 수명은 남성보다 짧았다. 그들은 목숨을 걸고 아이를 출산해야 했고 극심한 육아 스트레스에 시달렸다. 하지만 지중해 동부에서 농경생활이 자리를 잡으면서 여성의 수명이 증가했다. 농경생활이 채집과 수렵 생활보다 여성에게 안전했던 것 같다.

밀은 인간의 소화계통과 건강상태에만 영향을 미친 것이 아니다. 인간의 체격과 체형에도 영향을 미쳤다. 곡물은 자연에서 채집한 식물보다 씹기 쉽다. 그 결과 농경생활은 인간의 얼굴형과 치아의 변화로 이어졌다. 인간의 턱은 점점 연약해졌고 치아는 점점 작아졌다. 보다 극적인 변화는 성인의 신장에서 나타난다. 극동의 농업지대를 중심으로 성인의 신장이 약 4천 년 전까지 서서히 줄어들었다. 오늘날 성인의 신장은 수렵채집 생활을 하던 조상의 신장보다 약 3센티미터 작다.[66]

밀은 빵, 케이크 또는 파스타의 재료로 사용되며 여전히 서구권에서 가장 많이 소비되는 곡물이다. 예로부터 방앗간 주인들은 부유했고 사회적인 혐오 대상이었다. 영국의 시인 제프리 초서는 14세기에 출간한《캔터베리 이야기 The Canterbury Tales》에서 방앗간 주인에 대한 당시 대중의 시선을 묘사했다. 이 책에서는 정직하지 못한 방앗간 주인이 바람난 아내 때문에 창피를 당한 이야기가 등장한다. 밀이 전 세계적으로 소비되면서, 밀 재배는 미래 식량 안보에 필수적인 요소가 되었으며 밀의 가격은 식량 공급보다 이윤에 더 관심이 있는 투기자들의 관심의 대상이 되었다.

밀의 유전적 특성은 수천 년에 걸쳐 서서히 밝혀졌다. 이제 인류의 미래는 식량의 생산에 달려있는 만큼, 인류는 목적에 가장 적합한 밀을 생산하기 위해 유전자를 섞기 시작했다. 첫 번째 시도는 순전히 운이 좋아 이른 소기의 성과였으나, 유전학에 대한 이해가 커지면서 보다 객관적인 교배가 가능해졌다. 인류는 가까운 종 간에 일어나는 자연 변이에 기대지 않고 먼 친척에 해당하는 종을 교배하여 미래에 필요한 밀 품종을 다양하게 생산해내고 있다. 이러한 다수의 목표는 누군가에게는 악몽일지도 모른다.

잠두

식량에서 비료까지

크리스토퍼 콜럼버스가 아메리카 대륙을 발견하기 전 유럽, 극동 그리고 북아프리카 사람들에게 콩은 곧 잠두를 의미했다. 잠두는 완두, 병아리콩 그리고 렌틸콩과 함께 서구에서 흔히 볼 수 있는 네 가지 콩 중 하나로 정원과 밭에서 자란다. 서구 문명의 경제는 이들의 흐름에 맞춰 고동쳤다.

도처에 널린 게 콩이라지만, 콩은 어디에서나 사랑받지 못했다. 아리스토텔레스의 제자이자 식물학의 아버지로 불리는 테오프라스토스는 콩의 생물학과 재배를 자세히 논했고 식량 자원으로서 콩의 가치를 강조했다. 반면, 피타고라스의 시각은 달랐다. 그는 제자들에게 콩 섭취를 금할 것을 명령했고 심지어 화재로부터 도망치기 위해 콩 밭을 가로지르는 것조차 거부했다는 이야기가 전해진다. 이 일화로 피타고라스가 잠두 중독증을 앓고 있었다고 추측할 수 있다. 잠두 중독증은 잠두에 있는 특정 알칼로이드에 노출되면 일어나는 유전적 혈액 질환이다.[67] 피타고라스가 그토록 잠두를 피한 이유가 미신 때문이라고 추측하는 이들도 있다. 당시에 덜 자란 잠두가 '음부'를 닮아 음란한 생각으로 이어진다거나 달빛에 노출된 잠두가 피로 변한다는 미신이 있었기 때문이다.[68] 고대 이집트의 성직자들도 잠두를 금기시했다.[69]

'콩이 잘 자라는 곳에 바보가 자란다'라는 중세 라틴 속담이 있다. 그리고 고대 그리스와 로마 사람들은 잠두의 자극적인 향이 악몽과 광기를 일으킨다고 생각했다.[70] 이런 후각적 위험에도 잠두는 수천 년 동안 온화하고 건조한 지중해와 유럽, 그리고 아시아의 서늘한 지역에서 자랐다. 잠두는 인간과 가축에게 단백질이 풍부한 식량이자 질소가 풍부한 천연비료였다. 고대 로마의 농업 전문가 바로는 '일부 곡물은 땅에 심어서 얼마 지나지 않아 곧장 수확할 수 있다. … 씨앗을 뿌릴 때 쟁기질을 하는 것은 하나의 관례다. … 토양이 얕으면 꼬투리가 생기기 전에 밭에 콩을 … 거름을 뿌려야 할 곳에 뿌린다.'고 했다.[71] 바로는 완두와 같은 콩류가 다른 식물이 사용할 수 있는 형식으로 질소를 저장하는 능력에 대해 말하고 있다. 2천 년도 더 이전의 농업 전문가들이 콩의 이런 값진 성질을 인식하여 농업에 활용했다는 것은 흥미롭다(완두, →81쪽).

잠두는 저녁 식탁의 단골손님일 뿐만 아니라 로마인들의 삶에서 종교적, 사회적 그리고 정치적으로 중요했다.[72] 잠두 가루는 야누스 신과 관련된 파바리아 의식에서 사용될 제례음식의 재료였고 말

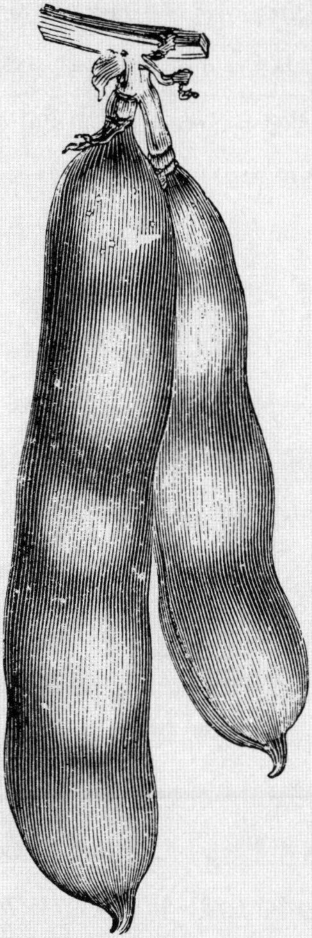

잠두

Vicia faba L.

콩과

린 잠두는 농업과 무역업에서 행운으로 여겨졌다. 흰 잠두와 검은 잠두는 투표에 사용되었다. 이런 투표 방식은 오늘날 반대표를 던져 누군가를 막는 방식의 투표로 이어졌다. 잠두 꽃은 나비를 닮은 모양으로 꽃망울이 크고 흰 줄무늬에 보라색 반점이 있다. 일부 사람들은 이 무늬로 이미지를 유추해서 점을 치기도 했다. 이것이 잠두에 성스런 지위를 부여했다. 인간의 영혼이 잠두에 깃들어 있다는 믿음 때문에 사람들은 그 꽃을 장례식장에 가져가 조의를 표하기도 했다. 위대한 로마 왕조의 하나인 파비Fabii는 그들이 재배했던 잠두에서 이름을 따온 것이다. 로마인들은 잠두를 약이나 미끼로 쓰기도 했으며 콩가루가 함유된 화장품을 사용해서 노화의 징후를 늦췄고, 심지어 유리를 만들 때 콩 줄기를 태운 재를 사용했다.

많은 사람들이 잠두가 복부 팽만을 일으킨다고 생각했다. 심지어 생리적 현상으로 인한 악취를 더 지독하게 만든다고 생각하는 이도 있었다. '배에 가스를 차게 만드는 거친 음식'인 잠두는 또한 사회적 지위와 관련되어 있다. 잠두는 '편안히 앉아서 생활하는 사회계층보다 고된 노동을 하는 사회계층에게 더 어울리는 곡물'이었기 때문이다.[73] 게다가 18세기에 잠두는 대서양을 가로지르는 '중간 항로'를 지나는 노예선에 실려서 노예들의 식량으로 사용됐다.[74]

19세기가 시작될 무렵, 브리튼Britain 섬에서 '건조된 콩은 좀처럼 식량으로 사용되지 않았지만 풋콩은 대체로 귀하게 여겨졌다.'[75] 16세기의 식물학자 존 제랄드와 같은 원예사들을 제외한 대부분의 사람들은 강낭콩과 잠두를 다른 종이라고 생각했다. 존 제랄드는 강낭콩과 잠두의 차이는 비옥한 토양 때문에 생긴다고 믿었고 정원에서 재배되는 종에 더 정성을 쏟게 된다고 생각했다.[76] 유럽에는 다양한 품종의 잠두가 존재했다. 19세기 채소 재배자 한 명은 가장 쓸모없는 품종이라 평한 바 있지만, 모로코 해안의 포르투갈 정착지에서 채집된 마자간Mazagan은 최고의 잠두 품종이다.[77]

지난 세기 동안 야생종 분석에 필요한 기술이 발달하고 많은 연구가 이루어졌지만, 잠두의 기원은 여전히 수수께끼로 남아 있다. 잠두의 다부지고 곧은 줄기와 커다란 솜털이 없는 청록색 잎으로 추측해보건대 지중해와 극동에 분포한 살갈퀴가 가장 가까운 야생종이다. 만약 이것이 사실이라면, 야생 살갈퀴와 잠두의 교배종이 만들어졌어야 한다. 하지만 지난 수십 년간 진행된 연구에서는 이러한 종을 만들어내지 못했다. 이 교배 실패의 실마리는 잠두의 염색체를 연구하면서 나왔다. 연구자들은 잠두의 재배종과 야생종의 염색체 수가 동일하거나 전체 배수가 동일할 것이라고 추측했으나 12개의 염색체를 가지고 있는 잠두와 달리 야생 살갈퀴는 14개의 염색체를 가지고 있다. 게다가 잠두는 생식적으로 그리고 세포학적으로 독특한 식물이다. DNA분석을 통해 잠두가 다른 나비나물속 식물과 유전적으로 별개임이 밝혀졌다.[78] 이 데이터에서 잠두의 야생종이 희귀하고 제한된 지역에 분포해서 아직 발견되지 않았거나 멸종했을 것이라는 사실을 추론할 수 있다. 또는 잠두가 인공적 재배환경 외부에서 발견되지 않았기 때문에 잠두가 처음부터 재배종이었을지도 모른다는 추론도 가능하다.

잠두와 유사한 콩과 식물의 잔해가 지중해와 극동에 걸친 고고학적 유적지에서 흔히 발견된다. 그러나 잠두처럼 생긴 살갈퀴도 이 지역에 흔하다. 이것은 잠두를 정확하게 식별해내는 것이 어렵다는 의미다. 초기 단계의 고고학적 분석에서 이 문제는 더욱 극심해진다. 특히 콩 화석이 거의 회수되지 않는 지역에서 발견된 콩과 식물의 잔해나 까맣게 타서 숯이 된 콩과 식물의 잔해를 보고 어떤 식물인지를 식별하기란 쉽지 않다. 그러므로 1만 1천~1만 3천 년 된 요르단 유적지와 1만 년 된 시리아의 고고학 유적지에서 발견된 검게 탄 씨앗을 잠두라고 하기에는 논란의 여지가 있다.[79] 이스라엘 나사렛 근처에 위치한 약 8,500년 된 고고학 유적지에서 최초로 잠두의 잔해가 발견됐다. 에게 해에 접한 국가와 북부 이탈리아와 스위스의 국경지대, 그리고 이베리아 반도에서 발견된 유적지에서도 잠두의 잔해가 발견된 바 있다.

잠두는 20세기 이전의 서구 문명에서 인간의 식량, 가축 사료 그리고 질소 비료의 역할을 했다. 하지만 산업적으로 합성된 비료와 기타 식량 그리고 사료가 흔해지면서 생산량이 줄어들었다. 1960년대 초에 잠두의 세계 생산량은 대략 600만 톤이었지만, 현재는 겨우 400만 톤에 불과하며 그중 3분의 1 이상이 중국에서 생산된다.

파속 식물

풍요로운 향미를 더하다

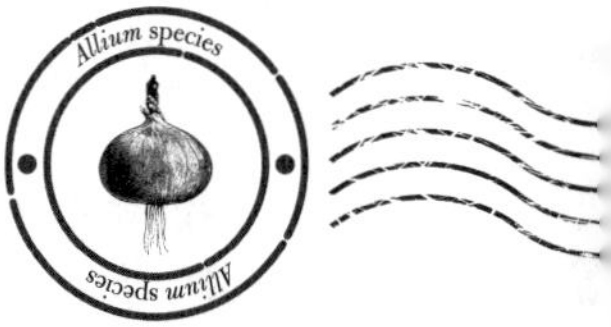

가브리엘 액셀의 영화 〈바베트의 만찬Babette's Feast〉(1987)에서 주인공 바베트는 작은 덴마크 종파의 단조로운 식단에 생동감을 불어넣는다. 그 비결은 바로 양파이다. 양파와 리크, 마늘 그리고 쪽파와 같은 파속 식물은 인간의 생존에 필수적인 요소는 아닐지도 모르지만 삶을 더욱 풍요롭게 만드는 향미를 품고 있다.

에덴동산에 나타난 사탄의 오른발자국과 왼발자국에서 양파와 마늘이 튀어나왔다는 근동의 미신도 이 파속 식물의 독특하고 매캐한 냄새에서 유래한 것일지도 모른다.[80] 어쨌거나 온갖 종류의 기막힌 특성들로 꽉 채워진 파속 식물은 전 세계적으로 소비되어왔다. 17세기에 마늘은 폐색증부터 독성생물에 물린 상처와 비듬, 치통 그리고 복통에 이르기까지 거의 모든 병을 낫게 하는 만병통치약으로 사용되었다.[81] 그리고 파속 식물은 뱀파이어를 쫓아내는 힘을 지니고 있는 것으로도 잘 알려져 있었다. 현재 우리가 일반적으로 알고 있는 마늘의 효능은 과거의 것과는 다르지만 그 명성은 여전하다. 마늘에는 항염증성분, 항생성분, 항암성분 그리고 항산화성분이 함유되어 있다고 여겨진다. 물론 데이터는 이와 반대되는 결과를 보여주는 경우가 많지만 말이다.

파속 식물은 문명이 기록한 최초의 식물들 중 하나였다. 파속 식물을 재배하고 이용하는 방법에 대한 6천 년 전 메소포타미아의 기록이 발견된 바 있으며, 고대 이집트의 기록에도 파속 식물에 관한 내용이 가득하다.[82] 이집트 고왕국의 무덤에서도 양파를 재배했다는 기록이 나왔다. 역사가 헤로도토스는 쿠푸 왕의 피라미드에 새겨진 글에서 은 1,600달란트어치의 채소를 사서 피라미드를 짓는 노동자들에게 공급했다는 기록을 발견했다.[83] 노동자들에게 공급된 채소에는 양파와 마늘도 포함되어 있었다. 고대 이집트에서 마늘은 식량으로서 중요한 기능을 했지만, 성직자들은 마늘을 멀리했다.[84] 성경에서도 해방된 히브리 노예들이 약속의 땅을 찾아 시나이 사막을 헤매면서 지친 마음을 위로해주던 음식을 그리워하는 구절이 등장한다.

> 우리는 이집트에서 자유로이 먹던 생선을 기억한다. 오이, 멜론, 쪽파, 양파와 마늘이 곁들여진 생선요리 말이다. (민수기 11:5)

오늘날 파속 식물은 마음의 위안을 주는 음식의 필수 재료다.

수분이 많은 파속 식물은 화석으로 보존되기 어렵다. 하지만 환

파속 식물

*Allium*속

수선화과

경 조건이 알맞으면 화석으로 남을 수 있다. 이집트 18대 왕조 시대에 살았던 것으로 추정되는 이집트인들의 유해에서 잘 보존된 파속 식물의 잔해가 발견되었으며, 심지어 투탕카멘의 무덤에서 완전한 마늘 구근의 화석이 발견되기도 했다.[85] 그리고 고대 사람들이 마늘을 사용했음을 보여주는 명백한 물리적 증거가 이스라엘의 약 6천 년 된 퇴적물에서 발견됐다. 이집트와 근동 이외의 지역에서는 고고학적 증거가 발견되지 않았지만, 유라시아 전역에 살던 사람들이 파속 식물을 사용했음은 틀림없다.

파속에는 700개 이상의 종이 존재하고 구세계와 신세계에 고루 분포되어 있다. 사람들은 야생 파속 식물을 발견하는 대로 사용했던 것 같다. 유라시아인들이 새로운 식민지를 개척하는 과정에서 그들의 식문화와 사고방식이 함께 퍼져나갔다. 토착 문화가 식민지 개척자들의 문화로 대체되었듯 토종 파속 식물이 리크, 양파 그리고 마늘로 대체됐다. 수천 년 동안 이루어진 재배종이 다른 환경이나 취향과 맞물려 전 세계적으로 수백에 이르는 파속 식물 품종을 만들어냈다. 재배 시기와 분포 지역을 추적하면 과거 드넓은 로마 제국의 영토를 복원할 수 있을 정도로 마늘은 고대 그리스·로마 시대에 널리 쓰였다.[86] 현재 우리가 알고 있는 마늘과 양파는 재배품종이다. 존 제랄드는 저서 《약초The Herball》에서 '이름에 자란 장소의 지명이 붙는 갖가지 종류의 양파들이 있다. 어떤 양파는 크기가 작고 어떤 양파는 크기가 크다. 어떤 양파는 둥글고 어떤 양파는 길쭉하다. 하지만 플리니가 썼듯이 야생에서 자란 양파는 없다.'라고 언급했다.[87]

이처럼 마늘과 양파는 인간과 밀접한 관계를 맺어왔다. 그러므로 오늘날의 마늘과 양파가 특정 야생종에서 나왔다는 주장은 논란의 여지가 있다. 심지어 다른 야생종에서 우리에게 익숙한 재배품종이 나왔다고 주장하는 사람들도 있다.[88] 그러나 그들은 마늘과 양파의 야생 친척들이 중앙아시아의 남서부 지역에서 왔을 것이란 주장에는 동의한다.[89] 반면 리크는 지중해 지역에 널리 분포되어 있는 단일종인 야생 리크에서 나왔다.

파속 식물은 두해살이풀로, 추운 겨울을 견디고 이듬해 꽃을 피우기 위해서 영양분을 비축한다. 이 영양분이 저장된 부분을 먹으려면 첫 해 말에 파속 식물을 수확해야 한다. 리크는 잎집 다발에, 마늘과 양파는 부풀어 오른 구근에 영양분을 저장해둔다.

모든 파속 식물에서 나타나는 특징은 단연 독특한 냄새다. 물론 냄새의 강도는 종류에 따라 다르다. 이 냄새는 병원균과 초식 동물로부터 스스로를 지키기 위한 파속 식물의 생화학 방어기제다. 파속 식물의 세포는 상처를 입는 즉시 복잡한 화학 억제제를 방출한다. 특히 파속 식물은 알리나아제라는 효소를 생성해내는데, 이 알리나아제는 순식간에 사라지는 술펜산sulphenic acid의 생산을 촉진한다. 술펜산은 마늘 특유의 독특한 냄새를 내는 물질인 알리신allicin을 형성한다. 그러나 양파에서는 술펜산이 알리나아제와 반응해서 최루성분을 만들어낸다. 이 현상 때문에 사람들이 마늘을 썰 때와는 달리 양파를 썰면서 눈물을 흘리는 것이다. 마늘과 양파에서 일어나는 반응을 통해 우리는 지난 십 년 동안 생화학과 유전학을 더 깊이 이해하고, 생화학적 회로를 조작하여 황 성분을 지닌 전구세포의 수준을 조절하고 다른 품종의 맛을 다양하게 만들어낼 수 있다. 심지어 마늘과 양파를 재배하는 농가에서 소위 '눈물이 나지 않는 양파'도 개발할 수 있게 되었다.[90]

요리사들은 시행착오를 통해 파속 식물의 매캐한 화학 혼합물을 조절하는 법을 익혔다. 예를 들어, 마늘 한 쪽을 짓이겨서 공기 중에 잠깐 두면 알리신 양을 높일 수 있다. 알리나아제가 반응을 일으켜 풍미를 만들어낼 시간을 벌 수 있기 때문이다. 조리 온도도 화학 구성을 바꾼다. 가령 빠르게 볶은 마늘의 냄새와 맛이 천천히 요리한 마늘과 다른 것처럼 말이다. 그리고 건조하거나, 냉동하거나, 식초에 절인 리크나 양파는 신선한 것과는 다른 맛을 낼 것이다.

2012년에는 전 세계적으로 마늘 2,700만 톤과 양파 1억 600만 톤이 생산됐다. 비교적 적기는 하지만 같은 해 리크의 세계 생산량은 230만 톤이었다. 이렇듯 파속 식물은 수천 년 전과 마찬가지로 여전히 우리의 식단에서 중요한 식재료다.[91]

완두

유전학의 위대한 혁명

완두는 우리에게 아주 친숙한 식물이다. 너무나 친숙한 나머지 농업과 유전학의 역사에서 완두의 중요성이 쉽게 간과되곤 한다.

요즘 사람들이 먹는 완두는 덜 익은 녹색 씨앗이다. 심지어 깍지완두의 경우에는 덜 익은 콩깍지까지 전부 먹는다. 이게 전부 수확, 통조림 제조, 냉장과 냉동 기술이 발달한 덕분이다. 고대에는 지금과 달리 완전히 자란 완두를 건조시켜서 먹었다. 완두의 잔해는 초기 농경사회의 발달과 관련된 근동의 고고학 유적지에서 주로 보리와 밀 잔해와 함께 발견됐다. 농경생활이 유럽 전역으로 확산될 무렵인 8천 년 전에 완두는 주요하게 재배되는 작물 중 하나였다. 고대사회에서 완두는 두 가지의 역할을 했는데, 인간에게는 풍부한 단백질을 제공하는 식품이었으며 다른 작물의 영양분 공급원이기도 했다. 완두는 과소평가할 수 없는 양질의 비료다.

식물은 물, 신선한 공기 그리고 빛만으로 생존할 수 없다. 식물은 마그네슘, 칼륨, 그리고 질소와 같은 무기양분도 필요로 한다. 질소는 공기의 약 80퍼센트를 차지하므로 식물이 공기를 통해 질소를 충분히 공급받고도 남을 것이라 생각하는 것은 자연스러운 일이다. 하지만 식물이 질소를 흡수하려면 질소는 용해 가능한 염분인 질산염 형태여야 한다. 이 부분에서 콩과 식물이 비료로서 가치를 지닌다. 콩과 식물의 뿌리에 달린 혹에 근류균이라 불리는 박테리아가 들어 있는데, 이 박테리아가 질소를 식물이 활용할 수 있는 형태로 변형시킨다.

토양의 건강은 곡물 재배에 많은 영향을 미친다. 테오프라스토스, 콜루멜라, 케이토와 같은 그리스·로마 문인들은 토양의 비옥도가 농업의 생산량에 미치는 영향에 대해서 썼다. 기원전 1세기 로마 농업 전문가 바로는 밭에 모든 종류의 똥을 뿌리라고 제안했다.[92] 농경시 〈게오르기카The Georgics〉에서 로마 시인 버질은 토양을 찬양하며 '토양의 천재성, 각각의 힘, 그것의 빛깔, 잉태를 위하여 타고난 힘'이라는 시구를 남겼다.[93] 비옥한 토양은 무기물, 유기물, 공기, 물, 미생물이 복잡하게 섞인 살아있는 물질로, 수분을 머금고 있어 식물이 뿌리내리기 쉽다. 식물의 성장에 필수적인 영양분을 분해하고 생성하는 미생물도 가지고 있다. 토양 속 영양분은 작물이 자라면서 고갈되기 때문에 흙갈이는 필수다. 옛날부터 성공한 농부들은 가축 분뇨와 콩과 식물을 이용해서 토양을 비옥하게 만드는 법을 알고 있었다.

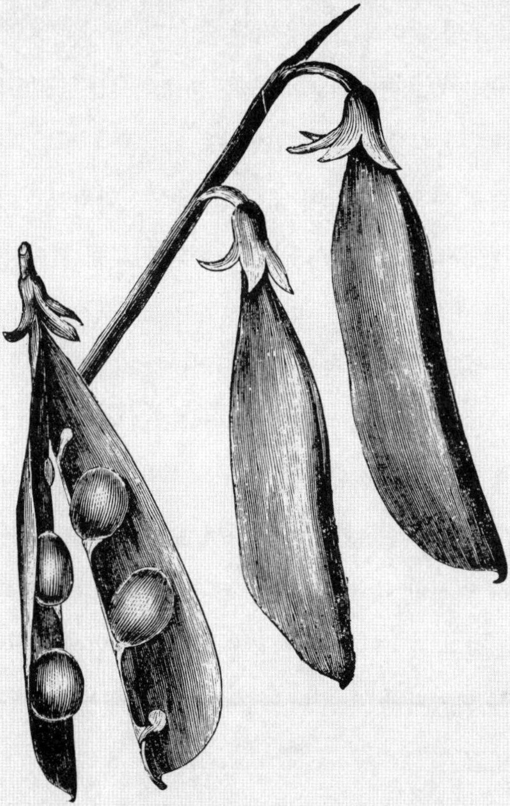

완두

Pisum sativum L.

콩과

개방지나 황무지를 사유지라고 명시하기 시작하던 18세기 중반 이전의 영국에서 완두와 다른 콩과 식물들은 중요한 윤작 작물이었다. 윤작은 한 경작지에 여러 가지의 농작물을 돌려가며 재배하는 경작법으로 토양의 비옥도를 유지할 수 있다. 당시 영국인들은 윤작을 통해 식량을 확보했다. 게다가 농부와 정원사들은 토양의 질을 개선하기 위해서 온갖 종류의 엉터리 약을 사용했다. 런던 사람들은 대변을 거름으로 사용해 시장에 내다 팔 채소를 키웠다. 그 밖에도 유럽의 도살장에서 대량으로 수입한 동물의 뼈라든가 전장에서 죽은 군인의 뼈를 가공해서 만든 골분, 19세기 초에 남미에서 발견된 엄청난 양의 구아노 등이 비료로 사용되었다. 참고로 구아노는 바닷새의 배설물이 바위 위에 쌓여 굳어진 덩어리로 질소분이나 인산분이 많아 비료로 쓰이기에 적합하다. 20세기에는 철 촉매를 써서 수소와 질소로부터 암모니아를 합성하는 하버보슈법이 개발되면서 화학적 처리를 통해 엄청난 규모의 질소를 고정할 수 있게 되었다(왕포아풀, →253쪽). 그 결과 완두와 콩과 식물은 서양의 농업에서 천년 녹비 자리를 내주게 되었지만, 유전 연구 분야와 부엌에서는 여전히 다양하게 활용하고 있다.

완두*Pisum sativum*에는 기본적으로 두 가지 유형의 야생종이 있다. 지중해 연안의 관목 지대에서 발견된 키 큰 유형과 서남아시아의 건조한 스텝 지대Steppe에서 발견된 키가 작은 유형이다. 활용 가능한 모든 증거에 따르면 스텝 지대에서 발견되는 키가 작은 야생 완두가 완두의 조상이다. 유전적 연구 결과로는 최소 14개의 유전자가 완두 재배에서 결정적인 역할을 한다고 한다.[94] 이 14개의 유전자가 '재배화'를 통제한다. 재배화는 특정 생태조건에서 오래 생육하게 되면 그 생태 조건에 좀 더 적응하게 되는 현상을 말한다. 여기에는 꼬투리 쪼개짐, 씨앗의 크기와 휴면기, 종피 형성과 습성이 해당된다. 참고로 재배된 완두의 꼬투리는 스스로 쪼개져 씨앗을 바닥에 쏟지 않는다는 분명한 특징이 있다. 최대 10만 년 된 완두 화석이 비옥한 초승달 지대와 근동의 유적지에서 자주 발견되지만 발견된 완두가 야생에서 채집한 종인지 아니면 인간에 의해 재배된 종인지를 판단하는 것이 쉽지 않다.

19세기 프랑스 원예사 빌모랭은 150개 이상의 완두 재배종을 발표했다.[95] 찰스 다윈은 진화와 인공선택에 관한 연구를 위해 완두를 조사했고, 영국과 프랑스의 완두 품종 마흔한 개를 키웠다. 그가 재배했던 품종은 '푸른 프로이센인', '주교의 긴 꼬투리' 그리고 '우드퍼드의 녹색 호박' 등 재미난 이름을 가지고 있었고 꽃, 꼬투리, 씨앗의 특성에서 놀라울 정도의 다양성을 보였다. 그의 기록에 따르면, 완두의 키는 6인치와 12인치부터 8피드에 이르기까지 다양했다.[96] 밭에서 키운 완두를 농기계로 빠르게 수확하게 되면서 재배하는 완두의 종류가 변했다. 오늘날에는 한때 주로 재배되던 품종은 희귀해졌고 희귀했던 품종이 흔하게 재배되고 있다.

완두는 이 시대 유전학에 지적으로 그리고 문화적으로 위대한 혁명을 낳은 열쇠다. 현대 유전학은 모라비아교의 성직자 그레고어 멘델이 19세기 중반에 진행했던 실험에서 유래했다.[97] 멘델은 당연히 '유전학의 아버지'로 칭송받아야 하는 인물이다. 하지만 그 이전에 토마스 앤드루 나이트라는 영국 식물학자가 존재한다. 1787년 나이트는 식물의 특징이 한 세대를 거쳐 다음 세대로 이어지는 현상을 연구하기 시작했다. 그는 빠른 결과를 얻으려면 생애 주기가 짧은 식물을 이용해야 한다는 점을 이해하고 있었다. 그는 완두를 선택하여 서로 다른 품종의 완두를 교배하는 실험을 진행했으며, 그 실험에서 나이트는 한 세대에서 다음 세대로 변이가 이어진다는 것을 밝히는 데 상당한 진전을 거뒀다. 그러나 70년 뒤 태어난 멘델과 달리, 나이트는 교배로 탄생한 품종들의 수를 세지 않았다.[98] 그는 멘델이 밝혀낸 유전 법칙보다 교배의 결과물에 더 관심을 가졌다. 멘델의 혁명적인 가설은 사람들에게 아주 천천히 인정을 받았다. 멘델이 1866년에 중대한 논문을 발표한 바 있었지만, 찰스 다윈은 자신의 연구에서 멘델의 가설이 얼마나 중요한지 이해하지 못했다. 유전학이 등장한 20세기에 들어서야 멘델의 가설과 그의 통찰력이 인정받게 되었다. 우리가 어떻게 특성이 한 세대에서 다음 세대로 이어지는지, 그리고 어떻게 이 특성을 조작할 수 있는지를 이해할 수 있었던 것은 바로 흔해빠진 완두 덕분이다.

올리브

신의 황금빛 기름

특정 민족이나 문화와 깊이 연관된 식물들이 있다. 이런 식물은 문화적 고정관념이 되고는 한다. 올리브라고 하면 유럽과 서아시아 지역이 가장 먼저 연상된다. 아주 오랜 세월을 견뎌 열매를 주렁주렁 맺은 올리브나무의 강인한 아름다움, 올리브의 짜릿한 맛이나 녹색이 감도는 황금빛 올리브유를 통해 우리는 이미 사라져버린 삶의 방식과 만나게 된다.

1780년대, 옥스퍼드 대학교 식물학 교수이자 지중해 동부의 식물 탐험가 존 시브토브는 학생들에게 올리브를 설명하면서 아래와 같이 열변을 토했다.

> 동쪽에 위치한 나라에서 올리브는 대단히 중요한 열매다. 아테네 사람들은 평원에서 재배한 올리브를 수호신 아테나에게 봉헌한다.

에베소에서 스미르나로 가는 길에는 울창한 야생 올리브 숲이 있다. 그리스의 섬에서는 접근이 불가능한 아찔한 암석에도 올리브가 자란다.[99]

존 시브토프의 학생들은 이미 고전문학을 통해 올리브를 자주 접했겠지만 그들이 올리브를 직접 보거나 만질 일은 거의 없었을 것이다. 그들에게 올리브와 관련된 직접적인 경험으로는 약용 기름이 전부였을 거다. 옥스퍼드 식물원에서 자라는 올리브를 설명하면서, 시브토프는 '식물원에 올리브나무가 있지만, 그 나무는 꽃은 피워도 열매를 거의 맺지 않는다. 열매가 열린 올리브나무 삽화를 보면 올리브가 어떻게 생겼는지 보다 정확하게 이해할 수 있을 거다.'라고 말해야 할 것 같은 충동을 느꼈다고 기록했다.[100]

인간은 아주 오래 전부터 올리브를 재배했다. 올리브는 경제의 중추로, 약 7천 년 동안 지중해부터 저 멀리 이란까지의 국제 상거래 상품을 담당했다.[101] 올리브라는 이름은 'olive', 'oliva', 'oliba', 'olijf', 'ulliri' 등의 옛 유럽어와 깊은 연관성을 가진다. 여기서 올리브가 아주 오래된 식물임을 알 수 있다. 'olive'는 그리스어 어원을 거쳐 라틴어에서 유래한 단어로, 여기서 'oil'과 기타 파생어들이 나왔다. 그리스·로마 신화에는 올리브와 피마자 나무에 대한 언급이 굉장히 자주 등장한다. 성경에서 올리브는 약속의 땅과 연관이 있다.[102] 노아의 방주 이야기에서 비둘기가 물고 온 올리브 가지는 평화의 상징이 되었다. 올리브의 기름은 고전 문명의 제례의식에서 사용됐고 여전히

올리브

Olea europaea L.

물푸레나뭇과

유다파 그리스도교의 종교의식에 사용되고 있다. 하지만 올리브는 단순히 고전에 등장하고 종교의식에 사용되는 식물만이 아니다. 올리브는 서양 문화권의 귀중한 식량이자 연료였고 지금까지도 그렇다. 《천일야화》에서는 올리브 거래상들이 가득한 아라비아 장터가 자주 등장한다. 투탕카멘의 무덤에서 올리브 기름을 담는 항아리가 발굴됐고 올리브 화석이 대추, 곡물 그리고 콩과 함께 근동의 고고학 유적지에서 발견되기도 했다.[103] 지중해 연안의 국가에서 여전히 올리브는 경제적으로 중요한 역할을 한다. 2012년에만 1,650만 톤의 올리브가 수확됐다.

올리브는 중간 크기의 상록수다. 옹이가 많으며 뒤틀리고 땅딸막한 몸통이 특징이다. 줄기의 양 옆으로 난 타원형 잎은 잔털로 덮여 있다. 이 잔털 때문에 올리브나무는 은빛이 도는 녹색을 띤다. 작고 흰 꽃이 길쭉하게 무리지어 피고 나면 기름이 풍부한 작은 열매를 맺는다. 이 열매는 초록색이거나 보라색일 때 딴다. 야생 올리브나무는 일반적으로 유성번식을 하지만, 인간이 재배하는 올리브는 무성번식을 한다. 추가적으로, 씨앗에서 자란 올리브에서는 질 나쁜 열매가 맺힌다는 결과가 발견되기도 했다.

야생 올리브나무는 주로 지중해의 유럽지역에 분포한다. 반면 올리브 재배는 주로 이베리아와 지중해의 북쪽과 동쪽 해안의 변두리 지역에서 이루어진다. 올리브나무는 북아프리카 해안지역에서도 발견된다. 올리브나무가 자라는 지역은 터키를 지나 서쪽의 이란까지 이어진다. 16세기 말까지 올리브나무는 신세계, 특히 캘리포니아와 중앙 칠레처럼 따뜻하고 습한 겨울 기후와 뜨겁고 건조한 여름 기후를 지닌 지역에 확실히 뿌리를 내렸다.[104] 지난 세기 동안, 지중해 사람들이 각지로 흩어지고 세계적으로 올리브 제품의 수요가 증가하면서 올리브 재배가 남아프리카와 뉴질랜드를 포함한 지중해 전역으로 확산됐다.

수 세기 동안 북유럽의 원예사들은 지중해 분위기를 내고자 온실과 정원에서 애정을 듬뿍 담아서 올리브나무와 도금양을 키웠다. 영국에서 어린 올리브나무는 지중해풍 정원을 꾸밀 때 필수적인 식물이 되었으며, 공급업자들은 올리브나무를 미래에 기후가 온화해져도 재배할 수 있는 식물로 홍보했다. 올리브나무는 온실의 화초처럼 연약한 식물이 아니라 들판의 잡초처럼 억세고 거친 식물이다. 올리브나무는 야생에서 가뭄과 화재가 빈번한 환경에 적응하면서 진화했을 뿐더러, 사람의 손에서 벗어나 다시 야생으로 돌아가면 빠르게 환경에 적응해 순식간에 우거진다. 특히 올리브가 자연적으로 확산된 게 아니라 인위적으로 도입된 지역에서 이런 일이 빈번하게 발생했다.[105]

올리브 야생종은 아주 다양하며 올리브 재배종도 야생종의 일부다.[106] 올리브 재배종과 가까운 친척 정도일 야생종에 대해서는 밝혀진 바가 거의 없지만, 현재 나와 있는 증거에 따르면 올리브를 처음 재배한 지역은 레반트였다. 올리브가 최초로 재배된 이후 야생으로 재유입되면서 재배종과 야생종의 경계가 모호해지기 시작했다. 야생종, 재배종, 그리고 다시 야생으로 유입된 품종 사이에서 유전자 변이가 일어나면서 올리브의 품종은 아주 다양해졌다.[107] 정체가 밝혀진 재배종만 수천 개에 이르면서 이 얽히고설킨 상황은 더욱 복잡해졌다. 작은 잎과 가시가 달린 어린 가지와 과육이 적은 열매를 맺는 지중해의 야생종은 프랑스 니스 지방의 품종과 유사하다. 이 야생종도 재배종이었다가 야생화된 품종으로 추정된다. 성 바울은 편지를 쓰거나 강연을 할 때 올리브나무를 비유적으로 활용했다. 그는 자신의 청중이 올리브 재배의 실질적 미묘함과 야생종과 재배종의 차이를 이해할 것이라고 확신했다.

> 야생 올리브나무에서 꺾은 가지를 좋은 올리브나무에 접붙이기 한다면, 접붙인 가지와 처음부터 그 나무에서 자란 가지를 구분할 수 있겠나? (로마서 11:24)

올리브나무는 아주 오래 살 수 있다. 명확한 근거는 없지만 올리브나무가 수천 년을 살았다는 기록이 있다. 오래된 식물의 추정 나이에 대해서는 상당히 큰 과학적 의구심이 존재하지만, 설령 과학적 분석을 거쳐 알게 된 나이가 예상보다 적다고 하더라도 오래된 나무는 여전히 경이로운 존재로 여겨진다.

포도

신들의 취중진담

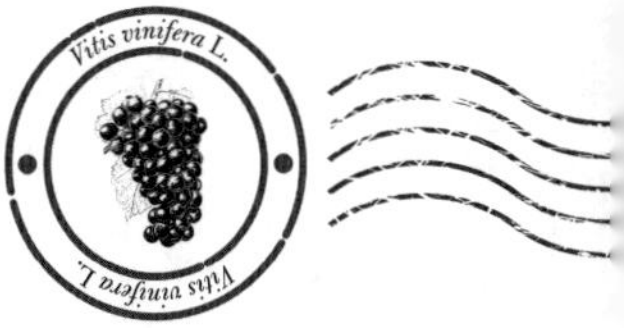

세상에서 가장 오래된 직업이 매춘이라면, 아마도 두 번째로 오래된 직업은 와인 제조업일 것이다. 와인의 원료인 포도는 6천 년에서 8천 년 전 근동의 유라시아 들포도덩굴에서 나왔다.[108] 포도는 술과 음주의 역사와 긴밀한 관련이 있다. 포도는 구약성서에서 구체적으로 언급된 첫 재배식물이다. 노아가 포도밭을 경작했다는 구절 다음에는 그가 지나칠 정도로 와인을 마시고 만취해서 인사불성이 됐다는 내용이 나온다. 포도는 말린 과일로도 인기 있다. 하지만 전 세계 8만 제곱킬로미터의 포도밭에서 생산되는 포도 대부분이 와인의 원료로 사용된다.[109]

덩굴포도나무와 와인은 고대와 현대를 넘나들며 서양 예술에서 문자 그대로 그리고 상징적으로 많이 언급된다. 특히 지중해 주변에 위치한 서양 문화의 예술작품에서 덩굴포도나무와 와인이 자주 등장한다. 각각 그리스 신화와 로마 신화에 등장하는 술의 신 디오니소스와 바커스를 기리기 위한 의식은 형식에 얽매이지 않고 자유롭게 진행된다. 여기서 '질탕한'을 뜻하는 'dionysian'와 '진탕 마셔대는'을 뜻하는 'bacchanalian' 같은 영어 단어들이 유래됐다. 두 단어 모두 광란하게 술을 진탕 마시는 행위와 관련이 있다. 포도덩굴과 서구 문화 사이에는 고전적, 종교적 그리고 사회적 연관성이 존재한다. 포도덩굴은 중세 유럽의 고상한 정원에 없어서는 안 될 식물이었다. 포도덩굴은 식량과 술의 원료일 뿐만 아니라 그늘을 만들어주고 상징이 되는 존재였다.[110] 16세기 정원에서 포도덩굴의 지위는 장 루엘의 《식물지De natura stirpium libri tres》(1536) 목화판 속표지에 그려진 포도덩굴로 덮인 수목이 다양한 동식물을 지배하고 있는 모습에서 짐작해볼 수 있다.

유라시아 머루나무의 본래 서식지는 서쪽으로 포르투갈, 동쪽으로 투르크메니스탄, 북쪽으로 독일 그리고 남쪽으로 튀니지까지 넓게 퍼져 있다. 유라시아 머루는 강가에서 임목을 감고 올라가며 자란다. 머루나무는 재배되기 시작하면서 포도알이 커졌고 당 함량이 높아지는 극적인 변화를 겪었다. 송이에 달리는 포도알의 수도 많아졌다. 머루나무는 별개의 수그루와 암그루를 가지는데, 이것은 머루나무의 절반 정도만 암그루가 될 것이란 의미다. 자웅동체 식물을 만들어내면 열매를 보다 정기적으로 생산해낼 수 있다는 의미이기도 하다. 머루나무가 재배되면서 씨앗의 구조에도 급격한 변화가 발생했다. 이런 변화가 어떤 기능을 하는지는 아직 밝혀지지 않았지만,

포도

Vitis vinifera L.

포도과

우리에게 중요한 정보를 알려준다는 점은 분명하다. 덕분에 고고학 유적지에서 야생종과 재배종을 쉽게 구별할 수 있기 때문이다.

포도는 또 하나의 고고학적 표식인 타타르산(또는 주석산)을 제공한다. 타타르산은 주로 와인 숙성에 사용된 용기에서 발견된다. 포도는 장거리 수송에는 씨앗의 형태로, 단거리 수송에는 꺾꽂이모 형태로 옮겨진 것으로 보인다. 포도 재배지역은 지중해 지역을 통해 아시리아, 페니키아, 그리스 그리고 에트루리아의 교역로를 따라 서서히 확장됐다.[112] 로마인들은 포도 재배의 경계를 유럽 제국의 온대 지방, 심지어 미개한 영국 제도까지 확장했다. 붕괴된 로마 제국을 비롯해 가톨릭교회로 가장한 새로운 로마 제국의 수도승들은 중세 시대 동안 포도 재배를 지속해왔고, 여전히 널리 확산시키고 있다. 교회에서 와인은 육체와 영혼의 건강을 위해 중요하게 여겨지며, 성찬 예식에도 쓰인다. 이와 대조적으로 중동, 북아프리카 그리고 이베리아 반도에서 생식용 포도는 이슬람의 확산과 연관되었다.

11세기와 12세기의 포도는 변덕스러운 영국 기후에서도 그런대로 괜찮은 와인을 생산했다. 《토지대장Domesday Book》(1086)에는 38개의 포도밭이 기록되어 있다.[113] 소빙기에 영국 기후가 악화되었을 때에도 포도나무가 자랐지만 열매는 익지 않았다.[114] 덜 익은 포도는 산도가 높은 신과즙을 만드는 데 사용됐다. 신과즙은 당시 고급요리의 주요한 재료였다. 하지만 와인 생산이 불가능해지면서 포도밭이 과수원으로 대체되곤 했다.

신세계의 재발견은 교회에 포도 재배에 활용할 수 있는 영적 힘과 기후를 제공했다. 아이슬란드 탐험가 레이프 에릭슨이 크리스토퍼 콜럼버스보다 5세기 앞서 아메리카 대륙을 발견했을 때, 그는 탐험 중에 머루나무를 보고 그 지역을 '와인의 땅'이라는 의미의 빈랜드Vinland로 불렀다.[115] 원주민들은 머루로 와인을 만들지 않았던 것 같지만 말이다.[116] 하지만 1830년대 아메리카 대륙의 머루가 아주 중요해졌다. 당시 유럽의 포도밭은 필록세라의 공격을 받고 있었다. 필록세라는 북아메리카에서 들어온 미세한 진딧물로 포도나무 뿌리에 살며 나무의 수액을 빨아먹는다.[117] 포도밭이 완전히 망가질 수 있었던 이 상황에 대처할 최고의 방안은 필록세라에 강한 미국 품종의 뿌리줄기에 유럽 품종을 접붙이는 것이었다. 하지만 굉장히 보수적인 포도밭 주인들이 이러한 합의에 이르는 데에는 수년이 걸렸다.

소위 '테루아terroir'는 포도품종, 포도가 자란 환경, 와인 숙성에 사용된 효모와 박테리아를 총칭하는 말이다.[118] 효모는 포도의 과당과 포도당을 에탄올과 이산화탄소로 전환하고, 이렇게 포집된 이산화탄소는 샴페인의 거품을 만들어낸다. 효모와 세균은 복잡한 방향족 화합물, 에스터ester 그리고 유기산을 만들어낸다. 특정한 세균은 와인에 캐러멜 맛이 나게 하는 화학물을 만들어내기도 한다. 이런 세부 정보를 중심으로 와인 전문가들이 와인용어를 개발했다. 와인 병에서 만들어지는 풍부한 맛과 향은 미뢰를 자극한다. 와인 전문가들은 이 맛에 취해 긴 찬사를 쏟아낸다.

현재 알려진 포도 품종은 1만 개 이상이다.[119] 대다수는 전문가 컬렉션에서만 발견된다. 피노 누아Pinot Noir, 카베르네 소비뇽Cabernet

Sauvignon, 샤르도네Chardonnay 그리고 톰슨 시들러스Thompson Seedless와 같은 소수 품종만 상업적으로 재배되고 있다. 이 품종들은 서로 긴밀한 관련이 있다.[120] 피노 누아는 기원전 1세기에 나온 품종으로 알려져 있고, 샤르도네는 피노 누아와 구에 블랑Gouais Blanc의 교배종으로 4세기에 나온 품종이다. 카베르네 소비뇽은 18세기 초에 나온 카베르네 프랑Cabernet Franc과 소비뇽 블랑의 교배종으로, 한 적포도 품종의 유전자 2개가 변이를 일으키면서 수천 개의 백포도 품종이 나오게 되었다.

포도 재배는 고상한 가내수공업이 아니다. 덩굴과 끊임없이 전투를 벌이고 해충과 질병으로부터 나무를 보호해야 한다. 포도밭에서는 주로 접붙이기와 꺾꽂이와 같은 방식으로 포도나무를 번식시킨다. 포도 품종들은 유전적으로 아주 가까운데, 이것은 포도나무가 진화 속도가 빠른 균질 병원균과 해충 부대의 맹공격을 견뎌내지 못한다는 의미다. 그래서 포도 재배자들은 경제적 부담과 환경 파괴 위험에도(그 어느 때보다 더 정교한 무기인) 농약을 사용한다.[121] 재배자들은 포도 품종을 늘리기 위해 값비싸고 고된 연구를 진행하지만 보다 익숙하고 전통적인 품종을 찾는 와인 제조업자와 소비자의 욕망 때문에 좌절하기도 한다.

갈릴레오 갈릴레이는 '와인은 물에 녹아든 햇살'이라고 말했다. 이 '병에 담긴 햇살'을 계속 즐기려면, 과거에도 그랬듯이 적응 이외의 다른 선택은 없어 보인다. 인류는 포도를 재배하면서 19세기에는 필록세라의 침공에, 20세기에는 와인 제조의 중심지가 아메리카 대륙, 오스트랄라시아 그리고 남아프리카로 이동하면서 생긴 위협에 적응해야 했다. 다음 세기에는 포도 재배에 대한 상업적 수요, 보수주의와 전통, 그리고 변화하는 식물 육종 기술 때문에 진퇴양난에 빠지게 될 것이다.

파피루스

고대의 기록을 남기다

도서관과 기록물 보관소는 지식 교환의 장으로 문화적 교차로 역할을 한다. 이곳에서 과거의 기록은 현재로 정보를 전달하는 역할을 하며, 현재의 기록은 미래에 정보를 제공할 기회를 갖는다. 정부가 인구, 상거래 그리고 세금을 계속 기록하기 때문에 관료들이 문명의 근간이 된다. 개인의 삶은 개인이 소유한 기록물에 의해 통제된다. 우리는 말 그대로 태어난 날부터 죽는 날까지 서면으로 증명된다. 찰스 1세의 사형집행서, 미국 헌법, 뮌헨 조약, 유럽연합 창립문서나 생물다양성 협약 등으로 알 수 있듯, 기록물은 문화적으로 상당히 중요하다.

어떤 정보를 문서화하려면 정보를 기록할 문자와 그것을 영구적으로 기록해 둘 대상이 필요하다. 수메르인은 구운 진흙덩어리에 설형문자로 자신들의 행위를 기록했다. 구운 진흙덩어리는 화기에

파피루스

Cyperus papyrus L.

사초과

강했지만 보관이 어려웠다. 다른 문명은 동물 가죽, 나무껍질 그리고 종려나무 잎처럼 보다 유연하지만 비영구적인 것에 정보를 기록했다. 서구 문명이 파피루스를 받아들인 것은 기록의 혁명이었다. 파피루스는 당시 사람들의 일상생활에 대한 값진 기록을 제공한다. 뿐만 아니라 탄소연대측정법으로 연대를 측정할 수 있기 때문에 파피루스지를 만드는 데 사용한 식물의 연대를 밝힐 수 있다. 이를 바탕으로 기록물의 연대 추정도 가능하다.[122]

지중해 주변의 모든 고대 문명이 파피루스지에 정보를 기록했지만, 파피루스는 특히 이집트 문명과 깊이 연관되어 있다. 사초과 식물인 파피루스는 키 큰 잔디처럼 생긴 북아프리카 식물이다. 파피루스는 자연 서식지인 습지대에서 채취되었으며 나일강의 강둑에도 파피루스가 자랐다. 파피루스로 종이를 만드는 과정은 복잡하고 손이 많이 갔다. 우선 파피루스의 삼각형 줄기의 중과피를 길고 두껍게 벗겨낸다. 이렇게 벗긴 껍질을 하나하나 나란히 놓는다. 이 위에 중과피 껍질을 다시 처음과 같은 방법으로 놓아서 두 겹으로 만든다. 그러고 나서 물을 먹인 뒤 망치로 두드린다. 망치질을 한 파피루스를 꾹꾹 눌러서 물기를 뺀 뒤에 건조시키고 광을 내면 무언가를 기록할 수 있는 하얀 표면이 생긴다. 이렇게 만든 종이의 낱장을 풀로 붙여서 두루마리를 만들고 부서지기 쉬운 것들은 조심스럽게 접은 뒤 묶어서 고문서로 만들었다. 로마 시대에는 품질이 다른 파피루스지를 부르는 각각의 복잡한 명명법이 존재했다. 최상의 품질은 아우구스투스 황제의 이름을 땄고 최악의 품질은 상인들의 이름을 따 불렀다.[123]

섬유소가 풍부한 파피루스는 습윤 기후에서 쉽사리 부패하고 해충과 곰팡이가 생길 위험성이 높다. 하지만 지중해나 이집트와 같은 건조 기후에서는 안정적이고 잘 썩지 않아서 무언가를 기록하기에 적당했다. 지금도 수천 년 된 파피루스지 조각이 이집트 무덤에서 발견되고 있다. 서기 79년에 폭발한 베수비오 화산의 화산재로 덮인 헤르쿨라네움 유적지에서 거의 2천 개의 파피루스 두루마리가 잘 보존된 상태로 발견되기도 했다.[124] 카이로에서 약 160km 떨어진 나일강 남서쪽 사막에 위치한 고대 도시 옥시링쿠스의 쓰레기 더미에서도 파피루스지가 발견됐다. 이것은 가장 유명한 발견이다. 옥시링쿠스는 지역의 행정수도로 천 년 동안 회계서류, 소득 신고서 그리고 서신 등 엄청난 양의 행정 문서를 생산해냈다. 새로운 문서를 더 많이 보관하기 위해서 오래된 문서는 정기적으로 폐기됐다. 이 쓰레기 더미가 모래에 덮이면서 오랜 시간 동안 사람들의 기억 속에서 잊혀졌다. 하지만 보존된 파피루스지는 천 년의 시간동안 그 마을 거주자들의 일상을 보여주는 일종의 타임캡슐 역할을 했다.[125]

정보와 사상을 기록한 문서의 수집은 주로 불온하게 여겨졌다. 정부, 폭군 그리고 정복자들은 불리한 증거나 정치적, 도덕적 또는 종교적으로 용인할 수 없다고 판단한 문화와 사상을 몰살하는 수단으로 도서관과 책을 불태웠다. 고대 알렉산드리아 도서관 그리고 이 도서관에 보관된 파피루스 족자와 고문서의 파괴는 문화적 지식의 세계적 손실을 상징하는 사건이 되었다.[126]

파피루스 줄기는 정보의 기록뿐만 아니라 밧줄, 돛 그리고 바구니, 배를 만드는데도 사용됐고 식량으로도 쓰였다. 이처럼 파피루스 줄기는 지중해 연안에 살았던 사람들의 일상생활에서 다양하게 사용됐다. 1969년 탐험가 토르 헤위에르달은 고대 구세계의 뱃사람들이 대서양을 건넜다는 것을 보여주기 위해서 배를 타고 모로코에서 출발하여 대서양을 횡단했다. 토르 헤위에르달이 만든 배의 이름은 태양신 라였다. 라는 파피루스 줄기를 엮어 만들었고 고대 이집트의 배를 모델로 삼았다.[127] 습지대 식물인 파피루스는 지구를 형성하는 식물이었다. 파피루스는 토양을 안정시키고 토사 유출을 줄인다. 어떤 조사에 따르면 파피루스는 물을 정화하고 하수를 처리하는 능력도 가지고 있다.[128]

지식과 사상과 연관된 언어가 파피루스에서 유래되기도 했다. 그리스어로 파피루스 중과피는 'biblos'다. 이 단어에서 참고문헌을 뜻하는 영어단어 'bibliography'와 성경을 의미하는 영어단어 'Bible'이 나왔다. 파피루스라는 뜻의 영어단어 'papyrus'도 그리스어다. 파피루스에서 먹을 수 있는 부분을 나타내는 그리스어 'papuros'에서 나왔다. 그리고 이 단어에서 종이를 뜻하는 영어단어 'paper'가 나왔다.

진짜 종이는 기원전 1세기 중국에서 발명됐다. 진짜 종이도 파피루스지처럼 식물섬유를 촘촘히 엮어서 만들어졌다. 하지만 중국인들은 완벽하게 접거나 늘리고 압착할 수 있는, 거칠면서 유연한 뽕나무의 섬유를 이용했다.[129] (뽕나무는 주요 문명에 지대한 기여를 한 식물이므로 이 책에서 정식으로 다룰 것이다. →179쪽) 서구 문명은 양피지와 피지를 사용하다가 파피루스지를 사용했다. 그러나 더 오래가는 종이가 등장하자 파피루스지는 서구 문명에서 더 이상 쓸모가 없는 존재가 되었다. 지난 2천 년 동안, 파피루스를 포함한 다양한 식물로 만든 종이들은 목재펄프를 압착해서 만든 종이로 대체됐다.

서양 문화는 여전히 엄청난 양의 종이를 다양한 방식으로 사용하고 있다. 18세기 중반 이후 서양의 파피루스 시장을 되살리려는 시도가 산발적으로 있었지만 실패했다. 이제 파피루스는 관광객들을 대상으로 판매되는 관광 상품에 불과하다. 오늘날 서구 사회에서 파피루스의 중요성은 역사 속에만 존재할 뿐이다. 그러나 우리의 고대 선조들은 파피루스지에 자신들의 삶, 예술 그리고 과학을 기록했다. 고대 로마 작가이자 과학자였던 플리니 디 엘더의 말을 빌리면, 파피루스는 '인간의 불멸을 좌우하는 물질'이다.[130]

서양주목

암에 맞서 인류를 구하는 나무

서양주목은 지구상에서 가장 오래 사는 나무 중 하나다. 티롤Tyrol에서 5,300년 된 냉동인간 외치가 발견되었을 때 소지품으로 손잡이가 서양주목으로 된 구리도끼와 미완성의 장궁용 막대기가 함께 발견된 바 있다.[131] 서구 문명에서 주목은 오랫동안 신화적인 의미를 지닌 신령스러운 나무였다. 그리고 전쟁과 의학 분야에서 널리 사용됐다. 잉글랜드의 동쪽에 위치한 앵글리안 해안의 클랙턴에서 20만 년 이상 된 서양주목 창이 발견됐다.[132] 프랑스 남서부의 라스코에서는 1만 7,500년 된 구석기 동굴 지대가 발견되었는데, 동굴에 그려진 동물 벽화 곳곳에서 서양주목 잔가지로 보이는 붓자국이 확인되기도 했다. 서양주목은 상업과 전략 면에서 중요한 나무였다. 고대부터 현대에 이르는 거의 모든 문명에서 서양주목이 아주 많이 사용됐고, 그 결과 현재 서양주목은 멸종 위기에 처해있다.

서양주목

Taxus baccata L.

주목과

서양주목은 브리튼 섬의 토종식물이지만, 이곳에서만 자라는 것은 아니다. 주목은 유럽에서부터 인도와 중국 그리고 일본에 이르기까지 많은 지역에 분포한다.[133] 주목은 재배가 쉽고 형태와 품종이 다양하기 때문에 인기 있는 정원수다. 현재까지 밝혀진 주목나무 품종은 100여 개에 이른다. 16세기 중반부터 프랑스 정원사들은 서양주목을 기하학적 형상으로 깎고 다듬어서 정원을 장식했다. 그들은 이런 방식으로 자연에 대한 자신들의 힘을 과시한 것으로 보인다. 17세기 중반에는 옥스퍼드 식물원의 관리인도 이에 뒤질세라 이런 어리석은 일에 동참했다. 그는 식물원의 입구에 있는 서양주목 두 그루를 깎고 잘라서 '하나는 미늘창을 들고 있고 다른 하나는 어깨에 곤봉을 메고 있는 거구의 친구들' 모양을 만들어냈다.[134]

서양주목은 꽤 친숙한 나무지만 주로 특정 시기에만 관심을 끈다. 추운 겨울에 짙은 녹색의 침엽으로 가득 덮인 서양주목은 활엽수의 앙상한 나뭇가지와 대조를 이룬다. 이른 봄, 수그루에는 금빛의 숫솔방울이 가득 열리고 노란 화분이 땅바닥을 덮는다. 늦은 여름부터 암그루가 모습을 드러내고 진홍색의 수분이 많은 산딸기류 열매가 열린다. 암그루에 열리는 열매는 실상 단일 종자의 변형된 솔방울이다.

서양주목은 인간의 수명에 비하면 아주 오래 산다. 브리튼 섬에는 서양주목에 관한 전설이 하나 있다. 퍼스셔Perthshire의 포팅겔에 있는 한 교회와 가까운 곳에 서양주목 한 그루가 있는데, 바로 이 서양주목이 본디오 빌라도에게 은신처가 되어 주었고 거의 5천 살이 되었다는 것이다. 하지만 이 서양주목이 약 2천 살이라는 추정도 있다. 서양주목의 성장방식이 아주 복잡하기 때문에 정확한 나이를 계산해내기는 어렵다. 하지만 추정 결과상의 가장 어린 나이로도 포팅겔 서양주목은 브리튼 섬에서 가장 오래 산 나무다.

이처럼 서양주목이 오래 산다는 점을 고려하면, 이 나무를 중심으로 죽음과 사후세계의 언어나 관습과 연관된 민간 설화가 많이 존재한다는 사실이 그리 놀랍지 않다.[135] 고대 그리스인들은 지하세계의 여신 헤카테에게 바쳐지는 서양주목을 주술과 마법의 매개체로 여겼다. 브리튼 섬에서 서양주목이 자주 발견되는 장소 중 하나가 교회 묘지다. 일부 학자들은 북유럽 신화에서 지하세계에 뿌리를 내리고 천상까지 가지를 뻗은 모습으로 묘사되는 세계수인 위그드라실과 서양주목을 동일시했다. 사람들은 중요한 것들에 이름을 붙인다. 전 세계적으로 많은 장소의 이름이 서양주목과 관련이 있다. 오늘날의 노스요크셔 지역을 뜻하는 로마어 'Eboracum'도 서양주목에서 유래했으며 이베리아 반도와 반도의 가장 긴 강인 타호Tajo강도 모두 서양주목에서 그 이름을 따왔다.

14세기에 개발된 장궁은 영국을 서유럽의 강대국으로 바꿔 놓았다. 크레시 전투, 푸아티에 전투 그리고 아쟁쿠르 전투 같은 백년전쟁 동안의 상징적인 전투에서 잉글랜드와 웨일스 궁수들의 장궁이 프랑스 석궁을 제압하고 대승을 거둔 것처럼 말이다.[136] 서양주목은 활의 훌륭한 재료다. 서양주목의 몸통을 정확하게 자르면 천연 복합재료가 나온다. 서양주목의 몸통 외부에 있는 탄력 있는 변재는 장력에 강하며 몸통 내부의 심재는 압력에 강하다. 백년전쟁 동안, 잉글랜드와 웨일스의 궁수들은 200미터 이상 떨어진 거리에서도 정확하게 프랑스 전선으로 화살을 쏠 수 있었다. 서양주목으로 만든 장궁으로 무장한 궁수들은 기동력이 있고 주변 환경에 빠르게 적응하는 살인기계나 다름없었다. 하지만 궁수들을 훈련시키고 필요한 무기를 갖춰주고 유지하는 데에는 금전적으로 그리고 환경적으로 많은 비용이 들었다. 훈련된 궁수들을 배출해야 하는 지역 공동체와 납세자들이 재정 부담을 짊어졌다.

하지만 영국은 서양주목을 자급자족할 수 없었다. 국제무역이 발달하면서 거의 400년 동안 유럽과 그 너머의 숲에서 벌목된 서양주목이 영국으로 수입됐다. 무분별한 벌목으로 서양주목의 개체수가 줄어들기 시작했고 그 결과 서양주목의 품질과 생산량이 하락했다. 유럽의 지도자들은 서양주목 대농장을 적극 장려하고 벌목 할당량을 도입하며 서양주목 보호구역을 설정하려고 했다. 하지만 이 모든 것은 헛된 노력이었다. 영국에는 자국민의 삶을 수호하기 위한 장궁은 영국산 서양주목으로 제작해야 된다는 근거 없는 믿음이 존재했다. 결국 서양주목의 무분별한 벌목으로 오히려 유럽 전체가 환경적 부담을 짊어지게 됐다.

1595년에 엘리자베스 1세가 자신의 군대는 장궁 대신 엽총을 사용할 것이라고 선포하면서 서양주목의 시대가 막을 내렸다. 일부 학자들은 '필요는 발명의 어머니'라는 말을 인용하여 서양주목 개체수의 감소가 전쟁 무기로서 총의 발명을 촉진시켰다고 주장한다.[137]

당시 장궁뿐만 아니라 서양주목을 깎아서 만들던 현악기인 류트도 쇠퇴하기 시작했다.

서양주목은 독성을 가지고 있다. (씨앗을 감싸고 있는 진홍빛의 두껍고 부드러운 가종피를 제외하고) 서양주목의 모든 부분에는 심장에 무리를 주는 독성 혼합물질이 존재해 포유류에게 매우 유독하다. 이 혼합물질의 주성분은 탁신taxine B다. 갈리아전쟁에서 율리우스 카이사르의 군대에 패배하자, 에부로네스 부족의 족장 카티월쿠스가 서양주목을 달인 물을 마시고 스스로 목숨을 끊었다는 기록이 있다.[138] 하지만 유독식물의 독성 성분은 아주 소량으로 사용하면 약이 될 수 있다. 서양주목 추출물질은 수천 년 동안 수많은 질환을 치료하는 데 사용됐다.[139] 서양주목의 독성물질은 전통적 관습을 따른 민간치료요법으로만 남지 않고, 전통의학에서 가장 잘 팔리는 항암제가 되었다.[140]

암세포를 억제하는 활성 화합물을 찾기 위한 광범위한 연구가 진행됐고, 후보물질로 파클리탁셀paclitaxel이 1966년 서양주목의 북미 친척뻘인 나무의 껍질에서 추출되었다. 파클리탁셀이 포유류 세포에 미치는 새로운 영향이 발견되었으며 1992년에 마침내 이 물질을 항암 화학요법에 사용해도 좋다는 공식적인 승인이 떨어졌다. 파클리탁셀을 두고 많은 사람들이 암 치료에 대한 희망을 품었고 이 물질은 항악성종양제로 대대적으로 선전됐다. 이것은 서양주목이 다시 한 번 전략적 자원이 되었다는 의미였다. 그 결과 서양주목의 나무껍질에 대한 수요가 폭발적으로 증가했다. 1966년 서양주목의 나무껍질에 대한 세계 수요는 약 106킬로그램이었지만, 1990년에 3만 9천 킬로그램으로 증가했고 1992년에는 72만 5천 킬로그램으로 증가했다. 서양주목 한 그루의 껍질로 약 1그램의 파클리탁셀을 생산할 수 있다는 사실을 고려하면, 전 세계에서 자라고 있는 서양주목으로는 급증하는 수요를 감당할 수 없다. 하지만 파클리탁셀의 구조는 너무 복잡해서 인공적으로 합성하는 것은 비경제적이다. 마침내 서양주목 나뭇잎에서도 쉽고 경제적인 방식으로 파클리탁셀로 전환될 수 있는 화합물이 발견된 한편, 정원 등에서 사용할 장식용 울타리를 위해 서양주목이 깎이고 잘려나갔다. 이런 무분별한 벌목으로 서양주목의 개체수가 전 세계적으로 줄어들면서 파클리탁셀에 대한 수요는 더욱더 증가하고 있다.

현재 서양주목은 무분별한 벌목과 무관심으로 말미암아 사라져가고 있다. 이 서구 문명의 유산이 이전에 존재했던 지역의 이름과 주로 외딴 지역에서 자라는 단목에서 끝나지 않고 더 먼 미래로 이어질 수 있을지는 지켜봐야 할 일이다.

장미

권력과 평화의 상징

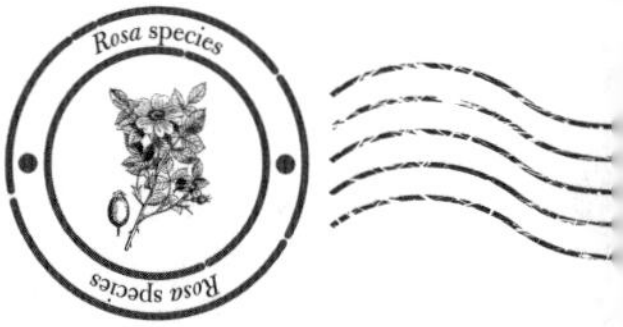

중요하지만 자주 간과하게 되는 사실이 있다. 식물의 문화적 역할이 다름아닌 '기막히게 멋진 모습'을 보여주기라는 것 말이다. 장미는 상징, 약재, 향수, 산업 원료, 식량 등 다방면으로 사용된다. 이런 용도들과는 별개로, 장미는 수천 년 동안 여러 문화권에서 관상식물로 자리매김했다. 장미는 가장 널리 재배되고 사랑받는 원예식물이다. 장미는 수백만 명에게 기쁨을 주고 수천 명에게 일자리를 준다. 이 과정에서 수백 명의 사람들이 부를 얻었다. 실제로 유럽인들은 자신들이 정착한 거의 모든 지역에서 장미 재배를 시도했다. 식물 육종가들은 유전자를 조작해서 질병에 강한 품종이나 이전에 알려지지 않은 특징을 지닌 장미 품종을 개발했다. 시장의 첫 유전자 변형 식물이 정말로 푸른 장미였다면 21세기 초 유전자 변형 유기체의 역사가 달라졌을까?

18세기 스웨덴 식물학자 칼 폰 린네는 공식적으로 장미의 생물 분류상의 속屬을 고전적인 라틴명 '로사*Rosa*'라고 명명했다. 그는 12종의 장미와 추가로 '장미와 구분하기가 어렵고 그 정체를 밝히기 힘든 새로운 종들'도 개발했다.[141] 약 70년 뒤, 영국에서 존 린들리는 장미에 쏟아지던 엄청난 식물학적 관심에 대해 논평했다. 19세기 말 프랑스 식물학자 장 미셸 간도게르는 유럽과 서아시아에서 4천 종 이상의 품종을 개발했다.[142] 독학으로 식물학을 익힌 벨기에 식물학자 프랑수아 크레핀은 장미에서 나타나는 변형을 이해하려고 애쓰며 이종 간의 교배가 그 원인이라 주장했다.[143] 하지만 장미의 유전자를 충분히 이해하지 못했던 그는 장미의 품종이 이토록 다양할 수 있는 이유를 밝혀내지 못했다. 장미 유전자의 비밀은 20세기 초에 풀렸다.[144] 장미는 복잡한 유전자를 가지고 있고, 재배종과 야생종과의 교배가 언제든지 가능해 원예가들에게 인기 있는 식물이다. 이런 점들이 수많은 종에서 발견되는 변형의 패턴이 다양할 수밖에 없는 이유다. 현대의 장미는 약 190종이 존재하고, 가시가 돋친 관목의 형태를 하고 있으며 북반구의 온화한 기후의 아열대 지역에 분포한다는 것에 많은 이들이 동의한다. 좀 더 구체적으로는 신세계의 멕시코 북부부터 아프리카의 에티오피아와 아시아의 히말라야 그리고 필리핀에 이르는 지역에 주로 분포한다.[145]

유럽에서는 특히 개장미과의 장미가 흔히 발견된다. 옛 추억을 불러일으키는 향기를 지닌 개장미는 붉은색, 분홍색 또는 흰색을 띠고 있다. 이런 개장미는 여름에 유럽 전역에 있는 산울타리와 불모지

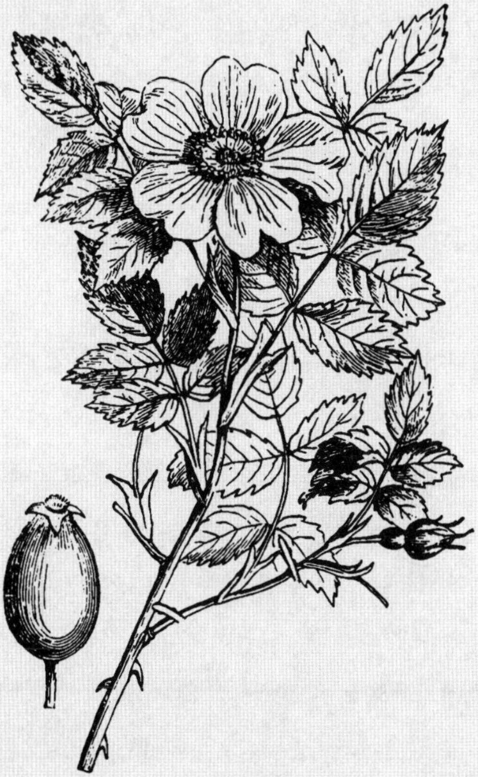

장미

*Rosa*속

장미과

에서 잠깐 폈다가 진다. 북아프리카와 서아시아에서도 개장미를 볼 수 있다. 꽃잎은 금방 떨어지지만 꽃잎을 싸고 있는 꽃받침은 영글면서 열매가 된다. 장미열매는 단단하고 뾰족한 가시모양의 돌기가 돋아 있고 짧고 빳빳한 털로 덮여 있다. 실제로 개장미 꽃받침의 잎은 다섯 개인데, 이를 알면 아래 로마 수수께끼의 답을 쉽게 맞출 수 있을 것이다.

> 후덥지근한 여름날에 5명의 형제가 함께 태어났다.
> 두 명은 수염이 있고 두 명은 수염이 없다.
> 그리고 나머지 한 명은 수염이 반쯤 나 있다.[146]

장미열매는 시럽으로도 만들 수 있고 식품 보조제로도 사용된다. 그리고 장미열매를 으깨 말리면 어린아이 같은 장난에 쓰기 적당한 가려움을 유발하는 가루를 만들 수 있다. 장미열매 시럽의 품질은 매우 들쑥날쑥한데, 비타민C 함량이 장미의 품종, 수확시기, 요리온도 그리고 요리시간에 따라 다양하기 때문이다.

장미는 수 세기 동안 재배됐고 교배가 쉬우며 중국과 중앙아시아의 험한 지역에서도 자란다. 이런 특성 때문에 장미의 기원이 되는 종을 찾기란 쉽지 않다. 현대 장미를 만들어내는 데에는 약 일곱 종의 장미가 크게 기여한 것으로 여겨진다.[147] 육종가들은 아름다운 노란 꽃잎, 냉동성, 사철개화 그리고 달콤한 향기와 같은 바람직한 특성을 결합하여 현대 장미를 개발해냈다.[148]

1800년대 이전에는 백장미, 서양장미, 이끼장미, 다마스크장미, 프렌치장미 등 소위 전통적인 장미들이 유럽 정원과 나무 그늘을 채우고 문학, 음악 그리고 상징주의를 풍족하게 했다. 18세기가 저물고 19세기가 시작될 무렵 극동에서 들어온 장미과인 '월계화'와의 교배를 통해 느와제트장미와 부르봉장미처럼 사시사철 꽃을 피우는 품종들이 나왔다. 덕분에 일 년 내내 장미의 아름다운 자태를 즐길 수 있게 되었다. 사철개화종과 여름개화종의 교배로 여름에 꽃을 피우는 월계화가 나왔으며 이 교배종에서 사시사철 꽃을 피우는 다양한 교배종들이 탄생했다. 1867년은 관목장미가 첫 선을 보인 해였다. 크고 화려한 꽃을 피우는 관목장미는 19세기에 관상용과 꽃꽂이용으로 각광받았다.

장미 육종가들과 원예가들은 장미에 엄청난 변형을 줬다. 그 결과 관목이나 덩굴 형태의 장미가 등장했고 향기가 있거나 없는 장미도 나왔다. 그리고 꽃의 크기도 다양해졌으며 꽃망울이 뚱뚱하거나 아주 작은 장미도 등장했다. 각각의 새로운 종에는 상업적인 목적으로, 또는 누군가를 기리거나, 아첨하거나, 무언가를 기념하기 위한 이름이 붙여졌다. 하지만 이러한 새로운 종들도 시장의 수요나 진화 등의 부침을 겪고 나면 멸종을 피할 수 없었다. 19세기 중반부터 말까지 상업적으로 거래되던 전통장미의 종류가 약 800종에서 90종 이하로 급감했다. 반면 같은 시기에 교배종의 수는 증가했다.[149] 하지만 칼 폰 린네는 육종가들에 대해 회의적이었다. 린네는 '이 사람들은 자신들에게만 특별한 과학을 탐구한다. 오직 그 분야에 통달한 사람만이 불가사의한 지식을 이해한다. 이런 지식은 식물학자가 관심을 가질 가치가 없다. 정통 식물학자가 그들의 집단에 들어가지 않은 이유가 무엇이겠는가.'라고 말했다.[150]

예술가들이 장미에서 영감을 얻기도 했다. 이탈리아 르네상스 시대의 화가인 라파엘로와 보티첼리 등 몇몇 예술가들은 장미의 기독교적 상징성이나 사랑과 연애와의 연관성 때문에 보다 큰 작품의 장식으로 장미를 사용했다. 라헬 라위스와 제라르 반 스팬돈크 등 17세기 네덜란드 유명 화가들은 당시에 유행하는 꽃들이 가득 꽂힌 꽃병을 자세하게 묘사한 정물화를 그렸다. 하지만 피에르-조셉 르두테처럼 식물의 아름다움을 표현하기 위해 장미를 화폭에 담는 화가들도 있었다. 그는 꽃을 전문으로 그리는 벨기에 화가로 프랑스 혁명이 한창이던 시기에 활동했다.

장미는 정치와도 연관성이 있다. '은밀한'을 뜻하는 어구 'sub-rosa'에는 기밀이란 의미가 내포되어 있어서 로마 시대의 건축물 천장에는 장미가 그려지곤 했다. 장미와 정치의 연관성은 여기에 그치지 않는다. 15세기 후반의 영국에서는 요크 가문과 랭커스터 가문이 왕좌를 두고 전쟁을 벌였다. 몇 세기 이후, 전형적인 빅토리아 시대 낭만주의의 영향을 받아 이 전쟁은 장미전쟁이라 불리게 되었다. 요크 가문의 문장은 흰 장미, 랭커스터 가문의 문장은 붉은 장미였기 때문이다. 랭커스터 가문의 헨리 튜더가 요크 가문의 왕 리처드 3세를 굴복시키고 튜더 왕조를 세우면서 장미전쟁은 막을 내렸다.[151] 헨리 튜더는 헨리 7세로 등극한 뒤 요크 가문의 흰 장미와 랭커스터 가문의 붉은 장미를 합쳐 튜더 로즈를 만들었다. 튜더 로즈는 붉은 장미의 꽃잎 5장과 흰 장미의 꽃잎 5장을 짜 맞춘 튜더 왕조의 문장으로, 이후 영국의 국화가 되었다. 2012년 레스터의 한 주차장 아래에서 리처드 3세의 뼈가 발견됐다. 이것은 그의 유해를 차지하기 위한 쟁탈전으로 이어졌다. 리처드 3세의 유해로 많은 관광객을 끌어모을 수 있다고 판단한 레스터와 요크 사이에 법적 분쟁이 일어났고, 이는 마치 과거의 전쟁이 재현된 것 같았다. 현대에 붉은 장미는 국제적 사회주의의 상징이었고, 흰 장미는 1940년대 독일에서 반나치 운동의 상징으로 쓰였다. 2003년 조지아에서도 장미혁명이 일어났다. 이 모든 것이 현대 정치와 장미의 연관성을 보여준다.

고대 그리스에서 테오프라스토스는 화학적 가지치기를 제안했다. 장미덤불이 더 잘 자라도록 관리 차원에서 불을 놓자는 것이었다.[152] 오늘날 원예가들은 살충제, 살진균제, 비료 등 여러 방법을 사용한다. 어떤 방법을 사용하든 간에 원예가들은 매년 장미가 만개하도록 무자비하고 절대적인 지배력을 휘둘러야 한다. 정치인들이 이 비유를 이해하기를! 영국의 다우닝가와 백악관 장미정원으로의 초대장에는 단지 만개한 장미를 볼 수 있는 기회 이상의 무언가가 내포되어 있다.

소나무

타임캡슐

나무는 별에 응답한다. 물론 7세기 식물학자들이 믿던 방식처럼 별의 움직임에 반응하는 것은 아니다. 나무의 나이테가 매년 어떻게 생기는지를 보면 나무가 별에 반응하는 방식을 알 수 있다. 20세기가 시작될 무렵, 미국 천문학자 앤드류 더글라스는 태양 흑점의 활동 주기에 관심을 가지게 됐다. 그는 태양의 움직임이 세계 기후 패턴에 영향을 준다면 이런 변화들이 식물 반응에 반영될 것이라 추론했고, 특히 온대성 나무의 몸통에 생기는 나이테의 패턴에 분명히 드러날 것이라 생각했다. 그 결과 나이테를 보고 나무의 나이를 추정하는 연륜 연대학이라는 학문이 탄생했다.[153]

나이테는 1년 동안 나타나는 성장변화로 생긴다. 성장속도가 상대적으로 빠른 시기에 나이테의 안쪽 부분인 춘재(또는 조재)가 형성된다. 반면 나이테의 바깥 부분인 추재는 성장속도가 상대적으로

소나무

*Pinus*속

소나뭇과

더딘 시기에 생긴다. 덧붙여 말하면 성장여건이 좋은 해에는 넓은 나이테가, 열악한 해에는 좁은 나이테가 형성된다. 그래서 나이테를 보면 나무의 나이와 특정 해의 성장여건을 알 수 있다.[154] 수명이 긴 소나무의 나이테는 우리에게 많은 정보를 제공한다. 소나무는 지구상에서 가장 오래 사는 유기체에 속한다. 유럽인들이 신세계를 발견했을 때 이미 캘리포니아에서 자라고 있던 강털소나무는 수천 년 동안이나 씨를 생산하고 있었다. 4,500년 이상 지난 지금까지도 캘리포니아의 강털소나무는 여전히 푸름을 뽐내고 있다.

살아 있는 나무의 몸통, 죽은 나무의 그루터기, 낡은 건물이나 고고학 유적지에서 발견된 목재, 그리고 호수, 강, 습지에 보존된 통나무 등 다양한 곳에서 입수한 나무의 나이테를 퍼즐 맞추듯이 하나하나 연구하다 보면 나무가 기후 변동에 어떻게 반응해왔는지를 보여주는 아주 유익한 자료가 나올 수 있다. 소나무는 넓은 지역에 분포하는 흔한 나무로, 인류의 활용도도 꾸준히 높다. 그래서 소나무는 긴 연대표 작성에 이상적인 자료다. 흔히 볼 수 있는 다른 수종들과 더불어 소나무 덕분에 식물학자들은 중앙유럽의 홀로세Holocene 전체를 아우르는 나이테 연대표를 작성할 수 있었다. 홀로세는 거의 1만2천 년 전부터 현재에 이르는 지질 시대를 말한다. 지난 8천 년 동안의 스코틀랜드의 환경변화를 설명할 연대표도 작성되고 있다.[155] 나이테를 이용하면 기후의 변화뿐만 아니라 고고학 유적지에서 발견된 유물의 연대도 추정할 수 있다.

소나무의 본질을 보여주는 주요한 특징들 중 하나는 바로 솔방울이다. 솔방울 속 화분은 초창기 지구의 모습을 추정할 수 있는 핵심 정보를 제공한다. 소나무 화분립의 양측에는 각각 한 개의 기낭이 있는데, 이 두 개의 기낭이 부력을 높여서 소나무가 뿜어내는 화분이 바람을 타고 멀리 날아갈 수 있다. 환경이 적절하다면 소나무 화분립이 호수에 겹겹이 쌓여 침전물을 형성할 수도 있다. 소나무 화분립의 외막에는 독특한 무늬가 있다. 그래서 수천 년 동안 땅에 묻혀 있었더라도 이 무늬를 보고 품종 확인이 가능한 것이다. 호수 침전물의 핵심은 오랜 시간을 통과한 생태학적 샘플이다. 침전물의 각 층에 있는 소나무 화분립은 다양한 소나무종이 널리 분포했음을 보여준다. 그리고 이를 통해 긴 시간 동안 식물군락이 어떻게 변해왔는지를 추정해낼 수 있다.[156] 예를 들어, 화분의 심에서 얻어낸 소나무 데이터는 최종빙기 이후 영국 송림의 분포 변화 과정을 보여준다.

소나무가 기후학자들에게 귀중한 나무인 또 다른 이유는 전 세계적으로 널리 분포하고 있기 때문이다. 소나무는 타이가에서 가장 많이 자라는 침엽수이다. 그리고 소나무는 북극의 툰드라와 보다 온난한 지역인 남반구 사이에서 숲을 형성하고 있다. 이뿐만 아니라 북반구를 가로질러 송림이 넓게 자리 잡고 있으며, 특히 고도가 높은 열대지역과 아열대지역에서 소나무가 많이 서식한다.[157]

소나무의 몸통과 화분립으로 인공물의 연대를 추정하고 천년의 기후 패턴을 이해한다는 것은 상당히 추상적인 이야기처럼 느껴질 수 있다. 현실적인 이야기를 하자면, 소나무가 엄청난 상업적 가치를 지니고 있음이 이미 증명된 바 있다. 소나무는 목재, 석탄, 송진의 원료이고 약용과 식용으로도 사용된다. 소나무의 몸통에는 거대한 관망이 있는데, 바로 여기서 좋은 향이 나는 휘발성 물질인 송진이 나온다. 송진에는 테르펜이 많이 함유되어 있다. 발트 해 주변에서 나오는 송진 덩어리는 '호박'이라 불리며 수천 년 동안 보석으로 사용되고 있다.[158] 송진은 특히 해양국가에서 전략적으로 중요한 군수품으로 쓰이기도 했다. 해양국가는 배를 만들기 위해 목재가 필요했고 바다에 배를 띄우기 위해서 송진에서 추출되는 피치, 타르, 테레빈유, 로진 등이 필요했다. 피치와 타르는 방수효과를 내며 선체와 갑판의 구멍을 메우는 데에 사용됐다. 그리고 테레빈유는 삭구를 관리하는 데 사용됐다.

영국은 국내에서 송진을 충분히 확보할 수 없었다. 그래서 13세기부터 거의 400년 동안 북유럽 발트 해 일대 국가들로부터 송진을 수입했다. 그러나 영국과 칼 폰 린네의 정치적 문제, 스페인 왕위계승전쟁과 영국의 극심한 식민지 착취가 송진 공급의 위기로 이어졌다. 그러자 영국 정부는 무역 배상금을 지급하여 아메리카 식민지의 송림에서 송진을 채취하도록 했다. 이로써 북아메리카 동부 식민지들이 발트 해 인근 국가들의 역할을 대신하게 되었다. 1725년부터 영국의 선박회사들은 송진을 열세 곳의 아메리카 식민지로부터 공급받았다. 이 상황은 미국 독립혁명까지 지속되었다.[159] 혁명으로 잠깐 거래가 중단되기도 했지만 송진 거래는 20세기까지 지속됐다.[160]

남북전쟁이 끝날 때까지 리기다소나무에서 송진을 채취하는 고된 노동은 모두 노예들의 몫이었다. 19세기 초 노예무역 폐지의 도화선이 된 영국의 노예무역 선박들이 식민지 노예들이 힘들게 채취한 송진 덕분에 안전하게 바다를 항해했다는 것이 참으로 아이러니하다. 더 이상 송진이 나오지 않으면 새로운 숲으로 옮겨서 채취했다. 하지만 무분별한 송진 채취로 파괴되는 송림보다 땔감이나 철도 건설을 위해 벌목되는 소나무의 수가 훨씬 더 많았다.[161]

철재 선반이 목재 선박을 대체했을 때, 사람들은 송진 산업이 사라질 것이라고 생각했다. 대신 소나무를 활용한 새로운 제품들이 등장했고, 현재 중국과 동남아시아가 송진을 비롯한 대부분의 원료를 공급하고 있다. 현재 테레빈유turpentine는 복잡한 상업용 화학물질의 합성에 주로 사용되는 주요 용제이자 원료다. 생송진을 증류하여 얻는 천연 수지인 로진rosin은 인쇄용 잉크, 광택제, 접착제, 종이 코팅제 그리고 납땜 용제의 재료다. 로진은 알약의 글레이즈와 껌에도 사용된다. 음악가와 댄서들에게는 현악기의 활이나 댄싱슈즈가 잘 미끄러지지 않도록 바르는 물질로 익숙할 것이다. 로진은 암벽 등반가들에게도 유용하다.

천연 송림이 착취로 계속 파괴되고 있지만, 동시에 목재와 종이의 생산을 위해 광활한 지역에 소나무를 심는 작업이 진행되고 있다. 대부분의 경우 토종이 아닌 외래종을 심는데 여기서 문제가 발생한다. 일부 외래종은 급속히 번식해서 토종 소나무를 위협한다. 그리고 소나무 조림지는 토양, 종 다양성과 지형에 영향을 준다. 많은 기관들이 소나무 조림지로 인한 환경 파괴를 우려하여 올바른 삼림 관리와 보호를 강화하는 인증제도에 동참하고 있다.

드넓은 지역에 소나무를 심어서 키우는 것은 물론 실용적이다. 하지만 개별의 나무가 상징적인 가치를 지닐 수도 있다. 특히 옹이가 많고 오래 사는 나무라면 더욱 그러하다. 소나무라고 하면 변치 않는다는 이미지가 쉽게 연상된다. 한겨울에도 푸른 소나무는 중국에서 추운 겨울철의 세 벗이라는 뜻인 '세한삼우歲寒三友' 중의 하나로 비유된다. 오래 살고 회복력이 뛰어난 소나무의 특성을 알고 나면 이 나무가 여러 문화권에서 인내와 불멸의 상징으로 여겨지는 이유를 쉽게 이해할 수 있을 것이다.

갈대

인류의 터전을 만들다

지형은 기후, 지질학 그리고 생물학의 조합이다. 특히 식물이 지배하는 지형은 인류 문화를 담금질하며 지대한 영향을 준다. 이라크 남부에는 웨일스만한 크기의 습지대가 있는데, 바로 메소포타미아 습지대다. 수메르 문명의 요람인 메소포타미아 습지대에서는 여전히 많은 사람들이 살고 있다. 그들의 삶도 수백 년 전 자신들의 조상처럼 이 습지대를 중심으로 형성됐다. 제2차 세계대전 직후 영국 탐험가 윌프레드 세시저와 개빈 맥스웰의 습지대 탐험기가 발표되기 전까지 서양에서 메소포타미아 습지대에 대해 아는 이는 아무도 없었다.[162]

습지대는 주로 고인 물과 갈대로 구성된다. 갈대는 탄탄한 줄기에 창을 닮은 길고 널찍한 청록색 잎이 달린 풀이다. 이 풀은 최대 3.5미터까지 자란다.[163] 갈대 줄기는 강, 호수, 연못, 습지, 늪 그리고 소택지의 밑바닥 진흙 속 깊숙이 뻗어 있는 뿌리줄기에서 자라난다. 갈대는 빽빽한 군락을 형성하면서 넓은 지역으로 빠르게 뻗어나간다. 심지어 작은 뿌리조각도 순식간에 갈대 군락을 형성할 수 있다. 게다가 갈대는 물과 토양을 가리지 않아 담수나 염수 그리고 산성 토양이나 알칼리성 토양에서도 자란다. 한마디로 갈대는 환경에 대한 적응력이 뛰어난 식물이라 할 수 있다. 이 적응력이 갈대가 넓은 지역에 분포할 수 있는 이유다. 그래서 갈대가 이 지구상에서 가장 넓은 지역에 분포하는 현화식물이라고 주장하는 이들도 있다.[164] 물론 이런 특성들 때문에 갈대는 넓은 지역을 순식간에 덮어버리는 골치 아픈 잡초가 되기도 한다.

고대 이후로 많은 갈대 품종이 발견됐다. 갈대의 일종으로 분류되는 식물은 대체로 키가 크고 물 근처에서 자란다. 가장 눈길을 끄는 품종은 바로 물대다. 물대는 천 년 동안 서아시아와 지중해에서 사용됐다. 물대 줄기의 키는 10미터까지 자라고 굵기는 직경 3센티미터에 이를 수 있다.

갈대와 물대는 수천 년 동안 집을 짓고 지붕을 엮는 데 쓰이거나 바구니와 악기를 만드는 재료 등 다양한 용도로 사용되었다. 이렇게 일상생활 속에서 갈대가 여러 가지로 활용되지만, 갈대가 많은 지역을 말라리아가 창궐하고 농토로 활용할 수 없는 땅이라고 여기는 사람들도 있다. 그래서 일부 사람들은 갈대가 자라는 지역의 물을 빼내 '생산적인' 땅으로 만들거나 경제적이고 정치적인 열망을 충족시키려고 했다. 이것이 바로 습지대 건조화 사업이다. 7세기와 8세기 동안, 네덜란드와 영국에서 갈대가 무성한 저지대에서 농경지를 확

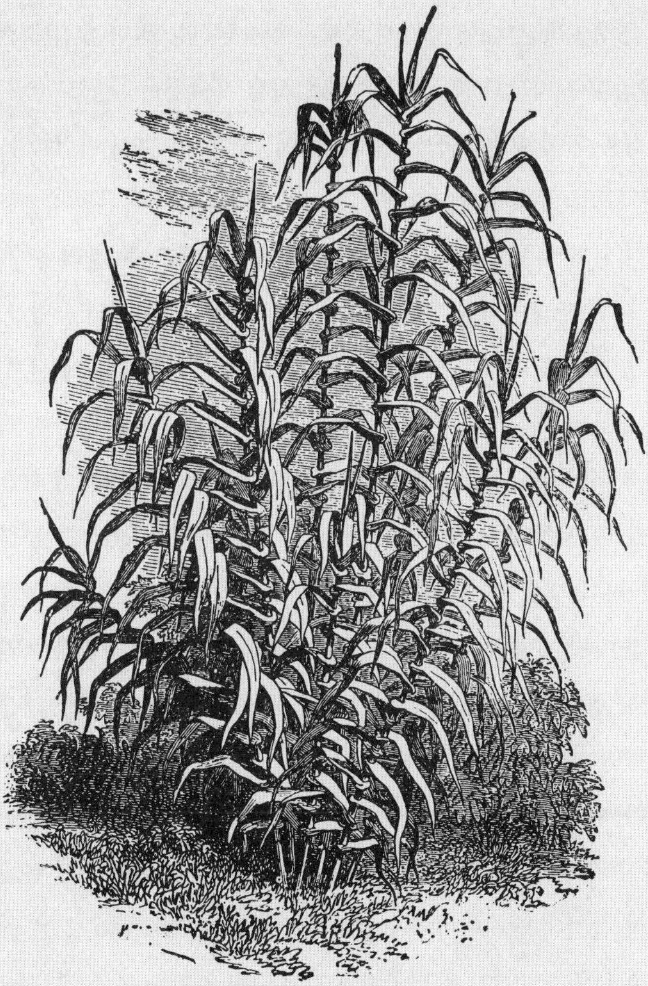

갈대

*Arundo*속과 *Phragmites*속

볏과

보하기 위한 습지대 건조화 사업이 진행됐다.[165] 메소포타미아 습지대의 경우 1950년대에 농경지 확보와 석유탐사를 위한 습지대 건조화 사업이 시작됐다.[166] 1990년대 초 사담 후세인은 대규모 습지대 건조화를 위해 이라크 중남부 습지대에 거주하던 마시 아랍족을 다른 지역으로 강제 이주시켰다.

지형의 변형으로 경제와 사회에 긍정적인 효과를 불러올 수 있지만, 이는 토양침식의 위험도 수반하므로 혜택과 위험의 균형을 잘 맞추는 것이 중요하다. 땅을 생산적으로 사용하려면 천년에 걸쳐 서서히 생성된 비옥한 토양이 필수다. 그러나 토양이 물과 바람에 노출되면 침식이 빠르게 진행된다. 지구상에서 육지의 약 3분의 1이 농경지로 전환됐지만 지난 40년 동안의 토양침식으로 인류는 농경지의 약 3분의 1을 포기해야만 했다. 언뜻 보기에 토양침식은 문화적 문제가 아닌 것처럼 보이겠지만, 경제의 붕괴와 사회적 변란을 일으켜 모든 면에서 공동체에 극적인 영향을 준다.[167] 구세계와 신세계에 존재했던 모든 제국의 운명은 비옥하고 생산성 있는 토양과 관련이 있었다. 기술로는 토양침식을 막을 수 없다. 반면 갈대뿌리와 갈대순은 토양 입자를 움켜쥐고 토양의 움직임을 막는다. 이 능력이 갈대를 중요한 습지대 엔지니어이자 청소부로 만든다. 갈대는 물길을 안정시키고 물줄기의 흐름을 바꾸며 심지어 수방 역할도 한다. 갈대는 오염된 물을 정화시키는 생태 정수기로도 기능한다. 하수와 산업용 폐수의 처리에도 갈대가 사용된다.[168]

갈대 생물학에 따르면 침수된 지역에도 갈대 군락지를 복원할 수 있다. 1960년대까지 사람들은 영국 최대의 습지대인 브로즈Broads를 자연적으로 생긴 지형으로 여겼다. 하지만 브로즈가 중세의 토탄 채굴지가 침수되어 인공적으로 생성된 습지대임이 밝혀졌다.[169] 지난 10년 동안 메소포타미아 습지대의 많은 부분이 복원되어 사람들을 다시 불러 모으고 있다.[170]

갈대줄기에는 다량의 섬유소가 함유되어 있다. 8세기 이후 사람들은 이 섬유소를 산업 재료로 활용하자고 제안했다. 갈대줄기에서 추출한 섬유소로 질이 낮은 종이 따위를 만드는 것이다. 하지만 합성 섬유인 레이온과 비스코스의 원료로서 섬유소 덩어리인 갈대줄기를 주목하기 시작한 것은 1930년대와 1940년대 이탈리아부터였다.

21세기에 들어 사람들이 이산화탄소 배출을 걱정하고 바이오연료에 대한 연구를 시작하면서 갈대의 섬유소가 다시 뜨거운 관심을 받기 시작했다. 오늘날 사용되는 대부분의 연료는 직접적 또는 간접적으로 화석연료에서 나온다. 석탄, 석유 그리고 천연가스가 과거에 일어난 광합성의 결과물이라고 한다면, 바이오연료는 현재 광합성의 결과물이다.[171] 이산화규소 함량이 높아서 연소할 때 클링커*가 형성되는 문제가 있을 수 있지만, 섬유소가 풍부한 갈대가 에너지 생산을 위한 바이오매스 작물후보로 떠올랐다.[172] 갈대줄기의 세포벽에 있는 섬유소를 효율적으로 액체상태의 연료로 바꿀 화학물질과 효소에 관한 연구가 진행되고 있다.[173] 각종 우려가 제기되고 있지만

* 연소에 의해 생겨난 재가 덩어리를 이룬 것.

바이오연료는 생태학적으로 지속 가능한 신재생에너지인 듯하다. 하지만 우리는 바이오연료 생산의 경제성과 윤리성에 대해 면밀히 논의하고 분석해야 한다.

물대의 줄기는 악기를 만드는 데에도 사용된다. 물대의 줄기는 속이 텅 빈 원통으로, 일정 간격으로 마디를 나누는 가로벽이 있다. 이 줄기를 서로 다른 길이로 자르면 간단한 악기가 만들어진다. 질 좋은 물대줄기는 클라리넷, 바순 그리고 오보에 같은 목관악기가 될 수 있다. 갈대줄기는 밀랍 같은 단단한 표피, 벽이 두꺼운 섬유질 밴드 그리고 제일 안쪽에는 있는 관다발로 구성된다. 이 세 부분이 동심원을 그리며 층을 이루는데, 이 층들이 악기로서의 질을 결정한다. 지금까지도 우리에게 전해져 내려오는 몇몇 숭고한 음악들은 갈대줄기에서 탄생하기도 했다.

참나무

천 척의 배를 띄운 나무

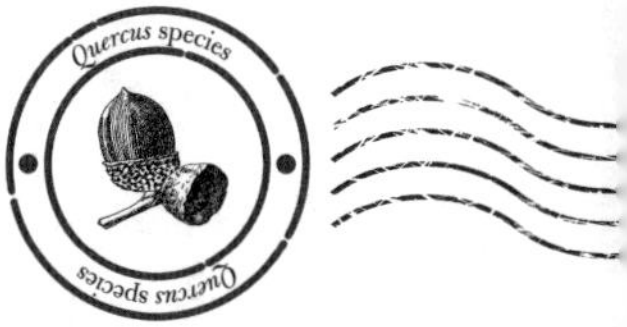

서양 문화에서 참나무란 식물학계의 돼지라고 할 수 있다. 인간은 참나무와 돼지를 아주 오랫동안 다양한 목적으로 이용해 왔고, 참나무와 돼지는 우리의 일상에 깊이 스며들었다. 그러나 인간은 야생돼지를 사육해서 품종을 개량하는 데에는 성공했지만, 참나무는 기껏해야 '절반의' 재배에 성공했다. 참나무는 성장하고 다 자라 서 있다가 죽는 데 각각 200년이 걸린다고 한다. 이것이 참인지 거짓인지 알 수 없지만, 우리의 기준으로 참나무는 아주 오래 산다. 수명이 긴 참나무는 이야기와 전설에도 많이 등장하며 그 속에서 상징적이고 신비로운 매력을 뽐낸다.

참나무속은 약 600종으로 구성된다. 이들은 주로 북반구의 온난한 지역에 분포하고 대부분이 숲을 이뤄 도토리라고 불리는 견과를 맺는다. 특수한 목적을 위해 특정 품종의 참나무를 수입한 경우도 있지만, 대체로 서양인들은 자신들의 주변에서 자라는 토종 참나무를 이용했다. 오크, 카르발류, 로블, 쉔, 아이헤는 모두 참나무를 칭하는 이름이다. 이 단어를 들으면 사람들은 뛰어난 품질의 목재를 연상하곤 한다. 특히 서양 문화권에서는 높은 브랜드 인지도를 가진다. 하지만 '오크Oak'란 단어만으로는 진짜 참나무인지를 파악하기 어렵다. 구전에 의하면 진짜 오크는 참나무속 나무를 말한다. 그러나 오크란 단어는 오스트레일리아 오크(유칼립투스), 포이즌 오크(옻나무), 쉬 오크(목마황 관목), 실키 오크(우의목) 그리고 스페니시 오크(잉가 로리나) 등 관련 없는 식물의 속과 종에도 쓰인다. 유럽 이민자들이 고향에서 자라는 나무들과 제2의 고향에서 자라는 나무들 사이에서 닮은 점을 발견하여 이름에 '오크'가 들어가는 나무가 많아지게 되었다는 설이 있다. 가령 잎의 모양이 유사하다거나 접근성이나 속성이 유사하다는 점에서 말이다. 그러나 냉정하게 말하자면, 나무의 이름에 '오크'라는 단어가 들어가면 그 목재로 생산한 제품의 금전적 가치가 올라가기 때문일 것이다. '오크'라는 단어에 속은 사람들이 높은 값을 기꺼이 지불하기 때문이다.

참나무에도 다른 나무들처럼 매년 새로운 조직 층이 만들어지고 나이테가 생긴다. 참나무의 몸통을 잘라 속을 들여다보면 이 나무가 어떤 환경에서 어떻게 성장해왔는지 알 수 있다. 이것은 학술적으로 대단히 흥미로운 정보다. 게다가 성장 환경이 참나무의 속성을 결정하기 때문에 실용적인 정보이기도 하다.[176] 다른 품종의 참나무들은 서로 다른 속성을 지닌다. 이렇게 다양한 참나무들이 여러 목적으

참나무

Quercus 속

참나뭇과

로 사용되는데, 주로 목재로 쓰인다.

참나무는 귀중한 목재이다. 우리 주변에 있는 거의 모든 건축물에 참나무가 사용된다. 격식 있고 투박한 가구와 가사 용품을 만드는 데도 참나무가 사용된다. 튜더 왕조 건축물의 목재 프레임, 교회의 외팔들보 지붕, 의자, 테이블, 벤치, 침대 그리고 통에 이르는 이 모든 것을 만드는 데 참나무가 사용됐다. 무엇보다 참나무는 16세기부터 증기기관이 등장한 19세기 중반까지 배를 만드는 데 애용되었다. 참나무로 만든 배는 유럽인들을 전 세계로 실어 날랐다. 선박은 물자와 아이디어, 지혜와 무지, 질병까지도 이 문화에서 저 문화로 널리 퍼트렸다. 특히 영국 해군들이 타던 배는 해양을 지배하면서 제국의 영토 확장을 위해 '하드 파워'를 행사했다. 세계를 정복하기 위해 항해에 나설 때, 영국 해군은 '참나무의 심장은 우리의 배'임을 노래했다. 참나무로 만든 선박은 '소프트 파워'도 행사했다. 멀리 떨어진 국가와의 해상무역을 통해 아이디어를 퍼트리고 사람들의 사상과 마음을 바꿨다. 헨리 8세의 군함 메리로즈호를 만드는 데 600그루의 참나무가 사용됐던 것으로 추정된다. 영국 제독 오헤리쇼 넬슨의 군함 HMS 빅토리호에는 거의 6천 그루 이상의 나무가 사용됐고 이 중 대부분이 참나무였다.[177] 두 함대 이외에도 참나무로 만든 군사용 그리고 상업용 소형 선박이 수백 척에 이르렀다. 선박 제작뿐만 아니라 선박을 유지 보수하는 데도 질 좋은 참나무가 필요했기 때문에 참나무의 안정적인 공급이 아주 중요했다.[178]

참나무 목재와 가지는 숯으로 만들어 금속 세공과 요리의 연료로도 이용할 수 있다. 검게 태운 참나무 조각은 식품 보존에도 중요하게 쓰인다. 참나무는 음식에 향을 낼 수 있는 중요한 향료이기도 하다. 참나무로 만든 통에 위스키를 숙성시키면 술에 은은한 참나무 향이 스며든다.

참나무 껍질은 타닌이 풍부하여 생가죽 가공업에 필수다. 특정 열대종의 나무껍질이 널리 사용되기 전까지, 참나무는 생가죽 가공업자들이 사용하기에 적당한 껍질을 지닌 유일한 나무였다. 9세기 중반까지는 참나무 껍질의 수요가 너무 높아서 목재보다 껍질이 더 귀하게 취급되기도 했다. 몇몇 참나무종의 껍질은 코르크를 만드는 데 쓰인다. 지중해 서부의 코르크참나무의 껍질이 가장 유명하다. 나무의 코르크 조직에는 방수와 내화 속성이 있다. 인류는 이런 속성을 이용해 와인병 마개와 내화제를 만들었으며, 참나무 코르크의 지속가능한 생산을 위해 복잡한 관리 시스템이 진화하게 되었다. 스페인과 포르투갈의 코르크참나무 숲에서는 나무들이 수확시기가 되면 껍질이 벗겨져 속살이 외부로 드러나 피처럼 진한 붉은색을 띠는 것을 관찰할 수 있다.[179]

어리상수리혹벌이 참나무의 어린 가지에 알을 낳으면 참나무 껍질이 사과모양으로 부풀어 오르는데, 이것이 참나무 혹병이다. 참나무 혹병에도 탄닌이 풍부하다. 참나무 혹병을 쇠못과 함께 갈아 섞고 식초에 녹이면 지울 수 있는 흑갈색 잉크가 만들어진다. 이렇게 만든 걸넷 잉크는 19세기 후반 합성 잉크가 개발될 때까지 거의 2천 년간 쓰였다. 서구 문명에 대한 기록들은 대부분 이 걸넷 잉크로 갖가

지 파피루스지, 피지, 양피지, 종이 그리고 심지어 참나무 조각에 작성되어 있다.[180]

돼지 방목은 돼지를 삼림 지대에 풀어 도토리와 같은 열매를 찾는 것을 말한다. 이런 돼지 방목은 유럽의 참나무숲을 관리하는 데 중요한 역할을 해왔다.[181] 오늘날 참나무숲에서 자란 돼지로 만든 이베리코 햄이 사랑받으며 비싼 가격에 판매되고 있다. 도토리는 지중해 연안 일대에서 한때 인간에게 중요한 식량 자원이었고, 특히 기근의 시기에 그러했다. 제2차 세계대전 동안 커피 대용품으로 사용되기도 했다.[182] 요즘에는 거의 사용하지 않는 추세로, 사람들의 입맛에 맞는 식재료로 만들려면 씨에 들어 있는 쓴맛이 나는 화학물질을 제거해야 하는데 이를 위해 상당한 공정을 거쳐야 하기 때문이다.

참나무는 여전히 서양 문화의 상징적인 나무다. 그리고 국수주의 정서와도 강하게 연관된다. 비록 인간의 환경 착취로 상당히 파괴되었지만 참나무 숲은 여전히 많은 사람들이 생계 수단을 얻는 장소다. 하지만 참나무와 관련된 많은 식물, 곤충 그리고 동물의 보호 지역이 되기도 했다. 영국 도싯Dorset의 윈덤 숲처럼, 고립된 참나무 숲은 지형 변화를 보여주는 상징이 된다. 이런 참나무 숲들은 대개 한때 더 크고 무성했던 삼림 지대에서 분리되어 살아남은 지역들이다.

사과

아시아에서 세계로

사과는 많은 사람들의 식단과 일상에서 한 자리를 차지하고 있다. 실제로 사과는 당과 비타민이 풍부한 식재료다. 저장성이 우수하여 사과주를 증류한 프랑스 술인 칼바도스의 원료이기도 하다. 사과는 주변에서 쉽게 볼 수 있고 다양하게 활용할 수 있는 과일이다. 사과나무를 둘러싸고 다양한 관습과 신, 전설이 존재하는 것은 당연한 일이다.

사과는 고전 세계와도 친숙한 과일이다. 고전 세계에서 사과는 섹슈얼리티와 유혹뿐만 아니라 혼란과 파괴의 상징으로 자주 등장했다. 사과가 인류의 타락과 뒤엉키면서 이런 상징성이 더욱 강해졌다. 실제로 로마인들은 제국 내에서 사과를 널리 퍼트렸다. 이후 로마 제국의 몰락과 함께 사과가 수도원에서 재배되기 시작하면서 13세기까지 유럽 전역에서 재배되는 사과 품종의 수가 급증했다. 프로

테스탄트가 이동하면서 사과가 유럽에서 북미로 함께 전파됐고 조니 애플시드라는 전설적인 인물이 미국 전역을 돌아다니며 사과를 소개했다. 이베리아 반도의 모험가들은 중남미 전역에 사과나무를 심었고 영국인들은 식민지에 사과를 퍼트렸다. 빅토리아 시대의 사과 전문가들은 화려한 삽화가 들어간 과수 재배학 전문서적을 집필했다. 터무니없이 비싼 이 책은 사과의 다양성과 유용성을 찬양했다. 사과는 식재료, 상징, 종교적인 목적과 장식으로도 사용됐고 애국심을 표현하는 수단이기도 하다다. 이렇게 다양한 매력을 지닌 사과는 문화적으로나 생물학적으로나 적응력이 뛰어난 과일이다.

사과 재배종이 포함된 속은 대략 30종으로, 북반구의 온화한 지대에 널리 분포한다. 사과에서는 변이와 이종 교배가 자주 발생한다. 그리고 광범위한 지역에서 재배되기 때문에 정확한 종의 수를 파악하는 것이 어렵다. 밀접하게 관련된 종들은 이종 교배를 통해 복잡한 잡종을 만들어낸다. 그리고 재배종과 야생종의 이종 교배는 가변성이 큰 야생 식물을 만든다.

인류는 수 세기 동안 사과의 기원을 밝히기 위해서 고민했다. 그리고 집중적인 현장 연구, 분자 유전학 그리고 과학의 결합으로 사과와 인간의 복잡한 관계와 재배종의 기원에 관한 비밀이 서서히 풀리기 시작했다.

우리가 먹는 사과는 유럽이 아닌 중앙아시아에서 왔다. 중앙아시아 야생사과인 말루스 시에베르시*Malus sieversii*는 중앙아시아의 거대한 사과숲에서 흔히 볼 수 있는 종이다.[183] 온난한 지대에 위치한

사과

Malus pumila

장미과

이 사과숲은 한때 중국에서 파미르 고원과 톈산 산맥을 따라 코카서스 산맥과 흑해까지 뻗어 있었다. 하지만 구소련 시대에 자행된 파괴 정책으로 현재는 카자흐스탄과 중국의 국경과 키르기스스탄의 일부 지역에만 제한적으로 남아 있으며 애석하게도 얼마 남지 않은 귀중한 사과숲마저 사라지고 있다. 중앙아시아의 야생사과는 나무의 키와 형태, 과실의 크기, 모양, 맛 그리고 색깔이 아주 다양하다. 인류는 이렇게 다양한 야생종에서 가장 마음에 드는 품종을 선택하여 재배했다. 대략 4천 년에서 5천 년 전 중앙아시아 야생사과가 재배되면서 다른 종들과 뚜렷이 구별되는 종이 등장했다. 지난 4천 년 동안 사과가 서쪽으로 이동하면서 선택과 재배가 이루어졌고, 이 과정에서 말루스 시에베르시에 각각 서아시아와 유럽의 야생사과인 말루스 오리엔탈리스*Malus orientalis*와 말루스 실베스트리스*Malus sylvestris*의 유전자가 섞였다.[184] 이런 현상과 19세기 초 수 세대에 걸친 사과 육종가들의 노력이 합쳐지면서 수천 개의 사과종이 등장했다.

씨앗으로 특정한 품종을 재배하려는 시도는 시간 낭비다. 사과는 자가불화합성을 지니고 있어 동일 품종과는 수정하지 않고 근처 다른 품종과 이종 교배를 해서 씨를 만들어낸다. 이런 이유로 한 나무에서 나온 사과 씨앗이라도 모체는 각각 다르다. 동일한 나무를 만들어내려면 접붙이기와 같은 영양번식기법이 필요하다. 접붙이기는 한 나무의 어린 가지를 다른 나무의 뿌리줄기에 붙이는 것이다. 이 방식은 메소포타미아에서 약 4천 년 전에 개발된 것으로 추정된다. 그리스인들은 기원전 3세기에 사과 번식기법을 개발했고 이후 로마인들이 이 기법을 제국 전역에 전파했다. 바로 이 접붙이기 덕분에 사과가 주요 유실작물로 자리매김할 수 있었다. 과일의 크기를 크게 만드는 데에도 한몫했다. 게다가 나무의 유지와 과일의 수확이 쉽도록 나무 크기를 제한하는 기법이 개발되자 경제작물로서 사과의 인기가 증가했다. 뿌리줄기가 문제를 해결하는 열쇠였다. 20세기 중반까지 유전적으로 키가 작은 성질을 지닌 소수의 왜성대목*이 어린 가지를 붙일 뿌리줄기로 사용됐다. 하지만 오늘날에는 상업용이든 원예용이든 간에 원래 뿌리줄기에서 자라는 나무는 거의 없다.

지난 50년 동안 전 세계적으로 사과 생산량이 증가했고 현재 사과 최다생산국은 중국이다. 소비자뿐만 아니라 소매업자는 오래 저장 가능하고 쉽게 운반할 수 있으며 흠집 없는 깨끗한 사과를 원한다. 이런 욕구 때문에 오늘날에는 소수의 사과종만이 재배되어 시장에 유통되고 있다. 지난 세기동안 일정한 토지에 자본이나 노동을 다량으로 투입하는 집약농업이 확산되었고, 사과의 낮은 경제성 때문에 유럽 전역에 많은 과수원이 문을 닫았다. 하지만 최근 몇 년 사이 현지에서 생산되는 사과의 다양성과 생물학적 유산에 대한 중요성을 알리는 운동이 일어났다.

수 세기 동안 접붙이기를 통한 재배를 해오면서 사과품종에는 돌연변이를 포함한 특정한 변화가 없었다. 원예가들이 일부러 특정한 품종을 개발해서 번식시키지 않았더라면, 우리는 셰익스피어와

---

* 접목 재배를 할 때 접수 품종의 크기를 작게 만드는 대목. 이 대목에 접목하면 과수를 작게 키울 수 있다.

뉴턴과 같은 품종의 사과를 보고 냄새를 맡고 맛볼 수 있었을 것이다. 하지만 사과품종은 종자 은행에 저장할 수 없다. 사과품종은 살아 있는 나무로만 보존할 수 있다. 유지비용이 많이 들긴 하지만 살아 있는 식물을 수집해서 재배하는 것은 일종의 보험을 들어두는 것에 가깝다. 사과 생산은 해충과 질병 등 전 세계적으로 끊임없이 위협받고 있다.[185] 이런 상황에서 수 세기에 걸친 접붙이기를 통해 유지된 사과품종의 다양성과 유라시아 야생사과의 유전자는 귀중한 자원이다. 자금난에 시달리는 투자자들은 항상 미래에 얻을 수 있는 혜택을 당장 얻을 수 있는 보상과 비교한다. 미래를 위해 살아 있는 식물을 수집해서 재배하는 것이 소모적인 행위로 보일 수 있다. 하지만 사과나무를 수집하고 재배하는 것이 사과의 품종개량과 번식에 중요하다면, 뿌리줄기의 종류를 늘려 서유럽을 넘어 저 멀리서 재배되는 지역품종과 고대품종, 그리고 샘플이 거의 남아 있지 않은 유라시아 야생사과에 이르는 다양한 품종을 수집해야 한다.

후추

향신료의 왕

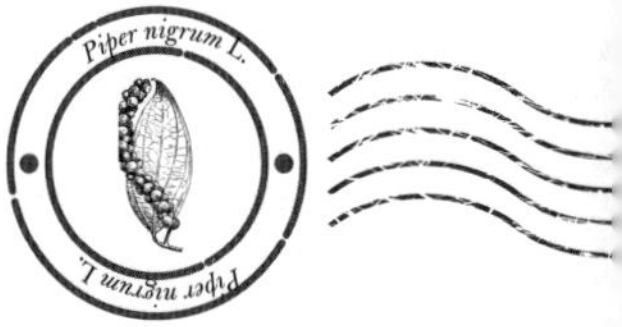

많은 이들이 찾는 희귀한 물건은 비싼 값에 팔리는 법이다. 후추통은 이젠 어느 가정에서나 볼 수 있는 흔하디흔한 물건이지만 500년 전에는 거금을 들여야만 살 수 있었다. 여기서 작은 알후추가 과거에는 얼마나 귀한 몸으로 대우받았었는지 그리고 아시아에서 유럽으로 후추를 들여오는 것이 얼마나 복잡하고 위험한 일이었는지를 추측할 수 있다. 자극적인 향과 맛을 지닌 후추는 유럽과 아시아의 초기 무역상품 중 하나였다. 후추무역에 관한 기록은 향신료가 부의 축적과 상실, 새로운 발견과 제국의 형성에 어떤 영향을 줬는지를 잘 보여주는 사례다.

후추는 지구상에서 가장 널리 거래되는 향신료다. 2011년 생산국에서 세계로 수출되는 후추의 양은 거의 400만 톤에 달했고 그 가치가 20억 달러에 이르렀다. 한 논평가가 베트남 후추를 두고 '씹던 담배' 맛이 나고 '온기나 향의 깊이가 없다.'고 혹평했지만, 세계 최대 후추 생산국인 베트남은 후추 수출로 7억 3천만 달러 이상을 벌어들였다.[186]

후추는 아주 오래된 향신료로 서아시아가 원산지인 상록덩굴식물의 열매를 말려서 단단하게 만든 것이다. 기원전 4세기에 테오프라스토스가 후추를 약으로 사용했다는 기록이 있다.[187] 기원후 1세기 로마인들은 일상적으로 아라비아 해를 건너 인도로 항해했다. 바로 향료를 얻기 위해서였다. 이를 두고 플리니 디 엘더는 국가 재정이 바닥나고 있다며 한탄했다. 매년 100만 세스테르티우스가 후추 등 향료무역을 통해 인도 무역상들에게 흘러들어가고 있었기 때문이다.[188] 인도 상품을 가득 실은 로마의 무역선은 아라비아 반도를 따라 아테네로, 홍해를 거슬러 이집트로, 그리고 육로를 통해 알렉산드리아, 지중해와 유럽으로 갔다. 1453년 콘스탄티노플이 몰락할 때까지 후추는 이 경로를 통해 거래됐다. 하지만 유럽에 후추를 공급하는 이들은 인도 무역상들만이 아니었다. 페르시아와 이슬람 중간상인들도 상당한 양의 후추를 중국과 인도에 공급했다.[189]

후추가 열리는 피페르 니그룸*Piper nigrum*은 강우량이 많은 지역에서 잘 자라는 열대성 덩굴식물이다. 작은 꽃들은 가지에 기다랗게 무리지어 피고, 덩굴에서 꽃이 떨어지고 나면 선홍색의 작고 둥근 후추 열매들이 빽빽하게 열린다. 18세기 후반에 열대지방 전역에 후추 농장이 등장하기 이전까지 피페르 니그룸과 후추는 인도의 말라바르 해안(현재의 케랄라Kerala)에서만 생산됐다. 인도에서 인간과 후추의

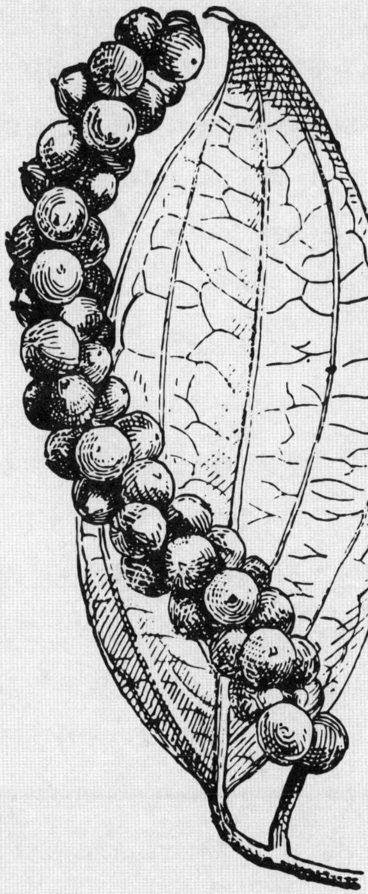

후추

Piper nigrum L.

후춧과

관계는 아주 오래 전으로 거슬러 올라간다. 그러므로 재배종과 야생종의 차이가 거의 없어야 하는 것이 당연하지만 재배종과 야생종에는 분명한 차이가 있다. 야생종은 암꽃과 수꽃이 따로 있고 유성생식을 한다. 그래서 덩굴의 일부에만 열매가 열리고, 이렇게 열린 열매는 부모와 다른 특성을 갖는다. 이와 반대로 재배종은 자웅동주이고 무성생식을 한다. 이 말인 즉 모든 덩굴에 열매가 열린다. 그리고 특정 지역에 잘 적응한 재배종은 번식도 쉽다.[190]

일반적으로 사용되는 말린 후추는 검은색, 흰색, 녹색으로 그 종류가 다양하다. 색이 다르다고 품종이 다른 것은 아니다. 제조과정의 차이가 다양한 색의 후추를 만드는 것이다. 덜 익은 후추 열매를 뜨거운 물에 살짝 데쳐 건조시키면 검은 후추가 만들어진다. 반면 익은 후추 열매를 물에 담가 단단한 껍질을 불려낸 뒤 벗기면 흰 씨앗만 남는데, 이 씨앗을 말린 것이 흰 후추다. 덜 익은 후추 열매를 말리거나 식초에 절이면 녹색 후추가 나온다. 검은 후추, 흰 후추 그리고 녹색 후추는 제조과정의 차이만큼이나 그 맛과 향도 다르다. 각 후추에 대한 사람들의 호불호는 분명하다. 하지만 단지 색깔이 후추의 맛과 향을 결정하는 유일한 요소는 아니다. 유전자, 성장 환경과 제조과정이 최고급 후추를 결정한다.

거래되는 모든 후추 품종이 피페르 니그룸은 아니다. 다른 피페르종들도 종종 발견된다. 특히 8세기 전에 다른 피페르종들이 많이 발견됐다. 예를 들어 인도 후추인 필발*Piper longum*과 인도네시아 후추인 쿠베바*Piper cubeba*가 있다. 브라질의 분홍 후추*Schinus molle*, 열대 아프리카의 기니아 후추*Xylopia aethiopica* 그리고 서아프리카의 멜레게타 후추*Aframomum melegueta*처럼 맛 때문에 이름에 후추가 들어가는 식물들도 있다.

후추를 주원료로 제조된 약의 효과를 두고 활발한 논의가 이뤄지고 있다. 후추는 식품 첨가물뿐만 아니라 약용으로 쓰인다. 후추에는 톡 쏘는 매운맛을 내는 화합물이 함유되어 있다. 이것이 바로 피페린piperine이란 성분인데, 피페린은 살충효과로도 알려져 있다.

다른 향신료들을 비롯해 후추는 유럽인들에게 대단히 매력적인 존재였다. 후추는 후각을 자극하는 독특한 향을 지니고 있다. 유럽의 그 어떤 토종식물도 후추처럼 독특한 향으로 유럽인들을 만족시키지 못했다. 지구 반대편에서 이 향긋한 향신료를 들여오는 데 수반되는 위험과 비용이 자연스럽게 후추를 더욱 매력적인 향신료로 만들었다.[191] 이국에서 들여온 후추가 만병통치약으로 알려지면서 성스럽게 여겨지기까지 했다. 하지만 사람들이 후추에 매력을 느낀 것은 세속적인 이유가 아주 컸다. 바로 후추가 가져다주는 부 때문이었다. 후추 거래상들은 후추무역을 통해 막대한 부를 축적했다.

후추무역은 사회경제적 역사학자들이 여러 세대에 걸쳐 후추무역에 관심을 가졌기 때문에 문서로 잘 기록되어 있다. 후추는 15세기 베네치아가 막대한 부와 권력을 얻고 이베리아 반도에서 인도까지 이어지는 신항로를 개척하는 데 중요한 역할을 했다. 후추는 부를 창출하는 수단으로서 예술에도 영향을 미쳤다. 후추를 소비한다는 것은 사회적 지위가 높다는 것을 의미했기 때문에 사람들은 자신들이 후추를 살 경제적 여유가 있다는 사실을 과시하고 싶어했다. 요리에서 후추를 자유롭게 사용했던 로마인들은 정교한 후추통을 만들었다. 1992년 영국 서퍽Suffolk의 혹슨에서 이러한 후추통이 발견된 바 있다.[192] 네덜란드의 황금기에 상인들은 자신들이 살 수 있는 모든 사치품들을 상세히 묘사한 정물화를 주문했는데, 이 온갖 상징들로 가득한 정물화에는 후추도 빠지지 않았다.[193] 16세기 이탈리아 금세공사인 벤베누토 첼리니가 프랑수아 1세를 위해 제작한 멋진 소금통은 귀중한 양념인 소금과 후추를 담아두는 황금 신전이나 다름없었다.

수입업자들은 정부가 부과하는 후추 세금을 내지 않으려고 교묘한 방법을 생각해냈다. 세금을 거두려는 자와 세금을 피하려는 자의 두뇌 싸움이 치열해졌다. 고가의 상품에는 질 낮은 물건을 진품처럼 속여 높은 값에 파는 '파리들'이 꼬이는 법이다. 19세기 초 영국에서는 이전 값에 아주 못 미치는 값으로 후추가 거래됐지만, 질 낮은 후추를 고급 후추로 속여 파는 사기꾼들이 많았다. 독일 화학자 프레드릭 아쿰은 저서에서 후추 사기꾼들이 소비자를 속이기 위해서 어떤 노력까지 했는지 자세하게 기술했다. 사기꾼들은 점토와 칠리페퍼를 섞은 아마씨 잔여물이나 '유채꽃과 겨자의 해로운 혼합물'을 검은 후추로 속여 팔았다.[194] 심지어 쓰레기나 다름없는 후추 창고 바닥의 먼지를 검은 후추에 섞어 양을 늘렸다.[195] 검은 후추를 바닷물과 오줌에 적셔 흰 후추로 둔갑시킨 뒤 더 비싼 값에 팔기도 했다. 후추 생산자와 소비자를 보호하고 세수입을 안정적으로 확보하기 위해서 거래 기준 법안이 제정되었고, 가짜 후추를 만들어 팔거나 불순물로 후추 양을 늘려 파는 사기꾼들에게 최대 100파운드의 벌금을 부과했다. 하지만 이 법안은 후추 사기를 뿌리 뽑지 못했다.

후추 가격은 운송비용이 하락하면서 함께 하락했다. 특정 지역에서 생산된 후추가 높은 값에 팔렸기 때문에 질이 낮은 후추를 고급 후추로 속여서 파는 행위는 여전했지만, 힘들여서 가짜 후추를 만들거나 불순물을 섞어 양을 늘리는 등의 사기 행위는 줄어들었다.

후추가 과거의 가치를 잃자 후추와 관련된 용어의 의미도 변하기 시작했다. 한때 후추는 통화이자 부를 비축하고 교환하는 수단이었다. 기원전 408년 서고트족 왕 알라리크 1세는 로마를 약탈하지 않는 대가로 공물을 요구했는데, 그가 요구한 공물에는 후추 3천 파운드도 포함되어 있었다.[196] 그러나 그로부터 2년 뒤 알라리크 1세가 로마를 침공하면서 군사강국으로서 로마의 몰락이 시작됐다. 어쨌거나 이후 19세기 중반까지 알후추는 '터무니없이 저렴한 임대료'처럼 하찮거나 값이 싸다는 의미로 사용됐다.

당근

모두의 건강을 위하여

미나리과로 알려진 식물들에는 당근, 파스닙, 파슬리, 고수, 커민과 딜 등 식재료와 향신료로 사용되는 친숙한 식물과 헴록hemlock, 독미나리 등 독성 식물이 있다. 식용 식물인지 아닌지를 구별하는 것은 생과 사를 결정하는 중요한 일이었다. 그렇기 때문에 식물을 정확히 구분하는 방법을 익히는 것이 인류의 진화사에서 그 무엇보다 중요한 일이었을 것이다. 인류는 초식동물의 식습관을 관찰하고 여러 시행착오를 겪으면서 식물의 독성 유무, 그리고 영양분이 많이 함유된 것과 그렇지 않은 것을 구분하는 방법을 익혔다. 물론 아주 우연한 방식으로 두 식물을 구분해내기도 했을 것이다. 덧붙여 식물의 구체적인 특성을 전달하려면 그 식물에 독특한 이름을 붙일 수 있어야 한다. 이집트인과 아시리아인부터 중국인과 인도인 그리고 그리스인에 이르는 다양한 민족에게 식물에 이름을 짓고 분류하는 것은 매우

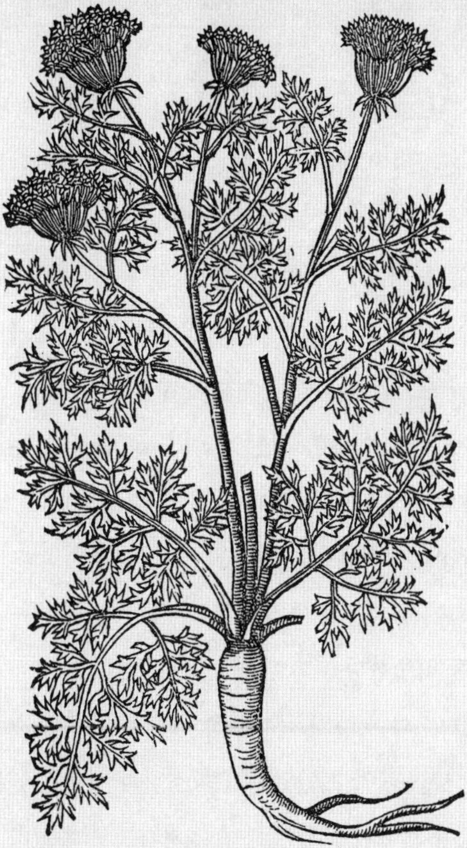

당근

Daucus carota L.

미나릿과

중요했다. 실제로 창세기에 따르면 에덴동산에 살던 아담에게 주어진 첫 번째 도전과제는 '소, … 하늘을 나는 새 그리고 들판의 모든 짐승에게 이름을 붙이는 것'으로, 생물과 사물에 이름을 붙여 분류하는 일이었다.[197]

식물을 약으로 활용하는 법을 익혔듯이 사람들은 식물에 탄수화물과 당이 저장되어 있다는 사실을 이해하기 시작했다. 당근 뿌리의 식재료로서의 가치가 드러나게 되면서 사람들은 당근을 직접 재배하기 시작했다. 당근은 두해살이풀로, 싹을 틔우고 꽃을 피워 열매를 맺고 생을 마감하기까지 총 2년이 걸린다. 첫 번째 해에 원뿌리의 외부를 둘러싼 세포는 당을 저장하면서 부풀어 오른다. 그리고 두 번째 해에 꽃을 피우고 열매를 맺는 데 이 당을 연료로 사용한다. 하지만 재배종은 원뿌리의 당 함량이 최고인 첫 번째 해가 끝날 무렵에 수확되기 때문에 거의 꽃을 피우지 않는다. 당근은 특수 설계된 뿌리 저장소나 땅속에서 겨울을 나면서 몇 달 동안 당 함량을 그대로 유지하고 영양분을 비축한다.

고대 그리스와 로마의 작가들은 당근을 약재와 식재료로 이용할 수 있다는 사실을 알고 있었지만 파스닙과 당근을 정확하게 구분하지 못했다. 이 혼란한 상황은 근대 초기까지 계속됐다. 기원후 2세기의 그리스 철학자 아테나이오스는 '당근은 영양가가 높아 건강에 아주 좋은 식물이다. 하지만 쉽게 무르고 바람이 들며 소화하기 어렵고 이뇨작용을 일으킨다. 성욕을 불러일으키는 성질 때문에 혹자는 사랑의 미약이라 부른다.'고 기록했다.[198] 물론 앞서 기록된 당근은 파스닙일 수도 있지만, 요즘은 주황색의 당근과 누런 파스닙을 혼동하는 일이 거의 없다. 1세기 그리스 약학자 디오코리데스가《약물지》에서 묘사한 당근 재배종은 주황색의 원뿌리를 지니고 있었는데, 고전 작가들과 역사학자들에게 알려진 재배종은 보라색이나 노란색이었다.[199]

당근과 파스닙을 혼동하긴 했지만 고전 작가들은 재배종과 야생종의 뿌리를 정확하게 구별할 수 있었다. 재배종은 좋은 식재료인 반면 야생종은 약효가 우수했다. '야생종은 가장 효과적인 약재로 정원에서 키우는 재배종보다 더 강력한 효험을 발휘한다.'고 17세기 식물학자 니콜라스 켈페퍼가 기록한 바 있다.[200]

다우쿠스 카로타*Daucus carota*는 매우 널리 퍼져 있는 종이다. 영국과 아일랜드의 대서양 해안부터 유럽과 지중해를 통과해 중앙아시아까지 분포되어 있다. 이 종은 쉽게 알아볼 수 있다. 양치식물을 닮은 잎에서는 당근향이 나고 작은 흰 꽃은 미세하게 갈라진 포엽에서 해변에 펼쳐진 파라솔처럼 다발을 이루며 핀다. 야생종의 흰색 원뿌리는 작고 거칠며 여러 갈래로 갈라져 있다. 반면 재배종의 통통한 원뿌리는 보라색, 노란색, 빨간색, 주황색, 검은색 등 다양한 색깔을 띠고 갈라져 있지 않다.

당근은 보라색을 내는 안토시아닌anthocyanin과 카로틴carotene(주황색의 β-카로틴, 노란색의 잔토필xanthophyll 그리고 붉은색의 리코펜lycopene)이라는 2가지 색소를 가진다. 안토시아닌은 강력한 항산화 물질이다. 반면 카로틴은 비타민 A가 풍부하고 망막에서 발견되는 주요 색소

중 하나다. 비타민 A를 충분히 섭취하지 않으면 야맹증과 같은 안과 질환이 생길 수 있다.[201] 보라색 당근에도 카로틴이 풍부하지만 카로틴이 안토시아닌에 가려져 보라색으로 보일 뿐이다. 안토시아닌은 수용성이라서 보라색 당근을 삶으면 전혀 구미가 당기지 않는 갈색으로 변한다. 반대로 잔토필이 풍부한 노란 당근은 요리해도 노란 빛이 그대로 유지된다. 카로틴이 수용성이 아닌 지용성이기 때문이다. 그래서 노란 당근은 보라색 당근의 매력적인 대체제가 된다.[202] 색깔 이외에도 당근에 따라 모양, 크기, 단맛과 쓴맛의 정도가 다르다.

약재나 향신료로 쓰였는지 아니면 단순한 오염 물질인지는 알 수 없지만, 당근씨는 최소 5천 년 된 선사유적지에서도 발견됐다.[203] 역사와 유전 데이터 그리고 재배종에서 나타나는 특징의 분포도를 보면 당근 재배종의 원산지가 중앙아시아임을 알 수 있다.[204] 20세기 초, 구소련 유전학자 니콜라이 바빌로프는 '중앙아시아의 야생 당근은… 자연히 인간의 품으로 들어와 재배종이 되었다.'고 강조했다.[205]

흰색, 노란색, 보라색 그리고 검은색 당근이 10세기까지 아프가니스탄 일대에서 재배됐다.[206] 오늘날 먹는 당근은 동쪽 지역에 분포했던 야생종에서 나왔다. 우리가 세계 어디서나 당근을 볼 수 있게 된 것은 이 재배종이 다양한 지역으로 퍼져나갔기 때문이다. 10세기와 11세기 동안 당근 재배종은 소아시아로 확산됐고 12세기 동안 무어인들에 의해 이베리아 반도로 전파됐다. 14세기 북서유럽으로 확산되었고 마침내 15세기에 영국으로 전파됐다. 서쪽으로 확산되면서 당근은 마침내 아메리카 대륙까지 전파됐고 동쪽으로는 중국과

일본에까지 전파됐다.

17세기에 '롱 오렌지Long Orange'종과 '혼Horn'종이 인기를 얻으면서 서유럽에서는 주황색 당근만 재배되기 시작했다.[207] 그 이후 주황색 당근이 서구의 식민지로 전파됐다.

주황색 당근은 르네상스 시대 이전부터 유럽에 알려졌지만 널리 재배되지는 않았던 것 같다.[208] 주황색 당근이 어디서 왔고 어떻게 가장 보편적인 종이 되었는지를 둘러싸고 학계에서 열띤 논의가 벌어지고 있다.[209] 야생종, 또는 재배종과 야생종의 교배종에서 나왔다는 의견들이 존재한다. 하지만 학계는 각기 다른 색깔의 야생종과 재배종에서 발견되는 유전적 다양성을 자세히 조사한 뒤, 주황색 당근이 노란색 당근의 재배종에서 나왔다고 결론지었다.[210]

당근은 이뇨효과가 탁월한 것으로 알려져 있다. 아테나이오스가 말했듯이 당근은 아주 오래전부터 생식력과 번식의 상징이었으며 남근의 완곡한 표현으로 사용되기도 했다. 초기의 근대 약초 의학서에는 당근이 월경촉진제로 언급되었고 19세기 후반 웨스턴아일스에서 스코틀랜드 혈통의 게일인들이 임신, 자손 그리고 아이의 상징으로 야생 당근을 사용했다고 한다.[211] 당근은 영양가가 높고 재배와 저장이 쉬워 궁핍한 시기에 중요한 식량이었다. 제2차 세계대전 동안 영국 정부는 '승리를 위해 밭을 경작하자'는 슬로건으로 캠페인을 벌였다. 이 캠페인은 당근 재배를 적극 권장했고 당근의 다양한 활용법을 강조했다. 재미있게도 그 어느 때보다 영국인들이 가장 건강했던 시기였다.[212]

대청

푸르게 물들이다

대청이라는 단어를 들으면 푸른빛으로 물든 고대 영국인들이 로마군을 물리치는 장면이 떠오른다. 줄리어스 시저는 청색으로 얼룩진 고대 영국인에 대한 언급을 다소 애매하게 한 바 있으며 로마군들은 북부지방의 영국인들을 픽트족Picts('색칠한 사람들'이란 뜻의 켈트어)라고 불렀다.[213] 고대 영국인들은 온몸을 청색으로 물들였다는 고정관념마저 생겼을 정도였다. 셀라와 예이트만이 저서《1066 그리고 기타 등등1066 and All That》(1930)에서 영국 역사를 설명하면서 이 사례를 들기도 했다. 학계에서는 실제로 고대 영국인들이 대청으로 온몸을 청색으로 물들였는가를 두고 의견이 분분하다.[214] 어쨌거나 다른 시간대의 다른 문화에서는 지위를 나타내고, 특권의식을 고취시키고, 몸을 치장하고, 무역을 육성하고, 두려움을 조장하고 존경심을 불러일으키기 위하여 이 염료를 사용했다.

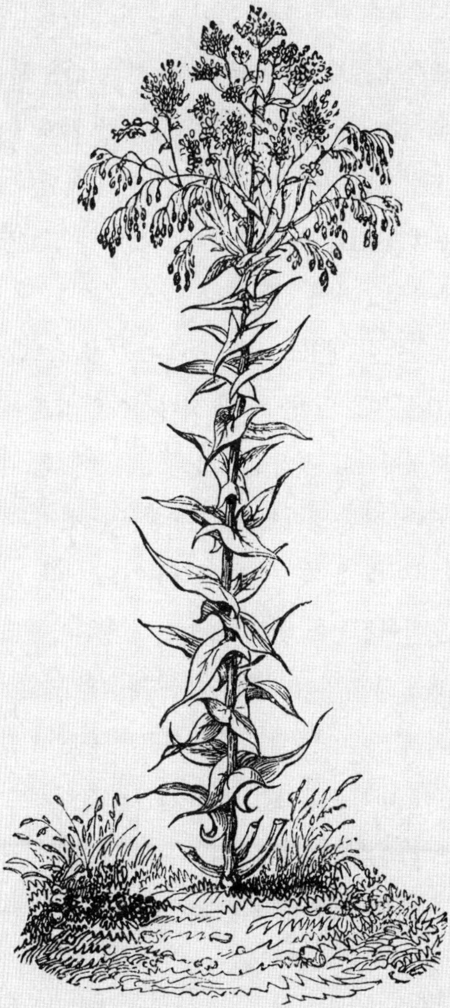

대청

Isatis tinctoria L.

십자화과

십자화과 식물인 대청은 길고 가느다란 청록색 잎을 지니고 강한 양배추 냄새를 풍긴다. 노란 꽃을 피우며 랜턴을 닮은 납작한 열매를 맺는다. 얼핏 보면 평범해 보일 수 있지만, 열매가 익고 나면 과거 서양인들이 대청을 애지중지했던 이유가 드러난다. 완전히 자란 대청은 검푸른 빛을 띤다. 고대 사람들은 시행착오를 거쳐 대청에서 푸른 염료를 추출하는 법을 터득했다.

고대 영국인들이 대청을 몸을 치장하는 용도로만 사용했던 것은 아니었다. 대청은 중앙아시아와 서아시아의 토종식물이지만 유럽 전역으로 퍼져나갔다. 북유럽에서 대청은 옷감을 염색하는 주요 원료 중 하나였다. 대청 열매는 유럽에 분포한 철기 시대 유적지와 영국의 9세기 바이킹 유적지에서 발견되기도 했다. 그렇다고 철기 시대 사람들과 바이킹들이 염색을 위해 대청을 사용했다는 의미는 아니다.[215] 어쨌든 유럽의 염색업자들은 청색의 대청, 적색의 매더madder와 황색의 웰드weld 등 식물성 염료를 이용해서 형형색색의 방적사를 만들었다. 대청은 고대 로마 화가들의 물감재료이기도 했다. 8세기 《린디스판 복음서Lindisfarne Gospels》 제작에 참여했던 예술가들 중에서 적어도 한 명 이상이 대청으로 만든 물감을 사용했을 것이다.[216]

수확한 대청으로 염료나 물감을 만들려면 고약한 냄새가 나는 몇 단계의 과정을 통해 대청의 화학 전구물질을 청색의 식물성 천연 염료인 인디고틴으로 변환하면 된다. 전통적인 처리방법은 다음과 같다. 어린 대청 잎을 으깨 크리켓 공 크기로 동그랗게 빚은 뒤 건조시켜 저장한다. 건조된 대청 공을 가루로 만들고 카우칭couching이라 불리는 과정을 거쳐 발효시킨다. 수 주 동안 발효된 대청가루는 썩은 양배추 냄새가 나는 유황가스를 뿜어내는데, 이 과정에서 세균이 화학 전구물질을 인디고틴으로 변환시킨다. 인디고틴은 불용성이기 때문에 옷감 염색에 사용하려면 추가 처리가 필요하다. 인디고틴을 알칼리에 녹이면 노란 빛이 도는 백담이 된다. 백담이 완성되면 염색업자들이 염색 작업을 시작한다. 옷감을 대청 통에 담그면 옷감에 연두색 물이 드는데, 이 옷감을 바람에 말리면 금세 청색으로 변한다. 대청에서 염료를 뽑고 옷감을 염색하는 이 모든 작업의 성공여부는 대청 생산업자와 염색업자의 기술 숙련도에 따라 결정된다. 원하는 청색을 얻으려면 복잡한 화학 처리를 정확한 시기에 중단할 수 있어야 한다. 중세 유럽의 염색업자들은 그 시대의 공업 화학자였다. 그들은 이 실용적인 기술을 사용해 식물 추출물을 자유자재로 휴대하기 편한 고가의 물감으로 바꿨다.

최고의 결과물을 만들기 위해서는 높은 품질의 원료가 필요했다. 대청은 아주 비옥한 토양에서 떠돌이 농부들이 재배했다. 영국의 웨스트컨트리와 동앵글리아는 대청이 많이 재배되던 중요한 지역이었다. 독일의 튀링겐, 이탈리아의 토스카나 그리고 프랑스의 노르망디와 랑그도크에서도 대청이 많이 재배됐다. 프랑스의 툴루즈에 즐비한 대저택들은 상인들이 대청으로 얼마나 많은 부를 축적했는지를 보여주었다. 대청으로 염색한 최고급 옷은 유럽 북해 연안의 벨기에, 네덜란드, 룩셈부르크로 구성된 저지대와 영국 그리고 스페인으로 수출됐다.

대청은 장기적인 생산이 어려웠다. 대청을 많이 수확하려면 비옥한 토양과 다량의 비료가 필요했는데, 이것은 식량 생산에 부정적으로 작용했다. 당시는 정치적, 사회적 그리고 환경적으로 불안정한 시기였다. 이런 시기에 땅을 가진 소수의 사람들은 비옥한 토양을 대청 재배용으로 남겨놔 배를 불렸지만, 많은 사람들이 먹을 게 없어서 배를 곯아야 했다. 1585년 10월 엘리자베스 1세는 대청 수입 때문에 장기적인 식량 안보가 저해되는 사실에 분통을 터트리며 새로운 땅에 대청을 심는 것을 금지했다.[217] 근대 영국의 식물학자 존 제랄드는 '대청은 옷감을 염색하는 데 유용하다. 이는 몇몇 소수의 사람들에게 유익할 지 모르지만, 다수에게는 해롭다.'고 직설적으로 말했다.[218]

서유럽에서는 18세기까지도 대청이 인디고틴의 주요 원천이었다. 하지만 대청에서만 청색 염료를 얻을 수 있는 것은 아니었다. 열대지방에서 자라는 콩의 일종인 인디고페라 틴토리아*Indigofera tinctoria*는 동남아시아에서 특히 중요한 인디고틴의 원천이다. 인도 사람들은 최소 5천 년 동안 이 식물로 옷감을 물들였다. 인디고페라 틴토리아에서 추출한 소량의 인디고틴이 육상 교역로를 통해 유럽으로 수입됐다. 아주 소량이었기 때문에 이 사치품은 유럽의 대청 생산업자에게 경쟁 상대가 아니었다. 하지만 16세기 포르투갈이 안정적인 인도 해상 교역로를 개척하면서, 인도산 인디고틴의 수입량이 증가했다. 그러자 대청 생산업자들과 상인들은 연대를 맺어 염색업자들이 인디고페라 틴토리아에서 추출한 인디고틴을 사용하지 못하게 하는 법안을 통과시키기 위해 영국, 프랑스와 독일 정부에 로비를 했다. 18세기까지 영국은 인도를 식민지로 지배했기 때문에 인디고페라 틴토리아의 재배는 대영제국과 동인도회사에 아주 중요했다. 자국의 대청 생산업자들과 상인들의 이익은 대영제국의 이익에 밀려 희생됐다. 아이러니하게도 빅토리아 시대의 영국 식민지 인도에서 인디고페라 틴토리아 재배지역에 기근이 들자, 엘리자베스 1세 시대의 영국에서 벌어진 대청과 식량 생산을 둘러싼 갈등이 그대로 재현되었다.[219] 북아메리카에서는 인디고페라 틴토리아에서 추출한 인디고틴으로 염색한 데님이 작업복을 만드는 데 사용됐고, 이는 근면성실한 개척자의 상징이 되었다.

1883년 대청 생산업자들과 인디고페라 틴토리아 생산업자들이 대청을 이용해 누리던 이권을 강탈당하는 사건이 발생했다. 독일 화학자 아돌프 폰 바이어가 인공적으로 인디고틴을 합성해내는 방법을 발견한 것이었다. 1897년에 식물에서 추출한 인디고틴이 약 1만 9천 톤 생산되었는데, 그로부터 1세기 후 비슷한 양의 인디고틴이 아돌프 본 바이어가 고안해낸 공정을 통해 인공적으로 생산됐다.

과거 대청은 막대한 부를 창출하고 새로운 교역로를 개척했으며 화학의 발전에 기여했다. 하지만 이제 대청 재배와 염료 생산은 가내공업에 지나지 않는다. 오늘날 대청 재배와 인디고틴 생산의 생태학적 그리고 사회적 현실은 대청의 '건전한' 이미지가 거짓이었음을 보여준다. 이제 대청은 한때 사랑을 듬뿍 받았던 몇몇 지역에서도 농업에 피해를 주는 잡초 취급을 받게 되었다.

감귤류

오렌지, 레몬 그리고 라임

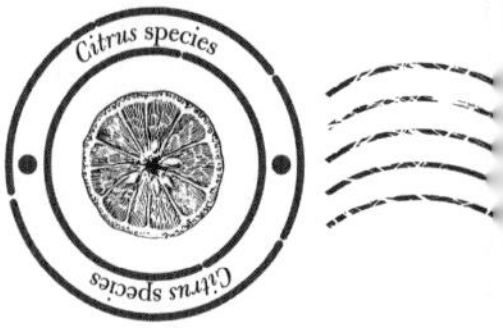

1740년 조지 앤슨 제독을 사령관으로 무려 1,854명의 수병들을 태운 영국 소함대가 스페인의 아시아 식민지를 탈취하기 위한 항해에 올랐다. 그로부터 4년 뒤 조지 앤슨 제독은 적지 않은 경제적 이익과 세계일주 항해자라는 영예를 안고 고국으로 돌아왔다. 하지만 떠날 때와 달리, 고작 188명의 수병들만이 그와 함께 돌아왔다.[220] 수많은 수병들의 목숨을 앗아간 것은 난파나 전투가 아니었다. 범인은 괴혈병이었다. 괴혈병은 해군, 무역상 그리고 해적의 목숨을 위협하는 무서운 질병이었다. 유럽 국가들이 막강한 해군력을 휘두르기 시작하면서, 괴혈병과 그 예방법이 전략적으로 중요한 이슈가 되었다.

괴혈병은 비타민C의 결핍으로 생긴다. 이 병에 걸리면 무기력해지고 온몸이 쑤시듯 아프며 이가 빠지거나 황달 증상을 일으키다 결국 사망한다. 인간은 비타민C를 합성하지 못하는 몇 안 되는 포유

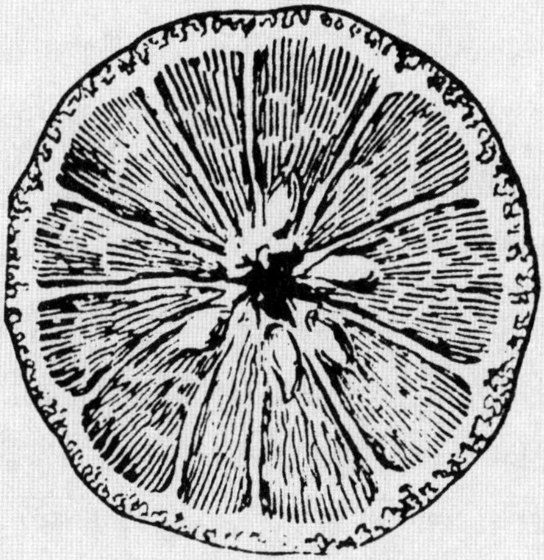

감귤류

Citrus 속

운향과

류에 속한다(이상하게 기니피그도 비타민C를 합성하지 못한다). 그래서 음식을 통해 비타민C를 섭취해야만 한다. 당시 괴혈병을 예방하기 위해 동원된 온갖 방법들은 거의 효과가 없었고 대부분 쓸모없었으며 몇몇은 치명적이었다.[221]

최고의 괴혈병 예방법은 규칙적으로 신선한 과일과 채소를 섭취하는 것이다. 그러나 긴 항해 중에는 신선한 과일과 채소를 충분히 섭취하기가 힘들었다. 1747년 제임스 린드는 널리 사용되는 괴혈병 예방법 여섯 개를 열두 명의 수병들에게 임상 시험했다. 이것은 최초의 임상 시험으로 기록되어 있다.[222] 시험 결과 수병들이 매일 오렌지 두 개와 레몬 한 개를 섭취했을 때 가장 효과가 좋았다. 해군 본부의 반대와 영국 수병들의 보수적인 식습관에도 18세기 후반까지 감귤 주스가 수병들에게 배급됐다. 그 결과 1779년과 1813년 사이 괴혈병에 걸리는 해군의 수가 75퍼센트 하락했다.[223] 감귤류 과일의 이름을 혼동해서 영국 해군이 수병들에게 레몬 대신 라임을 배급하면서 20세기 초에 영국 수병들과 영국인들은 '라이머' 또는 '라이미'라는 별명으로 알려지게 됐다. 레몬이 아닌 라임을 배급한 이유로는 어느 정도 정치적이고 경제적인 방책도 있었다. 라임의 비타민C 함량은 겨우 레몬의 25퍼센트이다. 사실상 라임은 괴혈병을 예방하는 데 별 쓸모가 없었으나 선상 보급품이 늘어나고 배의 항해속도가 빨라져 항해시간이 짧아지면서 괴혈병 발생 위험이 줄어들었다.

감귤류 과일은 라틴어로 '헤스페리디움Hesperidium'이라 불린다. 고대 사람들은 그리스 신화에 등장하는 님프들인 헤스페리데스가

지킨 황금사과가 오렌지나 시트론이라고 믿었다. 감귤류 과일은 친숙한 오렌지*C. × sinensis*, 레몬*C. × limon* 그리고 라임*C. × aurantifolia*부터 자몽*C. × paradisi*, 클레멘타인*C. × clementina*, 불수감*C. × medica*, 포멜로*C. maxima*와 감귤*C. × reticulata*에 이르기까지 다양하다. 야생의 감귤류는 쉽게 이종 교배한다(이종 교배로 생긴 감귤류의 학명에 '×'가 들어간다). 그리고 감귤류는 무성 생식을 통해 번식하고 천여 년 동안 사람의 손에 의해 재배되었다. 이런 사실들이 합쳐지면서 색, 크기 그리고 맛이 아주 다양한 감귤류가 탄생했다. 하지만 겨우 4개의 야생종만이 자신의 유전자를 재배종에 물려준 것으로 보인다.[224]

감귤류의 원생지는 인도 북동지역, 중국 남서지역, 말레이 제도 그리고 호주가 경계를 이루는 드넓은 지역이었던 것으로 보인다. 감귤류는 무역로와 식민지 개척을 따라 아시아에서 유럽 그리고 전 세계로 서서히 퍼져나갔다.[225] 껍질이 두껍고 향이 좋은 시트론의 원생지는 인도 북부다. 고대 그리스인들과 로마인들도 이 감귤류 과일을 알고 있었다. 마멀레이드의 주재료인 광귤*C. × aurantium*이 11세기에, 그리고 각각 포멜로와 레몬이 12세기와 13세기에 지중해로 전해졌다.

과거의 많은 사람들이 오렌지를 찾아 나섰다. 일본에서는 기원후 61년 스이닌 천황의 지시로 다지마모리라는 사람이 신비한 약초와 과일을 찾으러 중국으로 떠나는 이야기가 전해져 내려온다. 그의 기념비석에는 그가 불로장생의 명약으로 여겨졌던 '영원히 반짝이는 감귤'을 찾으러 떠났다는 내용이 기록되어 있다. 오렌지는 14세기가 되어서야 뒤늦게 유럽에 전해졌고 곧 지중해에서 중요한 작물이 되었다. 그리고 식민지 개척의 물꼬를 튼 스페인과 포르투갈에 의해 북아메리카 전역으로 퍼져나갔다. 청년 베르날 디아즈는 에르난 코르테스와 함께 멕시코를 정복했다. 그는 에르난 코르테스가 이끄는 원정대의 일원으로 1518년 쿠바에서 유카탄 반도까지의 원정에 참가했고 훗날 이 원정에서 자신이 어떤 역할을 했는지 이야기했다.

> 내가 쿠바에서 가져온 오렌지 씨앗을 심자 우리가 쿠바로 이주할 것이란 소문이 돌았다. 오렌지나무는 잘 자랐다. 오렌지나무는 이전에 봤던 과실수와 완전히 달랐다. 사람들은 오렌지나무를 보살피며 물도 주고 잡초도 뽑아줬다. 그 지역에서 나오는 모든 오렌지는 이때 심은 나무의 후손이다.[226]

17세기 유럽에서 감귤류 나무는 부유층이 애용하는 정원수였다. 열매를 먹으려 나무를 심었던 것은 아니었다. 부유층은 감귤류 나무를 정원에 심어서 부를 과시했다. 누구도 이 나무에 과일이 열릴 것이라 기대하지 않았다. 정원사 존 리는 다음과 같은 글을 남겼다.

> 오렌지나무가 자라자, 나는 이 나무가 과실보다는 푸른 잎과 더 잘 어울리겠다고 생각했다. 우리가 오렌지나무로부터 누릴 수 있는 혜택은 늘 푸른 잎이 뿜어내는 아름다움과 달콤한 냄새가 나는 꽃이

다. 이 추운 나라에서는 결코 오렌지나무에 열매가 열리지 않을 것이다.[227]

감귤류는 추위에 약하다. 그래서 추운 지역에서는 겨울이 되면 감귤류 나무를 실내로 옮겨야만 한다. 유럽인들은 감귤류가 잘 자라는 환경조건을 정확하게 이해하지는 못했지만 난방이 잘 된 어둑한 건물로 감귤류를 옮겼다. 이 누추하고 보잘 것 없는 구조물이 마침내 오랑주리로 발전하게 된다. 오랑주리는 군주들의 무한한 부와 노동력으로 웅장하고 아름다워졌다. 단지 부유층을 위해 지어진 오랑주리 덕분에 유리생산기술과 난방기술이 발전했다. 옥외난로나 타는 숯이 담긴 냄비를 이용한 온실의 직접난방 방식은 조악할 뿐만 아니라 오랑주리 내부 공기를 오염시켰다. 이후 개발된 간접난방 방식으로 온실 내부의 공기를 고르게 데울 수 있었다. 공기의 질도 좋아졌음은 물론이다. 17세기 말에는 영국 전역에 오랑주리가 생겨났고 오랑주리에서 자라는 감귤류 나무에서 많은 과일이 열렸다. 이 때문에 정원 속 다른 식물들이 희생되는 경우도 있었다. 영국 서리Surrey의 베딩턴 가든에서 온실을 관리하는 고령의 정원사는 자신이 '1690년에 최소 10만 개의 오렌지를 땄고 그 때문에 정원의 나머지 부분이 엉망이 됐다'고 주장했다.[228]

이제 감귤류 재배는 부유한 귀족들만의 것이 아니다. 이것은 세계적인 산업이 되었다.[229] 2012년에는 전 세계적으로 1억 1천만 톤의 감귤류가 수확됐다. 같은 해 세계 최대 오렌지 생산지는 1,800만 톤을 생산한 브라질이고 800만 톤을 생산한 미국이 그 뒤를 이었다. 요즘은 괴혈병에 걸릴 위험이 많이 줄어들었지만, 여전히 전 세계에서 수확되는 오렌지의 대부분이 비타민 C의 주공급원으로 홍보되는 오렌지 주스를 만드는 데 쓰인다.

육두구

세계를 분열시킨 향신료

열대지방의 섬들은 한때 세계에서 가장 강력한 세력이었다. 이 섬들은 유럽 국가들의 지속적인 갈등의 원인이었고 세계 최고의 다국적 기업이 탄생하게 된 이유였으며 맨해튼의 운명을 바꾼 장본인이다. 인도네시아 말루쿠 해에 위치한 반다 제도의 총면적은 카리브 해의 그랜드케이맨 섬과 비슷하거나 와이트Wight 섬의 절반 정도다. 19세기까지 이 지역에서만 육두구와 메이스mace가 생산되었기 때문에 이 열대지방 섬들이 역사의 중심축을 차지했다. 유럽 국가들은 이곳에서 생산되는 향신료를 독점하기 위하여 정치적 그리고 경제적으로 힘겨루기를 했다. 이 과정에서 반다 제도의 원주민들이 2차 피해를 입어 거의 전멸했다.

　육두구와 메이스는 같은 상록수의 열매에서 나온다. 두꺼운 과육이 씨앗을 감싸고 있는 형태의 노란 탁구공 크기의 열매인데, 이 열매를 말리면 작고 단단한 씨앗이 나온다. 윤기 나는 갈색 씨앗이 육두구이고 씨앗을 감싸고 있는 그물 모양의 붉은 헛씨껍질이 메이스다.

육두구는 인류의 생존에 필수적인 요소는 아니었지만 약재와 식재료로 중요하게 쓰였다. 서양의 약전에 육두구는 정력제와 만병통치약으로 언급된다. 튜더 왕조 시대의 의학자 토마스 코건은 제자들에게 육두구를 좋은 식재료로 소개했다. 특히 그는 '설탕에 절인 육두구를 얻을 수 있다면 … 마음 내키는 대로 육두구를 집어 먹어서 순식간에 0.5파운드는 찔 것'이라고 말했다.[230]

분명 토마스 코건의 제자들은 부유한 집안의 자제들일 것이다. 서구 문명은 아랍과 페르시아 상인들이 실크로드를 통해 육두구를 들여온 시기로부터 약 1천 년 전까지만 해도 육두구를 알지 못했다.[231] 육두구는 동양의 원생지에서 여러 중개인들을 거쳐 서양의 소비자에게 전해졌는데, 이 과정에서 육두구의 가격과 위상이 높아졌다. 육두구는 구매자의 부나 지위를 알 수 있는 일종의 사회적 지표였다. 부유하고 좋은 가문의 사람들은 자신들의 향신료장과 약장을 이 희귀하고 이국적인 향신료로 채웠다. 그럴 여유가 없는 사람들은 자신들의 분수에 맞춰 현지에서 구할 수 있는 것들에 만족해야 했다.

육두구는 11세기까지 지중해에서 이뤄졌던 교역의 기록물, 세무문서, 거래장부와 가계부에 등장했다. 육두구는 14세기 영국 사람들에게 충분히 친숙한 향신료였는데, '영시의 아버지' 제프리 초서가 시에 육두구를 등장시킬 정도였다. 그리고 세익스피어는 엘리자베

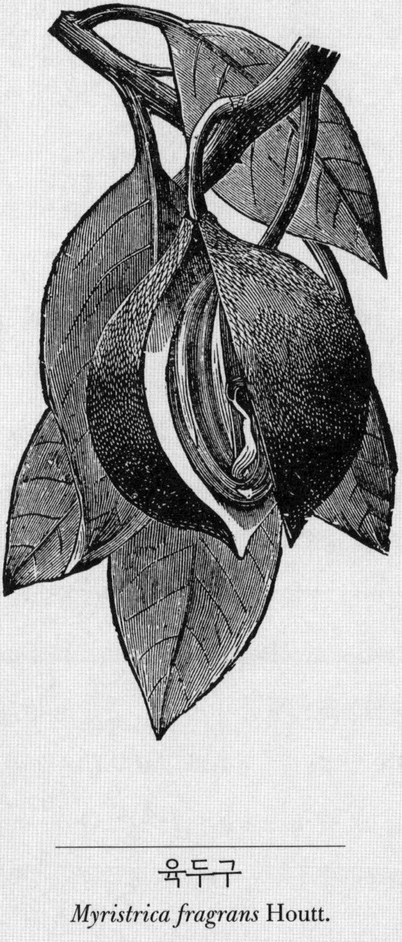

육두구

Myristrica fragrans Houtt.

육두구과

스 시대의 청중이 육두구의 이국적인 매력을 이해할 것이라 확신했던 것으로 보인다.[232] 하지만 근대 초기의 약초 서적을 보면 살아 있는 육두구나무는 당시 사람들에게 잘 알려지지 않았음을 알 수 있다.[233] 육두구나무를 최초로 묘사한 사람은 독일계 네덜란드 식물학자 게오르그 럼피우스였다. '암본Ambon의 눈 먼 선지자'로 불렸던 게오르그 럼피우스는 1660년대에 육두구나무를 언급했지만, 그의 이야기는 거의 1세기가 지나서야 《식물도감Herbarium Amboinense》(1741)에 실렸다.

1500년 전에는 동남아시아를 가본 유럽인들이 거의 없었다. 그래서 육두구가 자라는 지역에 관한 이야기는 이탈리아 베네치아의 마르코 폴로, 니콜로 데 콘티와 이탈리아 볼로냐의 루도비코 디 바르테마와 같은 이탈리아 상인들에게서만 들을 수 있었다.[234] 이처럼 당시 사람들은 육두구나무가 어디서 자라는지 정확하게 알지 못했고 상인들도 그 위치를 정확하게 알지 못하는 경우가 있었다. 향신료는 크리스토퍼 콜럼버스가 대서양을 횡단해 '동양'으로 가는 새로운 항로를 개척하려는 이유 중 하나였다.

하지만 1511년 포르투갈이 말레이 반도의 말라카를 정복하면서 상황이 변했다. 말라카를 정복한 포르투갈은 동쪽으로 작은 원정대를 보냈다. 1년 뒤, 이 원정대를 이끈 안토니우 드 아브레우는 막대한 가치의 향신료를 가득 실은 배를 타고 의기양양하게 포르투갈로 돌아왔다. 향신료가 대량으로 생산되는 말루쿠 제도를 발견했던 것이다. 그의 발견으로 포르투갈 왕조에 문제가 생겼다. 1494년 포르투갈과 스페인 왕조는 콜럼버스의 서인도 제도 발견을 수용하고 이전 조약의 효력을 완화하기 위해서 대서양을 임의로 둘로 가르는 토르데시야스 조약을 체결했다. 이 조약에 따라 경계선의 동쪽에 위치한 영토는 포르투갈이 지배했고 경계선의 서쪽은 스페인이 지배했다. 말루쿠 제도가 발견되자, 스페인 왕조는 토르데시야스 조약을 동반구로 확장해야 한다고 주장했다. 말루쿠 제도를 스페인의 영토로 만들기 위함이었다. 1529년 사라고사 조약이 체결되기 전까지 스페인과 포르투갈은 이베리아 반도를 두고 20여 년 동안 전쟁을 벌였다. 사라고사 조약으로 스페인은 금화 35만 더컷에 말루쿠 제도를 포르투갈에 내줬다. 이렇게 바뀐 지정학 정세로 말미암아 포르투갈이 육두구 무역을 독점할 수 있었다. '반다 제도는 아주 건강하지 않다. 많은 이들이 반다 제도로 가지만 돌아오는 이는 거의 없다. 하지만 사람들은 항상 그곳으로 가기를 원한다. 그곳에 엄청난 부가 있기 때문이다.'[235]

토르데시야스 조약과 사라고사 조약으로 포르투갈과 스페인이 이베리아 반도를 20세기까지 식민 지배했다. 하지만 향신료 무역에 지대한 관심이 있던 개신교 유럽 열강은 교황의 직권으로 승인된 이 두 조약의 존재를 모르고 있었다. 1602년 네덜란드 정부는 상인들에게 아시아 무역에 대한 독점권을 부여했다. 그 결과 네덜란드의 동인도회사 VOC Vereenigde Oostindische Compagnie가 설립됐다. VOC는 포르투갈을 17세기 중반까지 말루쿠 제도에서 몰아냈다. VOC는 동인도 원주민들에게 생사여탈권을 행사했으며 2세기 동안 강력하게 성장하여 한 나라를 통치할 정도였다. 이로써 세계 최초의 다국적 기업이 등장했다.[236] 잔 피에테르즈 코엔이 총독이었던 1619년부터 1629년까지 향신료 독점권이 형성되었다. 이 시기에 VOC는 가장 잔인하고 끔찍한 만행을 마구 저질렀다. VOC는 말루카 제도의 원주민들에게서 땅, 자유와 생명을 빼앗아 그들을 노예로 만들었다. 그리고 육두구 생산량을 통제하기 위해서 지정 구역 밖에서 자라는 육두구 나무를 없애고 육두구 비축분을 불태워 인위적으로 가격을 유지했으며 육두구 씨앗이나 묘목을 밀수하려는 자들을 사형시켰다. 17세기와 18세기에 VOC가 벌어들인 수익은 어마어마했다.[238] 전 세계에 유럽 제국을 세우려는 자들이 이 같은 만행을 저질렀고 향신료 독점권의 수혜자들 대부분은 이런 잔인한 만행을 못 본체 했다.

VOC가 육두구 생산량을 통제하기 위해서 잔인한 정책을 펼쳤다. 하지만, 육두구나무 자체가 이 네덜란드 동인도회사가 육두구 생산을 오랫동안 독점하는 데 기여한 측면도 있다. 육두구나무는 아주 제한된 지역에 분포했기 때문에 접근성을 제한하기기 쉬웠다. 게다가 육두구나무는 수그루와 암그루가 분리되어 있고 열매를 맺기까지 10년 정도가 걸리기 때문에 열매가 열리는 나무를 찾는 데만 해도 오랜 시간이 걸린다. 그리고 지방이 풍부한 씨앗은 수 주 이상 저장하는 것이 불가능했으며 꺾꽂이로는 육두구나무를 번식시키기 어려웠다. 그러나 VOC는 육두구 열매를 먹은 새의 배설물에 남아 있는 씨앗에서 나무가 자라는 것을 항상 경계했다. 새들은 육두구 열매의 헛씨껍질을 먹고 씨앗을 배설한다.[239] 네덜란드인들은 이런 자연 현상을 보고 육두구나무를 인위적으로 재배할 수 없다고 주장했던 것 같다. '이 섬에 살고 있는 새는 익은 육두구 열매를 통째로 삼켜 제대로 소화시키지도 않고 배설한다. 새의 배설물에 섞여 떨어진 씨앗이 땅에 뿌리를 내리고 자라서 열매를 맺는다.'[240]

영국과 네덜란드 제국은 각각 아메리카 대륙과 동남아시아에 식민지를 넓혀나갔다. 말루쿠 제도에서 영국과 네덜란드의 긴장관계는 예기치 못한 결과를 낳았다. 17세기가 끝날 무렵 네덜란드 정부는 맨해튼에 건설한 자신들의 식민도시인 뉴암스테르담을 말루쿠 제도의 영국령 런Run 섬과 교환하는 데 동의했다. 향신료가 풍부한 런 섬은 당시에는 맨해튼보다 더 많은 부를 창출할 지역으로 보였을 것이다. 하지만 시대는 변하기 마련이다. 네덜란드가 영국에 내어준 뉴암스테르담이 바로 지금의 맨해튼이다. 어쨌거나 결국 두 제국은 18세기 말에 이 지역들에 대한 경제적 이권을 상실하게 된다.

영국은 VOC의 독점권을 없애려는 시도를 멈추지 않았고 마침내 성공했다. 18세기가 끝날 무렵 정원사 크리스토퍼 스미스가 말루쿠 제도에서 육두구 씨앗을 성공적으로 들여와서 말레이시아에 수십만 그루의 육두구나무를 심었다. (신기하게도 영국의 동남아시아 탐험가였던 생물학자 앨프리드 러셀 월리스는 다윈과 같은 시기에 진화에 대한 글을 썼고 네덜란드의 말루쿠 제도산 육두구 독점을 강하게 옹호했다.[241]) 대략 같은 시기에 프랑스 식물학자 피에르 푸아브르가 육두구 묘목을 모리셔스로 몰래 들여왔고 프랑스 제국을 위해 육두구 대농장을 세웠다.[242] 프랑스의 계몽주의 작가 기욤 레이날은 피에르 푸아브르의 용

감한 행동을 황금 양피를 훔친 이아손의 대담한 행동에 비유했다.

네덜란드의 육두구 독점이 무너지면서 네덜란드 정부의 세수가 줄어들었고 육두구는 흔하고 저렴한 향신료가 됐다. 동남아시아 화산섬에서만 제한적으로 자라던 육두구나무는 이제 열대지방 전역에서 자란다. 하지만 여전히 인도네시아와 그레나다가 세계 최대 육두구 생산지다. 매년 전 세계적으로 1만 2천 톤의 육두구가 생산된다. 이제 육두구는 더 이상 국제 무역의 주요 상품이 아니며, 어디서나 흔히 육두구를 구할 수 있다. 하지만 이 향신료는 여전히 음식의 풍미를 높여 준다. 육두구의 지정학적 위상은 사라졌을지 모르지만 육두구 무역으로 얻은 자금 덕에 가능했던 네덜란드 황금기의 문화적 그리고 지적 업적들은 그대로 남아 있다. 육두구나무의 잔해를 따라가다 보면 불편한 문제와 맞닥뜨리게 되는데, 바로 이윤 추구를 위해 기업이 어떤 일까지 벌일 수 있느냐는 것이다. 이 문제는 오늘날 모든 기업이 고민해야 할 문제다.

뽕나무

실크의 비밀

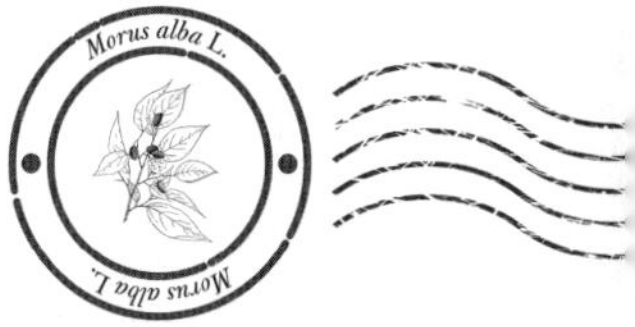

실크는 과하거나 사치스러운 인상을 주기도 하고 성적인 이미지를 연상시키기도 한다. 그래서 통치자, 정부 그리고 고위 성직자들은 자신들의 정치적 편의에 따라 경제적, 사회적 혹은 윤리적 이유를 들어 실크의 사용을 권장하거나 반대했다. 1592년 국가의 승인을 받은 영국 해적선이 동남아시아에서 귀국 중이던 마드레 데 디오르의 함선을 포획했다. 이 포르투갈의 보물선에는 실크가 가득 실려 있었고, 이는 곧 영국에 엄청난 돌풍을 일으켰다.[243] 이 사건은 이베리아 해에 엄청난 보물이 숨겨져 있다는 인식을 대중들에게 심어주기 충분했고 영국 상인들이 동아시아로 향하는 경제적이고 정치적인 명분이 되었다.

실크로드는 자주 낭만적으로 묘사된다. 그도 그럴것이 실크로드는 해상 교역로가 개척되기 전 서유럽과 동아시아를 수천 년 간 이

어온 아주 오래된 육상 교역로다.[244] 약 1만 킬로미터에 달하는 실크로드는 중국 동북의 시안에서 시작하여 중국 북부의 평원과 톈산 산맥을 가로질러 메디아, 페르시아, 메소포타미아와 카파도키아를 통과해 유럽과 북아프리카의 관문인 다마스쿠스와 알렉산드리아에 이르는 길이다.

중국 실크는 누에의 머리에 있는 분비선에서 만들어진다. 알에서 부화한 지 6주가 지난 누에는 누에나방이 되기 위해서 눈처럼 하얀 누에고치를 지을 준비를 한다. 누에의 머리에 있는 분비선에서 단백질 용액이 흘러나오면, 단백질이 풍부한 '접착제' 세리신sericin이 이 두 줄기의 용액을 하나로 묶어 가는 명주실로 만든다.[245] 누에는 이 명주실을 이용해 누에고치를 짓는데, 이 명주실 덩어리를 얻기 위해서 농부들은 변태중인 누에나방을 죽이고 누에고치를 풀어낸다. 하나의 누에고치에서 약 1.5킬로미터의 실크가 나온다.

수천 년 동안 인간에게 사육되면서, 누에나방은 자발적인 번식능력을 상실해 이제 야생에서는 찾아볼 수 없게 되었다.[246] 누에나방은 인간이 창조해낸 생물이나 다름없이 인간에 의존한다. 누에나방의 먹이는 오직 하나다. 바로 뽕나무다.[247] 누에나방 한 마리는 6주 동안 약 60그램의 뽕나무 잎을 먹어치우고 대략 0.2그램의 실크를 뽑아낸다. 달리 설명하면, 뽕나무 밭 1헥타르에서 대략 40킬로그램의 실크가 나온다고 할 수 있다.

뽕나무속은 사과나무, 단풍나무, 목련이 속하는 속의 식물종들과 마찬가지로 중국과 북아메리카 동부에 서식하는 종으로 나뉜다.

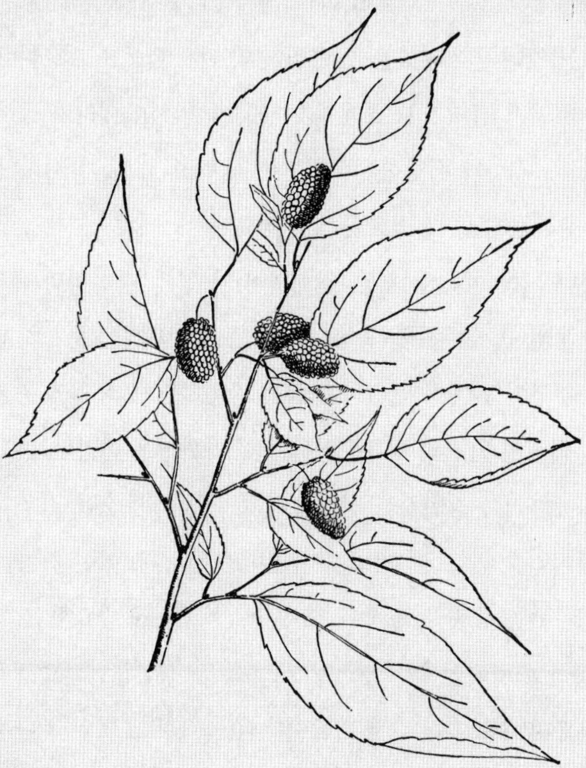

뽕나무

Morus alba L.

뽕나뭇과

이는 뽕나무가 1,500만에서 6,500만 년 전 지중해에서부터 중앙아시아를 통과하여 베링 해협을 가로질러 북아메리카의 온대림까지 소위 제3의 잔존 생물로 분포했다는 증거다. 뽕나무는 가장 널리 퍼진 뽕나무종으로 실크로드를 따라 군데군데 분포한다. 하지만 정확한 분포는 알려지지 않았는데, 수천 년의 인간 활동으로 뽕나무 분포 지역의 자연적 경계가 모호해졌기 때문이다. 북아메리카 동부의 돌뽕나무*Morus rubra*와 서남아시아의 검뽕나무*Morus nigra*가 서구 문명이 실크와 관계를 맺는 데 중요한 역할을 했다.

뽕나무는 습성, 잎 모양, 열매의 색과 형태, 생리학과 유전학에서 가변성이 크게 나타난다. 뽕나무가 드넓은 지역에 분포하고 인류와 오래전부터 관계를 맺었다는 점을 감안하면 그리 놀라운 사실은 아니다. 하지만 인간의 재배방식이 이런 가변성을 높였다. 인간은 성장을 억제하거나 강인하고 영양분이 풍부한 어린 순을 키우기 위해서 가지치기를 한다. 이 과정에서 변이가 생긴다. 이런 기형들은 동물의 경우에는 종종 치명적이지만 재배 식물에겐 중요한 기회가 된다. 농부는 매력적인 특성을 지닌 새순을 심어서 유전적으로 완전히 동일한 뽕나무를 수천 그루 만들어냈다. 누에에게 먹일 뽕나무 잎이 아주 많이 필요했는데, 농부들은 무의식적으로 타닌tannin 함량이 낮고 단백질 함량이 높은 뽕나무를 선택해왔다. 아마도 타닌 함량이 높고 단백질 함량이 낮은 잎을 먹은 누에가 성장이 더디고 실크의 생산량도 적으며 질도 나쁘다는 사실을 알아차렸기 때문일 것이다.

모든 문명은 자신들이 원하는 것을 얻기 위한 협상의 조건으로 내세울 수 있는 자원을 필요로 했다. 그리고 자신들의 통치자를 만족시킬 수 있으며 분노를 잠재우고 인구를 통제할 자원도 필요했다. 중국의 고대 문명도 예외는 아니었다. 고대 중국이 개발하고 통제했던 '화폐'가 바로 실크였다. 적어도 5천 년 전에 중국인들은 최상급의 실크를 생산하는 데 필수적인 3가지 기술을 완성했다. 그 기술은 누에 키우기, 누에고치에서 명주실을 뽑아내 실타래로 만드는 기술인 명주실 꼬기, 그리고 실크 짜기다.[249] 실크는 왕가에서만 사용하는 사치품으로 제작 과정은 철저히 비밀로 지켜졌다. 그러나 실크 수요가 증가하자 무역상들과 중간상들이 실크 제작에 개입했고 중국의 독점권도 서서히 사라지게 되었다.

적어도 2,500년 동안 유럽과 북아프리카에 존재했던 문명들은 원료와 생산 과정도 모르는 상태로 실크를 수입했다. 로마는 이 매혹적이고 연약한 직물을 구하기 위해 엄청난 황금을 쏟아 부었다. 실크 수입이 최대치에 이르렀을 때 로마 제국은 터키 서부의 동쪽 경계 너머 저 멀리서 매년 수천 톤의 실크를 수입했고 때때로 실크 무게에 맞춰 금을 지불하기도 했다. 기원후 1세기에 플리니 디 엘더는 매년 중국과의 실크 무역으로 로마의 국고에서 약 1,259만의 은화(금화 3.5톤에 달하는 금액)가 증발한다고 한탄했다.[250] 제2대 로마 황제 티베리우스는 남성의 실크 착용을 금했다. 철학자 세네카와 플리니 디 엘더는 실크 옷이 신체를 보호하지 못하며 실크 옷을 입는 사람은 거만하게 행동한다고 비난했다. '바람으로 짠 옷감'을 누구나 살 수 있도록 가격을 적정 수준으로 유지하고 국가재정이 바닥나는 것을 막으려면 실크에 대한 욕망을 억누르거나 수단과 방법을 가리지 않고 중국에서 양잠의 비밀을 얻어내야만 했다.

기원후 877년 정치적 불안정으로 중국은 국제 실크 무역의 중심지인 광동이 봉쇄되고 뽕나무가 파괴되는 것을 지켜봐야 했다.[251] 이 사건으로 국제 실크 무역에 대한 중국의 독점권이 빠르게 붕괴됐다. 하지만 중국의 양잠 비법은 광동 대학살이 일어나기 오래 전부터 외부로 유출되기 시작했다. 중국의 양잠법은 기원전 2세기까지 한국에서 사용됐고 기원후 500년에는 타클라마칸 사막의 남쪽 가장자리에 위치한 허텐 왕조까지 전파됐다. 실크 생산의 막대한 경제적 이득이 알려지면서 양잠법은 실크로드를 따라 콘스탄티노플 그리고 소아시아와 그리스를 통해 서서히 확산됐다.[252] '실크의 비밀'에 관해서는 많은 이야기가 존재한다. 허텐 왕조의 왕자와 결혼한 중국 공주가 자신의 머리에 누에나방의 알을 몰래 숨겨 와서 실크를 허텐 왕조에 전했다는 설도 있다.[253] 비잔틴 제국의 유스티니아누스 1세가 승려들에게 뇌물을 주고 누에를 콘스탄티노플로 들여왔다는 설도 있다. 승려들은 누에알과 뽕나무 씨앗을 지팡이에 숨겨서 가지고 왔다고 전해진다.

실크 생산의 비밀이 중국 밖으로 새어나가자, 누에에서 더 많은 명주실을 뽑아내고 명주실 꼬기와 실크 짜기가 산업화되는 등 더 효율적인 생산이 가능해지면서 가격이 떨어졌다. 13세기 후반에는 볼로냐가 명주실 꼬는 기계를 개발하면서 이 도시국가는 부를 얻기 시작했고, 거의 3세기 동안이나 이 기계를 제작하는 기술을 숨겼다. 프랑스 북부지역은 실크 짜기에 특화된 기술을 보유하고 있었다. 이 기술은 17세기 후반에 박해받던 위그노교도들이 프랑스를 떠나 영국에 정착하면서 외부로 유출됐다. 18세기가 끝날 무렵에 조지 코톨드와 피터 노일레와 같은 영국 기업가들이 산업 규모로 명주실을 꼬고 실크를 짜는 사업을 했다. 이것은 19세기 영국 실크산업의 기틀이 되었고 산업 절정기에는 수천 명의 노동자들이 수백 개의 실크 공장에서 일했다. 그러나 타고난 사업수완에도 영국은 이탈리아와 프랑스처럼 누에를 키우는 데 필요한 기술을 얻지는 못했다.

영국과 북아메리카에서 누에를 직접 기르려는 시도가 있었지만 거듭 실망스러운 결과로만 이어졌다. 북유럽도 양잠을 시도했다. 높은 수익성을 이유로 영국을 비롯한 영국 식민지에 양잠법을 도입하려는 시도가 1600년대 초반부터 19세기 초까지 이어졌지만 모든 시도가 실패로 돌아갔다.[254] 누에를 키우기에 적당하지 않은 기후, 질병의 발병과 자만심이 양잠법을 도입하려는 수많은 시도와 계획을 좌절시켰다. 그리고 누에 먹이를 제대로 이해하지 못한 것도 실패의 원인이었다.[255] 검뽕나무의 열매는 맛있지만 잎은 누에 먹이에 적당하지 않다. 영국에는 17세기 초부터 산 것으로 추정되는 오랜 된 검은 뽕나무들이 있다. 당시 제임스 1세는 누에 먹이로 검뽕나무를 심을 것을 권장했다. 북아메리카에서 양잠이 가능하다는 소문이 돌면서 1830년대 미국의 농부들은 모루스 알바*Morus alba*와 긴밀한 관계가 있는 뽕나무의 한 종류인 모루스 멀티콜리스*Morus multicaulis*를 심었다가 엄청난 금전적 손해를 입었다. 다량의 뽕나무를 재배하면서 그 누구도 예기치 못한 문제가 발생했는데, 바로 북아메리카 전역에 뽕나무가 마구잡이로 번식한 것이다. 이런 실패에도 굴하지 않고 양잠업은 '노동자 계급의 생활수준을 개선하는 수단'으로 알려졌다. 하지만 19세기 후반까지 사람들은 누에 먹이를 두고 혼란을 겪었다.[256]

실크는 여전히 거대한 산업이다. 2012년 16만 톤 이상의 실크가 생산됐고 이를 위해 뽕나무가 누에 먹이로 사용됐다. 누에가 간접적으로 생산하는 섬유질 이외에, 뽕나무의 어린 줄기에서 뽑은 섬유질은 종이를 만드는 데 쓰이고 있다. 그리고 뽕나무는 산딸기를 닮은 분홍색의 열매로 서서히 서구 문화에 알려지기 시작했다. 이미 17세기 후반에 원예가 존 파킨슨이 '아주 달콤하고 완전히 익으면 진저리가 날 정도로 단 열매'라며 극찬한 바 있다.[257] 수천 년 동안 중앙아시아 사람들은 이 열매를 생으로 먹거나 말려서 먹었고 그 과정에서도 자연히 품종이 개량됐다. 누에의 풍부한 단백질 공급원인 뽕나무는 가축 먹이로도 중요하게 쓰인다.[258]

담배

만병통치약에서 만병의 근원으로

담배는 서구 문화와 아주 복잡하게 얽혀 있다. 전해져 내려오는 신화나 이야기, 마케팅 덕분에 인류가 아주 오래 전부터 담배를 피웠다고 믿게 될 정도다. 물론 원생지인 남아메리카에서 담배의 특성이 알려진 지 약 8천 년이 되었지만, 아메리카 대륙을 탐험하기 시작한 1500년대 초반이 되어서야 담배가 유럽에 전해졌고 유럽인들은 그때부터 본격적으로 담배를 사용하기 시작했다. 그러니 서구 문명의 담배 중독은 500년이 조금 넘는 기간밖에 되지 않은 것이다.

1530년대 초반, 프랑스 탐험가 자크 카르티에는 세인트로렌스 강의 원주민들이 '몸을 연기로 가득 채우고 입과 코로 연기를 뿜었다.'는 기록을 남겼다. 그는 담배를 피운 최초의 유럽인으로, 그 경험을 '우리는 그들과 같은 연기를 입으로 마시고 입으로 뿜어냈다. 그 맛이 후추만큼 매웠다.'고 묘사했다.[259] 스페인 극작가이자 공식적인 인도 역사학자 안토니오 데 솔리스는 자크 카르티에에 비해 덜 개방적이었다. 그는 아즈텍 황제 몬테수마가 '앰버 향을 살짝 묻힌' 담배를 피우기 전에 초콜릿을 어떻게 마셨는지를 묘사하며 '이 지독한 습관이 이들에게 약으로 통했다.'고 말했다.[260] 하지만 이것은 그가 직접 본 것이 아니라 150년 전에 있었던 일을 글로 옮긴 것일 뿐이었다. 1560년대에 프랑스 외교관 장 니코가 담배를 프랑스 왕에게 소개하자 유행을 쫓던 엘리트계급은 곧 담배에 중독됐고, 흡연이 유행처럼 유럽 전역으로 퍼져나갔다. 이로써 담배 연기가 마치 산들바람을 타듯 퍼지면서 담배 소비가 전 세계적으로 이뤄졌다. 담배 혹은 곤드레만드레풀drunkwort[261]은 세계시장을 형성한 최초의 식물 사치품으로 일종의 '세계통화'가 되었다.

지금 흔히 사용하는 단어들이 사라진 문명을 나타내는 죽음의 상징일 수 있다. 현대인에게 전해지는 몇몇 이름들이나 유적지에서 발견되는 항아리 파편들은 사라진 문명을 보여주는 잔재일 뿐일지도 모른다. 담배를 뜻하는 '타바코tobbaco'는 분명 여기에 해당되는 단어다. 이 단어는 멸망한 카리브 해의 타이노족에게서 전해진 몇 안 되는 단어들 중 하나다.

18세기 중반, 스웨덴 식물학자 칼 폰 린네는 장 니코의 이름에서 '니코'를 따 '니코티아나'라는 식물의 속명을 지어서 그를 불멸의 존재로 만들었다. 1828년 독일 화학자 빌헬름 포젤트와 칼 레인만이 담배에서 중독성 화학물질을 추출해내 이를 '니코틴'이라 명명했다. 니코틴은 해충을 쫓아내는 강력한 신경성 독소다. 한마디로 니코틴

담배

Nicotiana tabacum L.

가짓과

은 해충을 막기 위해서 담배나무가 진화시킨 많은 화학물질 중 하나다. 니코티아나에는 대략 70종이 포함되어 있고 대부분이 아메리카에서 왔다. 담배 생산에 주로 사용되는 종은 재배만 가능한 니코티아나 타바쿰*Nicotiana tabacum*과 니코티아나 루스티카*Nicotiana rustica*다. 니코티아나 루스티카는 남서 에콰도르에서 볼리비아에 이르는 지역의 토종식물이다.[262]

맛좋은 담배를 만들기 위해서는 수확한 담뱃잎을 건조시키는 과정이 중요하다. 담뱃잎을 건조하면 잎세포의 화학 혼합물 중 일부가 산화되고 분해되어 담배 회사들이 사용하는 맛과 향을 낸다. 담배는 궐련뿐만 아니라 시가, 파이프와 시샤, 코담배 그리고 씹는담배를 만드는 데도 사용된다. 이처럼 담배를 소비하는 방법은 다양하다.

17세기에는 모두가 담배를 지지하지는 않았다. 1600년대 초 영국의 제왕 제임스 1세는 유명한 〈담배에 대한 강력한 항의문A Counter-blaste to Tobacco〉에서 담배와 흡연을 다음과 같이 맹비난했다.

> 이 습관은 눈에는 가증스럽고 코에는 혐오스러우며 뇌에 해롭고 폐에 위험하다. 악취 나는 불길한 연기는 끝도 없는 지옥의 구덩이에서 올라오는 그 끔찍한 연기와 꼭 닮았다.[263]

역사적으로 담배는 정신병부터 매독까지 그야말로 모든 병을 치료하는 만병통치약으로 여겨졌으나, 사실 담배가 모든 병을 치료하는 원리는 시간을 오래 끌면서 천천히 죽음으로 향하는 것일 뿐이었다. 윌리엄 돌이 최초로 담배가 폐암의 원인이라는 증거를 종합적으로 제시하고 두 세대가 지나서야 담배 회사들은 담배가 인체에 해롭다는 사실을 마지못해 인정했다.[264] 2004년 세계보건기구WHO는 사망자 5,880만 명 중 약 9퍼센트가 담배 관련 질병으로 사망했다고 추정했다. 담배는 이 지구상에서 다른 어떤 식물보다 훨씬 더 많은 사람들의 목숨을 앗아갔을 것이다.[265] 담배는 세 번째로 중독성이 강한 약물이다. 1위와 2위는 각각 헤로인과 코카인이다. 일상적으로 사용되는 약물 중에서는 네 번째로 해롭다. 비교하자면 술은 담배보다 중독성이 아주 조금 덜하고 아주 조금 더 유해하다.[266] 담배 이전에 유럽인들은 중독성 있는 물질을 경험해본 적이 거의 없었기 때문에 강박과 중독은 성격 장애로 여겨졌다. 담배로 인해 사람들은 서서히 중독이 생리화학적이거나 생리적 상호작용의 결과일 수 있음을 깨달았다. 하지만 제임스 1세도 결국 담배로 얻을 수 있는 금전적 보상에 넘어갔다. 아메리카 대륙의 식민지가 배당금을 내기 시작했던 것이다. 현재 어마어마한 담배세나 담배 수출로 이득을 보는 국가들은 담배 의존을 마냥 비난할 수도 옹호할 수도 없는 지경에 처해있다. 담배 회사에 장기적이고 막대한 투자를 했기 때문이다.

많은 대중들이 담배의 충격적인 유해성을 접하고 난 이후로 선진국의 담배 생산과 소비가 줄어들었다. 하지만 개발도상국에서는 증가하고 있다. 담배 회사들이 마케팅 자원을 이들 국가들에 집중하고 있기 때문이다.[267] 2009년 중국은 약 700만 톤의 담배를 생산하여 세계 담배 시장의 43퍼센트를 차지했다. 이것은 2000년과 비교해서 거의 20퍼센트 증가한 수치다. 2009년 미국은 세계 4위 담배 생산국이었고 세계시장의 5퍼센트를 차지했지만 생산량은 2000년 이후로 20퍼센트 이상 하락한 수치였다.[268]

하지만 담배는 나쁜 식물만은 아니다. 담배는 19세기에 식물 교배의 이해와, 20세기와 기본적인 식물학을 이해하는 데 도움을 줬다. 1982년에 인공적으로 유전 조작된 최초의 식물이기도 하다.[270] 그리고 21세기 초의 유전 조작 작물의 혁신을 가져왔다. 건강을 위협하는 성분에도 한 줄기 빛과 같은 긍정적인 측면이 있다. 흡연의 유독성에 관한 논쟁은 사람들이 역학과 증거에 근거한 의약품의 중요성을 이해하는 데 큰 도움이 됐다.

튤립

투기의 어리석음을 일깨운 꽃

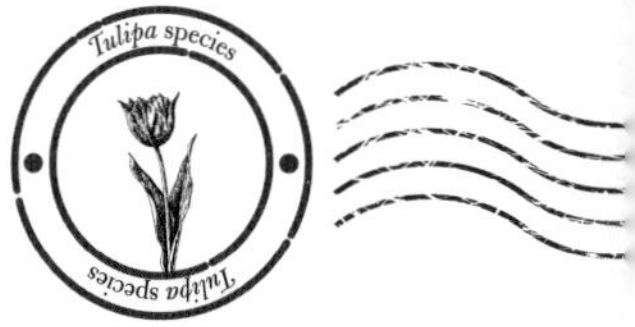

1841년 스코틀랜드 언론인 찰스 맥케이는 17세기 네덜란드 국민들이 어떻게 '튤립 광기tulipomania'에 휩싸여 형형색색의 튤립에 집착하게 되었는지를 흥미롭게 풀어 책으로 펴냈다.[271] 1634년부터 1636년까지 벌어진 튤립 사재기 현상에 대한 그의 해석은 튤립의 이미지에 부정적인 영향을 미쳤다.

17세기 초, 네덜란드는 소위 네덜란드의 황금기를 맞이하고 있었다. 네덜란드 동인도회사의 활동으로 벌어들인 막대한 이윤(육두구, →171쪽), 준비된 고숙련 노동력과 저렴한 에너지는 네덜란드를 유럽의 강력한 정치 세력으로 만들었고 이 국가의 과학 기술과 예술성은 전 유럽의 선망의 대상이 되었다. 권력 있는 부유한 가문의 사람들은 온 집안을 정물화로 장식했다. 집 밖에서는 정원사들이 이국적인 식물로 정원을 가득 채웠고, 그들이 공들여 만든 정원이 고용주들의 부와 사회적 지위를 더욱 도드라지게 했다.

처음에는 정원사들이 참여한 현물시장에서 튤립구근이 거래됐다. 하지만 튤립구근의 현물시장은 곧 복잡한 선물시장으로 진화했다. 선물시장에서 이뤄지는 거래에는 더 이상 튤립 애호가들을 개입시킬 필요가 없었다. 시장에서 튤립구근을 실물로 확인하지도 않은 구매자들과 판매자들이 약속어음을 주고받았다. 가장 높은 가격에 거래된 튤립구근은 '색이 고르지 않은' 꽃을 피워내는 것이었다. 일반적으로 단색 튤립의 화피에는 이국적인 깃털이나 불꽃 모양의 무늬가 나타났다. 일부 튤립에서 예기치 못한 기이한 무늬가 생기는 이유는 튤립이 진딧물이 옮긴 세균에 감염되었기 때문이다.[272] 로젠Rosen 튤립은 흰 바탕에 붉은 무늬를, 바이올렛텐Violetten 튤립은 흰 바탕에 보라색의 불꽃 무늬를 지니고 있었다. 반면 비자르덴Bizarden 튤립은 노란 바탕에 붉은 무늬나 보라색 무늬를 지니고 있었다. 가장 귀하게 여겨 비싸게 팔린 튤립은 로젠 튤립에 속하는 '셈페르 아우구스투스Semper Augustus'였다. 이는 '영원한 황제'라는 의미이다. 튤립 광기가 불었던 때만큼 세균 감염으로 생긴 식물에 그렇게 많은 돈을 투자한 시기는 없었다.

찰스 맥케이는 튤립 광기가 금융버블이라고 주장했다. 이 금융버블은 누군가가 '눈에 보이지 않는 황제의 새 옷', 즉 셈페르 아우구스투스의 무늬에 대해 질문할 때까지 팽창했다. 1637년 2월 3일, 네덜란드 하를렘의 튤립 경매에서 튤립구근이 낙찰되지 않았던 것이다. 며칠 만에 네덜란드의 튤립 시장이 붕괴되기 시작했고 1637년은

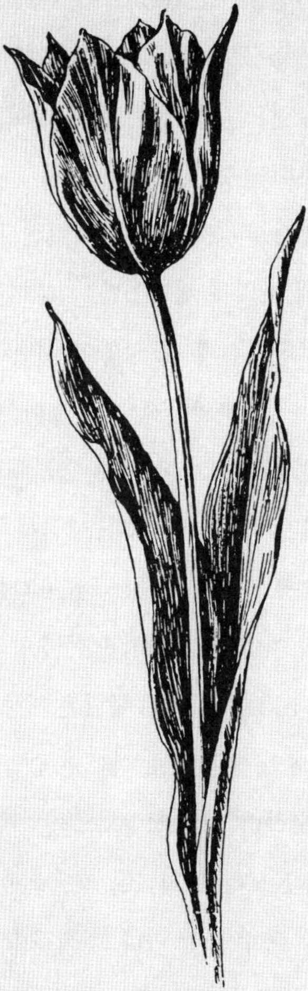

튤립

*Tulipa*속

백합과

네덜란드의 원예식물 투기자들에게 끔찍한 해가 됐다. 구매자들은 빚을 내서 원하지도 않는 튤립구근을 샀으며, 판매자들은 거저 줄 수도 없는 재고를 가지고 있었고 어음으로 빚만 떠안게 되었다. 이 혼란한 상황의 여파는 네덜란드 사회 전반에 미쳤고 망가진 질서를 회복하기 위해 정부가 개입해야 했다.

지난 30년 동안, 경제 역사학자들은 네덜란드 튤립 광기에 대한 찰스 맥케이의 해석에 이의를 제기했다.[273] 특히 네덜란드의 튤립 광기가 금융버블에 해당되는지와 그 영향이 네덜란드 사회를 넘어 유럽 전역으로 퍼졌는지에 대한 의문을 제기했다. 이 사태의 학술적 의미가 무엇이든지, 튤립 광기는 어리석은 행동이 불러일으킨 경제 혼란을 의미하는 대표적인 단어가 되었다. 애석하게도 이 사태에 대한 지식도 잘못된 판단으로 인한 또 다른 금융투기를 막지는 못했다.

그렇다면 이 식물의 어떤 부분이 이 모든 흥분과 절망을 야기했을까? 튤립의 종은 대략 120개가 있다. 튤립은 지중해와 북아프리카에서 시작하여 레반트, 터키, 카프카스 산맥과 중앙아시아를 통과하여 중국과 일본까지 분포한다. 서아시아와 중앙아시아의 산간 지대에 아주 다양한 튤립이 피는데, 이 지역은 겨울은 아주 춥고 성장 시기인 봄은 짧으며 여름은 아주 길고 덥다.[274] 식물학적으로 튤립은 지중식물이다. 땅 속 구근은 추운 겨울과 건조한 여름에 잘 견디고 봄에는 충분한 영양분을 공급한다.

우리가 알고 있는 원예용 튤립은 오스만 제국과 페르시아에서 만들어졌다. 오스만 제국의 술탄들이 가장 좋아했던 꽃이 튤립이었고 자연스럽게 그들을 보필하던 가신들도 튤립을 좋아했다.[275] 하지만 이 상징적인 꽃이 어디서, 언제 그리고 어떻게 유래했는지에 대해 알려진 바가 거의 없다. 고대 그리스와 로마의 작가들도 튤립에 대한 기록을 남기지 않았다. 튤립은 수선화, 장미와 스토크 등 다른 친숙한 원예식물과 비교해서 뒤늦게 유럽에 소개되었다. 원예용 튤립이 유럽에 전해졌을 때는 이미 선택과 재배의 과정을 오랫동안 거친 뒤였다. 1540년대 후반 레반트를 여행한 프랑스 동식물 연구가 피에르 블롱이 유럽인들에게 튤립을 처음 소개했다.[276] 벨기에 플랑드르 출신인 오지에 길랭 드 뷔스베크는 술레이만 대제 지배하의 오스만 제국에 파견된 신성 로마 제국의 대사였다. 그는 1554년 튤립이 콘스탄티노플 전역에 흐드러지게 피어 있었다고 보고했다.[277] 그로부터 5년 뒤 스위스 식물학자 콘래드 게스너가 독일 아우크스부르크에 있는 한 정원에서 튤립이 자라는 것을 봤다고 기록했다.[278] 피에트로 안드레아 마티올리의 《약물학Senensis medici, Commentarii in sex libros》(1565)에 서양 문학 최초의 튤립 삽화가 등장한다. 당시 플랑드르 출신의 식물학자 카롤루스 클루시우스가 유럽 전역에 튤립을 바쁘게 유통시켰다.[279] 그는 네덜란드 레이던에서 식물원의 창시자가 되었다. 이 식물원은 네덜란드 튤립 품종개량과 오늘날 수백만 유로에 이르는 튤립 구근 산업의 토대를 마련하게 된다. 카롤루스 클루시우스의 이름을 딴 튤립종도 있다. 유럽 박물관에 있는 17세기의 말린 튤립 표본은 살아 있는 식물의 아름다움을 제대로 보여주지 못한다. 그러니 그때의 튤립이 얼마나 아름다웠는지 보고 싶다면 당시에 만들어진 네덜란드 책과 그림을 봐야 한다. 네덜란드와 플랑드르의 예술가들이 다채로운 튤립의 아름다움을 작품 속에 정확하게 묘사해내고 있다. 렘브란트, 보스하르트, 반 알스트를 비롯한 동시대 화가들의 그림을 통해 우리는 튤립 광기를 부채질했던 당시 사람들의 흥분을 조금이나마 느낄 수 있다.

서유럽에 전해지고 나서 튤립은 유럽 전역에서 흔히 볼 수 있는 유명한 꽃이 되었다. 박물학자 콘래드 게스너를 기리는 원예용 튤립 튤리파 게스너리아나*Tulipa gesneriana*에서 섬세한 선택과 개량을 거쳐 수백 개에 이르는 재배종이 만들어졌다. 18세기와 19세기 초의 탐험가들은 유럽, 그리스와 소아시아에서 야생 튤립의 새로운 종을 발견했다. 이때 발견된 종 중 몇 개가 재배되기도 했다. 스위스계 러시아 식물 탐험가 요한 알베르트 폰 레겔은 중앙아시아에서 다양한 종의 야생 튤립을 발견했다. 이때 발견된 야생종에서 새로운 튤립 속이 나왔다. 이제 서양의 정원에는 오스만 제국 사람들이 사랑했던 불꽃 무늬를 지닌 튤립 대신 횃불 모양의 튤립이 심어진다. 그리고 한때 술탄, 군주 그리고 왕의 전유물이었던 튤립은 흔히 볼 수 있는 꽃이 되었다. 매년 봄과 가을이 되면 소비자들이 튤립과 구근을 사느라 많은 돈을 쓴다. 튤립의 모양, 크기와 색깔이 아주 다양해서 튤립 감정가들은 남보다 한 발 앞서 아름다운 튤립을 확보해 소비자들에게 선보이려 바쁘다.

튤립 광기 이후에도 앵초, 난초, 양치식물, 선인장, 백합과 같은 원예식물에 대한 광기가 불었다. 물론 튤립의 것만큼은 아니었지만,

이런 광기와 집착은 환경을 파괴시킬 수 있다. 무분별한 구근 채집은 야생 튤립에 치명적인 영향을 줬다. 심지어 특정 종에 대한 지나친 선호로 야생에서 사라진 튤립종도 있다.

고추

뜨거운 것이 좋아

고추는 포유류로부터 스스로를 보호하기 위해 극심한 고통을 일으키는 화학물질을 발달시켰다. 하지만 인간은 이 화학물질을 기쁨을 주는 물질로 전복시켰다. 고추는 문화적으로 중요한 식물이다. 고추는 수천 년 전 재배되던 중앙아메리카와 남아메리카의 열대우림에서 멀리 나와 이제 전 세계에서 요리의 주재료로 사용된다.

혀를 얼얼하게 만드는 고추의 매운맛은 특수 대사물질인 캡사이신에서 나온다. 캡사이신은 열매 속 씨앗을 떠받치는 세포에 집중적으로 함유되어 있다. 20세기 초, 캡사이신 함량은 간접적인 방식으로 스코빌 지수SHU, Scoville Heat Units로 측정되었다. 하지만 이제는 직접적으로 캡사이신 함량을 측정할 수 있다.[280] SHU는 '열기'가 감지되기 전까지 고추 추출물을 얼마나 희석해야 하는지를 측정하는 단위다. SHU가 높을수록 더 매운맛이 난다. 캡사이신의 함량은 다

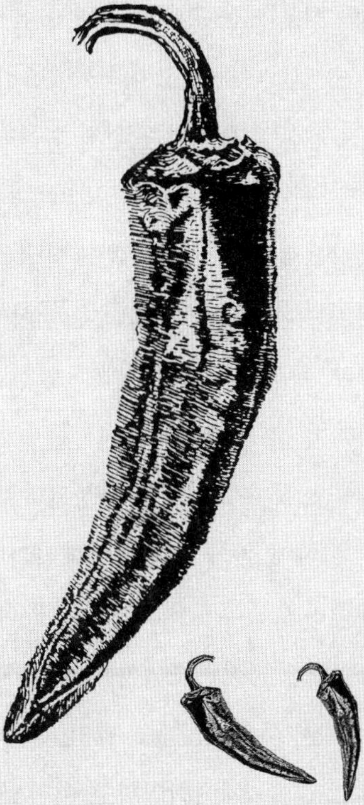

고추

*Capsicum*속

가짓과

양하다. 피망에는 캡사이신이 전혀 없다. 할라피뇨(2,500~5,000SHU)와 하바네로(100,000~350,000SHU)처럼 캡사이신이 적당히 함유된 고추도 있지만 트리니다드 모루가 스콜피온(2,000,000SHU)처럼 극단적인 경우도 있다.[281] 인도의 나가Naga 구릉지는 '나가 바이퍼'(1,400,000SHU)처럼 매우 매운 고추로 유명하다. 사람들은 누가 가장 매운 고추를 먹을 수 있느냐를 두고 대회를 열어 경쟁을 벌이기도 한다. 이렇게 매운 고추를 먹는 행위는 신체에 심각한 위해를 입을 위험 없이 고통을 즐길 수 있다는 이유로 합리화됐다. 하지만 보다 평범하게 말하면 사람들로부터 인정을 받고 상금을 타고 싶은 욕구가 이런 경쟁을 부추기는 것인지도 모른다.[282] 캡사이신 함량을 높이기 위한 고추 육종으로 야생종과 재배종에서 엄청난 생물학적 다양성이 드러났다.

고추속은 대략 스물다섯 가지로 구성된다. 정확한 재배지는 알려지지 않았지만[283], 다섯 종의 고추가 아메리카 대륙에서 재배되었다. 멕시코나 남아메리카 북부에서 피망과 할라피뇨*C. annuum*, 카리브해에서 타바스코*C. frutescens*, 아마조니아에서 하바네로와 스카치 보닛*C. chinense*, 볼리비아에서 아히*C. baccatum* 그리고 안데스 산맥의 남부지역에서 로코토*C. pubescens*가 재배되었다고 추정될 뿐이다. 재배는 열매에 집중됐다. 매년 야생 고추에서 잎이 떨어지고 나면 작고 곧은 붉은 열매가 열렸다. 이런 열매를 무의식적으로 선택 재배한 결과 지금의 크고 다양한 색깔의 열매가 가지에 주렁주렁 매달리게 되었고, 이런 특성과 함께 캡사이신과 특유의 맛을 내는 기타 화합물의 함량도 변했다. 다섯 종 모두 국제 향신료 무역에 기여하지만, 캡시컴 아눔이 가장 중요한 종자다.

고추는 6천 년 전부터 카리브 해에서 안데스 산맥에 이르는 아메리카 대륙 전역에서 재배되며 요리의 재료로 쓰였다. 재배되기 이전 족히 1천 년 동안은 야생의 고추를 수확해서 사용했을 것이다. 무려 4천 년 전 페루에서는 다른 종의 고추들이 함께 재배되고 있었고, 멕시코에서는 그로부터 3천 년 뒤에 크리스토퍼 콜럼버스가 아메리카 대륙을 발견하기 이전부터 다양한 재배종이 자라고 있었다.[284] 콜럼버스가 처음 고추를 접했을 때, 고추는 이미 아메리카 대륙의 열대 지방과 아열대 지방 사람들에게 없어서는 안 될 식물이었다.[285]

서양 문학에서 고추가 처음 언급된 것은 1493년으로, 당시 콜럼버스의 두 번째 항해에 참여했던 의사 디에고 알바레즈 찬카가 타이노족이 사용하던 '아지Aji'라는 이름으로 고추에 대한 기록을 남겼다.[286] 고추를 뜻하는 '칠리Chilli'는 스페인이 1520년대 멕시코에서 마주친 나우어족의 언어에서 파생됐다. 이 새로운 향신료에 대한 관심이 유럽 전역으로 빠르게 퍼져나갔다. 독일 식물학자 레오나르드 푹스의 《식물사De Historia Stirpium》(1543)에 고추 삽화가 최초로 등장한다. 1597년 영국 식물학자 존 제랄드는 '고추는 런던의 빌링즈게이트에 있는 식재료 전문점에서 기니 페퍼라는 이름으로 팔린다.'고 기록했다.[287] 존 제랄드는 '신이 덥고 온화한 기후를 내려주기'를 바랐다. 하지만 '고약한 기후'탓에 결국 그는 어렵게 구한 고추를 작황을 높이기 위해 '뜨끈한 말똥'에서 재배했다. '외국'에서는 식재료로 검은 후추 대신 고추를 사용한다는 사실과 콜럼버스의 지지에도 존 제랄드는 '간과 다른 장기에 해를 입히는 악의적인 물질'을 지닌 고추를 식재료로 사용하는 것에 회의적이었다.

1615년 프랜시스코 헤르난데즈는 신세계에서 유럽으로 돌아가 고추의 자세한 분류체계를 고안해냈다. 고추는 스페인과 포르투갈의 식민 지배를 받고 있던 아시아지역으로 빠르게 퍼졌고 16세기 말에 중국, 인도, 인도네시아와 일본으로 전해졌다. 이곳에서 교역로를 따라 아시아에서 유럽으로 다시 고추가 수출되기 시작했다.

저서《아메리카 신대륙의 야만적이고 벌거벗은 채 사는 무자비한 식인종 사회에 관한 진실된 이야기》(1557)에서 16세기 독일 탐험가 한스 슈타덴은 현재 브라질 상파울루의 우바투바 인근에서 살던 투비남바족에게 사로잡혀 포로로 지냈던 3년 동안의 경험을 서술했다.[288] 그는 투비남바족의 식인풍습과 그들의 일상생활에 대한 자세한 설명과 함께 고추 두 종류와 이를 방어 무기로 사용하는 방법을 묘사했다.

> 그들은 … 그곳에서 자라는 고추를 이용해서 요새에서 적들을 몰아낸다. 그들은 바람이 불면 커다란 불을 피워 상당한 양의 고추를 태운다. 고추 연기가 적들의 막사로 들어가면 적들은 막사에서 대피해야 한다.[289]

전투에서 투비남바족은 점막을 자극하는 캡사이신의 특성을 이용했다. 누구나 고추를 다질 때 눈을 비벼본 경험이 한 번쯤 있을 것이다. 요즘에는 이와 유사한 효과를 위해서 합성 캡사이신이 호신용 페퍼 스프레이에 사용된다. 캡사이신이 다른 방법으로 활용되기도 한다. 고추 씨앗이 조류에 의해서 널리 퍼트려진다는 것은 이미 오래전부터 알려진 사실이다. 조류는 포유류와 달리 캡사이신을 감각하는 통증 수용기가 없어 매운맛을 느끼지 못한다.[290] 이런 특성을 이용하여 캡사이신이 들어가 설치류의 접근을 막는 조류 먹이가 개발됐다.[291]

고추는 옥수수, 토마토, 감자, 초콜릿과 함께 신세계에서 발견된 식용 식물이다. 이 식물들은 서구의 요리문화를 바꿨고 인도와 한국과 같은 아시아 식문화를 통해 서구 세계로 다시 유입됐다. 고추는 먹히지 않으려고 캡사이신이라는 방어물질을 만들어냈지만, 오히려 혹 떼려다 혹 붙인 격이 된 셈이다.

기나나무

친콘 부인을 말라리아에서 구하다

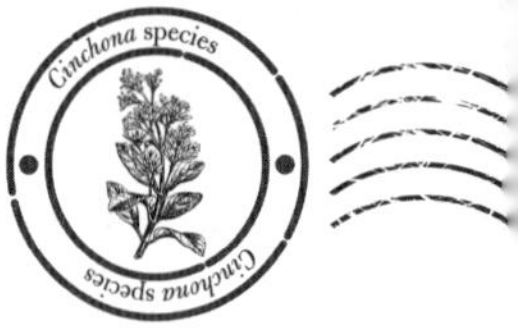

초기 약재상들은 정확한 시기와 장소에서 수확한 알맞은 식물을 적절하게 보관하고 처방해야 효험 있는 약재가 된다는 것을 알았다. 이 수칙의 중요성을 정확히 보여주는 사례가 기나나무이다. 기나나무는 예부터 서유럽에서 가장 귀중한 약재였다.

17세기 초 유럽에서 기나나무 껍질은 말라리아 치료제로 수요가 높았다. 당시 약재상들은 수입한 기나나무 껍질의 품질을 유지하고 조제방식의 비밀을 보호하기 위해 노력했다. 1679년 돌팔이 의사였던 리처드 탈보는 루이 14세에게 '비밀'을 팔고 엄청난 부자가 되었다. 그 비밀은 영국에서 최상급의 기나나무 껍질을 전부 사들인 뒤 곱게 갈아 포도주에 담가서 유효성분을 최대한 추출해내는 것이었다.

기나나무 껍질에서 추출되는 천연물을 퀴닌이라고 하는데, 사람들은 퀴닌을 인공적으로 합성할 수 있게 된 1945년까지 나무껍질

기나나무

*Cinchona*속

꼭두서닛과

에서 직접 퀴닌을 추출했다. 퀴닌의 발견에 관하여 유명한 일화가 있다. 1638년 페루 리마에서 콘데사 데 친콘이라는 스페인 총독의 부인이 말라리아로 죽어가고 있었다. 예수회 신부는 자포자기하는 심정으로 부인에게 현지에서 사용되는 민간요법을 사용해보자고 제안했다. 당시 그 지역의 원주민들이 기나나무 껍질을 해열제로 사용하고 있었는데, 과연 그들이 이 효능을 알고 사용했는지에 대해서는 논란이 있다.[292] 기나나무 껍질은 효과가 있었고 부인은 말라리아에서 회복할 수 있었다. 그녀가 스페인으로 돌아가면서 이 이야기가 스페인 전역에 퍼졌고 너도나도 기나나무 껍질을 구하려고 혈안이 되었다. 기나나무는 킨코나속*Cinchona*에 속한다. 부인의 이름은 Chinchón으로, 비록 철자는 틀렸지만 칼 폰 린네가 부인을 기리려 그녀의 이름에서 따 지은 것이다. 이 철자 오류로 만들어진 이름은 식물 명명법의 규칙에 의해 현재까지 불리고 있다.

1세기가 넘는 긴 세월동안 기나나무는 생물학적으로 알려진 바가 거의 없었다. 남아메리카에서 자라는 기나나무가 모두 동일한 것은 아니었다. 같은 대륙에서도 어느 지역에서 자랐느냐에 따라 나무껍질의 성분이 달랐기 때문에 퀴닌의 효험을 두고 논란이 일기도 했다. 그럼에도 기나나무 껍질은 비싼 값에 팔렸기 때문에 나무껍질에 불순물을 섞는 사기꾼들이 성행했다. 영국과 북유럽에서는 가톨릭교에 대한 적대감과 예수회 신부의 제안으로 기나나무 껍질을 사용하기 시작했다는 사실때문에 기나나무에 대한 선입견을 품기도 했다. 영국 공화제정부 호국경에 취임한 올리버 크롬웰은 말라리아로 목숨을 잃을지도 모르는 순간에도 기나나무 껍질의 처방을 거부했다. 그것은 '가톨릭교의 치료제'였기 때문이다.

기나나무의 원생지는 안데스 산맥이며, 지금까지 알려진 23개 종을 부르는 330개 이상의 이름이 있다.[293] 19세기 중반까지 신세계의 다양한 지역에서 기나나무가 자랐기 때문에 이들 지역이 기나나무 껍질의 주 공급처였다.[294] 영국과 네덜란드는 껍질의 공급에 차질이 발생할까 걱정했기 때문에 각각 인도와 자바Java 섬에서 기나나무를 직접 재배하기로 했다. 두 나라는 기나나무 씨앗을 구하기 위해서 많은 자금을 쏟아 부었다. 하지만 원생지에서 기나나무 씨앗을 채집하는 것은 불법이었다. 유럽, 특히 영국은 귀중한 자원의 보존과 나무의 윗부분을 자르거나 다 자란 나무를 완전히 베어서 껍질을 수확하는 것이 너무나 소모적이라는 이유를 들어 안데스 산맥이 아닌 다른 곳에서 기나나무를 들여와야 한다고 주장했다.[295] 윌리엄 도슨 후커는 나무의 윗부분을 잘라주는 것은 생산성을 유지하고 기나나무의 성장을 촉진할 적절한 방법이라고 주장했다. 하지만 영국 큐Kew 왕립 식물원의 차기 책임자였던 그의 아버지는 아들의 주장을 무시하고 영국령 인도에 기나나무를 도입하는 계획을 세웠다.

19세기 동안, 수많은 모험가들과 과학자들이 독자적으로 또는 유럽 열강의 후원을 받아서 기나나무와 그 씨앗을 얻기 위해 신세계로 향했다. 이들이 씨앗을 원했던 이유는 자국에서 직접 기나나무를 재배하기 위해서였다. 1853년 네덜란드 식물학자 저스터스 찰스 하스칼은 기나나무 씨앗을 얻기 위해 독일 사업가로 변장해서 페루와 볼리비아 국경에 도착했다. 그는 자바로 돌아가 씨앗을 심었고, 수백만 그루의 기나나무가 이 씨앗에서 자라났다. 이와 대조적으로 식물학자 위그 알게르논 웨델이 그보다 2년 앞서 볼리비아에서 채집한 볼리비아산 씨앗에서는 1만 그루가 채 안 되는 기나나무가 자랐다. 사람들은 하스칼이 더 좋은 씨앗을 가져왔다고 생각했다. 하지만 실제로 웨델의 씨앗에서 자란 기나나무가 하스칼의 씨앗에서 자란 것보다 12배 많은 유효성분을 생산해냈다.

1860년 아마존 탐험가 리처드 스프루스는 클레멘츠 마크햄의 지시에 따라 에콰도르의 현지 지주에게 허락을 얻어 씨앗과 어린 기나나무를 채집했다.[297] 이때 채집한 씨앗과 어린 기나나무는 인도에 심었다. 이 나무들은 20세기 초까지 영국령 인도에서 퀴닌을 얻는 주요 원천이었다. 영국 사업가 찰스 레저는 1865년 볼리비아에서 40파운드의 기나나무 씨앗을 들여왔다. 영국은 인도에서 기나나무를 재배하고 있었기 때문에 찰스 레저가 들여온 씨앗을 거절했다. 반면 네덜란드는 마지못해 1파운드의 씨앗을 받아서 자바로 보냈다. 네덜란드는 이 씨앗에서 자란 기나나무가 자바에서 재배하는 나무보다 32배 많은 유효성분을 생산한다는 사실을 발견했다. 볼리비아 정부가 독점적으로 퀴닌을 수출하고 있었기 때문에 찰스 레저는 씨앗과 어린 기나나무를 불법채집했다. 리처드 스프루스의 성공적인 에콰도르 원정 이후 영국은 이 사실을 알고 있었음에도 에콰도르의 다른 지역에서 씨앗과 어린 기나나무를 구하려고 계속 노력했다.

에콰도르 정부가 기나나무의 씨앗이나 묘목의 수출을 금하는 칙령을 내렸고 이를 어길시 묘목 한 그루당 그리고 씨앗 1드램dram* 당 벌금 100달러를 물어야 한다. 하지만 모카타 씨(영국 부영사)와 상의한 뒤, 나는 록사Loxa로 가서 킨코나 콘다미네아의 씨앗을 채집하기로 했다.[298]

기나나무 껍질의 유효성분 함량은 속과 종에 따라 다양하고 심지어 같은 나무의 어느 부위에서 벗겨낸 것이냐에 따라서도 달라진다. 이것이 기나나무 껍질이 유럽에 처음 전해졌을 때 고른 약효를 얻지 못했던 이유일 것이다.

결국 영국과 네덜란드는 기나나무의 재배에 성공했다. 이것은 식물의 다양성에 대한 지식과 공급의 중요성을 보여준다. 볼리비아에서 기나나무의 씨앗을 채집한 찰스 레저는 볼리비아 원주민인 마누엘 인크라 마마니의 지식을 이용해 기나나무의 씨앗을 채집했는데, 마마니는 찰스 레저의 채집을 도운 죄로 맞아 죽고 말았다. 이렇게 채집된 씨앗은 자바의 대농장에서 자랐고, 덕분에 네덜란드는 안정적으로 기나나무를 확보하여 1939년에 독점권을 가지게 됐다. 전후 시대에 합성 항말라리아제가 말라리아의 예방과 치료를 위해 중요해져 퀴닌의 가치가 하락했다. 요즘에 퀴닌은 탄산음료의 씁쓸한 맛을 내는 데 주로 사용된다.

---

* 야드 파운드계의 무게 단위. 1드램은 보통 1온스의 16분의 1로 약 1.772그램에 해당한다.

카카오

가장 사랑받는 신의 열매

카카오의 원생지인 중앙아메리카 원주민들은 카카오를 물, 옥수수, 고추와 섞어 씁쓸한 음료로 만들어 마셨다. 이 음료는 주로 종교와 왕실 의식에 사용됐다. 반면 유럽인들은 카카오에 우유와 설탕을 섞어 달콤한 음료로 마셨다. 이 음료가 바로 초콜릿이다. 당시 초콜릿은 사회적 지위를 나타내는 상징이었다. 유럽인들이 처음 카페인을 맛보게 된 계기도 카카오였다.

카카오는 옥수수, 토마토, 고추와 바닐라처럼 원래 중앙아메리카에서 재배됐던 작물이다. 카카오는 신세계를 점령한 초기 스페인 정복자들을 통해 유럽으로 전해졌다.

카카오는 작은 상록수로, 이례적으로 나무 몸통에 꽃이 핀다. 다 자란 나무는 수천 송이의 작은 분홍색 꽃을 피우고 깔따구라는 곤충의 도움을 받아 충매 수분한다. 하지만 그 많은 꽃 중에서 열매를

카카오

Theobroma cacao L.

벽오동과

맺는 건 극히 일부이다. 카카오 꼬투리는 표면에 굴곡이 있는 단단한 황색 껍질을 가지고 있다. 크기는 성인의 팔뚝만 하며 멜론을 닮았다. 꼬투리 속에는 흰 과육에 둘러싸인 카카오콩이 가득하다. 이 콩에는 카카오버터라고 불리는 지방이 풍부하다. 단맛이 나는 이 지방을 연료로 싹이 나는데, 지방이 금방 산패될 수 있기 때문에 카카오콩은 땅에 흩어지는 즉시 싹을 틔워낸다. 카카오버터는 보습력이 좋아 로션의 원료로 유명하다. 카카오콩의 주요 알칼로이드인 테오브로민theobromine과 카페인은 곤충과 곰팡이의 공격으로부터 스스로를 보호하기 위한 카카오의 방어 체계다. 카카오가 전 세계적으로 많은 이들이 찾는 식물이 된 이유도 바로 테오브로민과 카페인 때문이다.[299] 이 두 성분이 초콜릿을 누구나 원하게끔 만들었다.

카카오나무는 스무 종이 있으며, 모든 종이 중앙아메리카와 남아메리카 북부지역에 걸친 열대우림의 하층부에서 자라는 토종식물이다. 하지만 오직 하나의 종에서 카카오의 원료가 만들어진다. 1킬로그램의 생 카카오를 만드는 데 대략 열 개의 카카오 꼬투리가 필요하다.

칼 폰 린네는 카카오의 속명을 테오브로마, 즉 '신들의 음식'이라 지었다. 아즈텍족의 전설 중 하나로 신적 존재인 케찰코아틀이 카카오 재배의 비밀을 인간에게 알려준 죄로 벌을 받았다는 이야기가 있다. 초기 식물학자들은 카카오를 카카하틀이라 불렀지만, 칼 폰 린네는 야만적이라는 이유로 이 이름을 사용하지 않기로 결심했다.

테오브로민은 식물계에서 거의 발견되지 않는 물질로, 중앙아메리카에서 자라는 테오브로마속에서 유일하게 발견된다. 그래서 고고학자들은 테오브로민을 카카오 문화를 추적하는 '지문'으로 사용한다. 현대 분석기술로 아주 소량의 테오브로민도 찾아낼 수 있다. 온두라스의 마야 유적지에서 최소 3,500년 된 와륵이 발견되었는데, 이 와륵에서 테오브로민의 흔적이 발견되어 고대인들이 카카오를 사용했다는 가장 오래된 증거로 여겨지고 있다. 게다가 이 증거에 따르면 고대 마야족은 카카오 열매의 과육을 발효시켜 맥주를 만들었던 것으로 보인다.[300] 뉴멕시코에서 나온 토기에서도 테오브로민의 흔적이 발견됐다. 이를 통해 스페인이 멕시코 땅을 밟은지 적어도 500년 전부터 북아메리카 원주민들과 중앙아메리카의 카카오 재배자들 사이에 접촉이 있었음을 알 수 있다.[301] 중앙아메리카 문화에서 카카오의 가치는 높았다. 여기서 카카오를 중심으로 복잡한 교역 네트워크가 발달했으리라는 추론을 할 수 있다. 고대 아즈텍족은 카카오 재배에 적합하지 않은 지역에 살았지만 주변 국가로부터 카카오콩을 조공받았다. 그들은 일상적인 거래에서 카카오콩을 '동전'으로 사용했다. 말 그대로 돈이 나무에서 자랐던 것이다. 고대 마야족은 자신들의 주거지 인근에 카카오나무를 심었을 것으로 추측된다. 씨앗인 콩은 인근 숲에서 얻었을 것이다.[302]

카카오나무의 분포지역에서 채집한 샘플의 유전 분석 결과에 따르면 아마존 서쪽지역, 더 구체적으로 이야기하면 페루와 브라질의 국경지대에서 인류 최초의 카카오 경작이 일어난 것으로 보인다.[303] 학자들은 초기에는 씨를 감싸고 있는 달콤한 과육을 수확했지만, 카카오나무가 중앙아메리카로 전해진 뒤로는 카카오콩을 얻기 위해 나무를 경작하기 시작했을 것이라 추정한다.

1502년 8월, 온두라스 인근 해상에서 크리스토퍼 콜럼버스가 고대 마야족의 무역용 카누를 포획했다. 카누에는 카카오콩이 가득 실려 있었지만 콜럼버스는 이것에 별 관심을 두지 않았다. 하지만 이 일이 있고 머지않아 스페인 정복자들이 카카오콩을 스페인에 수출하기 시작했다. 그로부터 2세기 동안 카카오의 인기가 스페인 사회를 넘어 유럽 전역으로 서서히 퍼져나갔다. 카카오를 처음 접한 사람들은 이 음료에 대해 엇갈린 반응을 보였다. 한 16세기 역사학자는 '인간이 마실 음료라기보다 돼지가 마실만한 음료 같다. 맛이 다소 씁쓸하다. 마시면 만족스럽고 기분 전환이 되지만 취하지는 않는다.'고 기록했다.[304] 서구 문명은 2천 년 된 고대 마야족의 원예기술로 카카오나무를 경작했다. 하지만 유럽의 초콜릿 시장이 발달하자, 값싼 노동력인 노예로 늘어난 공급량을 맞췄다. 즉 중앙아메리카의 아메리카 원주민과 아프리카 원주민 그리고 20세기에 들어서는 계약노동자의 노동력을 착취하여 카카오를 생산했던 것이다. 21세기에 개발도상국에서 생산되는 많은 소비재들과 마찬가지로 카카오 생산에 관한 사회 윤리와 환경 윤리는 서구 세계의 초콜릿 애호가들에게 고민해야 할 문제가 되었다.

카카오는 세 가지 종류가 있다. 중앙아메리카에서 자라는 크리오요종criollo은 품질이 우수하지만 수확량이 적다. 반면 아마존 분지에서 자라는 포라스테로종forastero은 수확량이 많고 척박한 환경에서 잘 자라면 강하다. 트리니다 섬의 트리니타리오종trinitario은 크리오요종과 포라스테로종의 교배종으로 두 종의 좋은 특성을 다 가지고 있다. 다른 식민국들이 열대 식민지에 카카오나무를 서둘러 심었다. 영국은 스리랑카의 실론 섬에, 네덜란드는 자바 섬에 카카오나무를 심었다. 반면 포르투갈은 1820년대 포라스테로종 묘목을 브라질에서 서아프리카로 들여왔다. 현재 전 세계 카카오나무의 80퍼센트가 서아프리카의 포라스테로종이다. 단단함이 맛을 이긴 것이다.

최고급 초콜릿을 제조하려면 세세한 부분에 신경을 써서 카카오콩의 카카오버터 함량이 가장 높고 과육의 당 함량이 최고일 때 수확해야 한다. 이 최적의 조건에서 수확한 카카오콩을 발효시키면 익숙한 초콜릿 맛이 난다. 발효된 콩을 건조와 세척, 로스팅 과정을 거쳐 곱게 갈아 덩어리로 만든다. 이 덩어리를 추가 처리하면 카카오분말과 카카오버터가 나온다. 이 카카오분말과 카카오버터에 우유와 설탕의 비율을 다르게 하여 다양한 종류와 품질의 초콜릿을 만든다.

19세기 네슬레Nestlé와 허시Hershey 등 몇몇 기업이 초콜릿 제조 과정에서 눈부신 발전을 이뤘다. 1760년대 영국에서 캐드버리Cadbury, 프라이Fry와 론트리Rowntree 등 퀘이커교인이 세운 기업들이 초콜릿 제조에 뛰어들었다. 이들은 자신들의 신념에 따른 모범적인 기업이었다. 하지만 19세기 말, 이 초콜릿 제조회사들의 생산 원칙이 차츰 사라져 갔다. 산업화로 누구나 초콜릿을 사먹을 수 있게 되었고, 카카오의 화학반응을 이용한 단단한 초콜릿 바가 만들어졌으며, 세련된 광고를 통해 초콜릿이 갈망의 대상이자 없어서는 안 될 주식으로 포장되었다.

카카오가 신의 음료에서 거부할 수 없는 과자로 변모하는 4세기 동안의 과정에서 초콜릿의 다양한 특성이 드러났다. 초콜릿은 기분을 전환하거나 흥분시키고, 심혈관 기능을 개선하고, 아동 비만을 일으킨다. 그렇지만 초콜릿은 여전히 가장 매혹적인 간식으로 우리의 일상에 자리하고 있다.

감자

식량과 대기근

감자, 고추, 토마토와 같은 식재료는 이제 너무 흔해져서 요리에 쓰이지 않던 시대를 상상할 수조차 없다. 하지만 이 모든 식물들은 미국 역사학자 알프레드 크로스비가 명명한 '콜럼버스 교환'의 결과물이다. 이 식물들은 1492년이 돼서야 유럽에 알려졌다. 사람들은 친숙한 식재료를 좋아하기 때문에 설령 좋은 변화라 할지라도 식단에 변화가 생기면 우선 거부반응부터 보인다. 하지만 감자는 예외였다. 감자는 유럽에 전해지기 전에 거의 4세기 동안 잉카 제국을 지탱했다.[305] 그리고 18세기 중반 유럽인들은 감자를 '기적의 식품'으로 받아들였다. 감자는 저렴하게 사람들의 배를 불릴 수 있는 작물로 쉽게 썩지 않는데다 다양한 방식으로 요리가 가능하다. 사람들은 감자를 삶거나 찌거나 굽거나 튀기거나 말려서 먹었다. 오늘날 수억 명의 사람들이 주로 감자를 통해 탄수화물을 섭취한다. 게다가 감자는 보드

카나 밀주와 같은 증류주를 만드는 데 중요한 재료이며 가축의 먹이로도 사용된다. 감자 전분은 가공 식품, 접착제와 종이의 생산에도 필수적인 재료다.

가짓과는 세계에서 가장 큰 속에 해당한다. 당근류처럼 감자류에도 독성이 있는 것과 없는 것이 있다. 맨드레이크와 담배는 복용량에 따라 누군가를 죽이거나 치료할 수 있다. 반면 감자류와 토마토류는 중요한 식품이다. 대다수의 가짓과는 화학적 방어체계로 독성이 있는 글리코알칼로이드, 솔라닌solanine을 분비한다. 감자도 예외가 아니다. 감자의 순에는 독성을 지닌 솔라닌이 있다. 밝은 곳에 저장된 감자는 이내 초록색으로 변하는데, 이것은 초식동물과 병원균으로부터 스스로를 보호하기 위해서 감자 속 솔라닌의 수치가 증가하기 시작했다는 증거다.

5천 년 전 페루 남부와 볼리비아 북서부에서 야생 감자가 재배되었던 것으로 보인다. 여기서 나온 것이 솔라눔 투베로숨*Solanum tuberosum*이다.[306] 천여 년 동안 원주민들은 독성을 지닌 야생 덩이줄기를 정성들여 선택하고 재배했다. 이 덕분에 모양, 색, 식감, 조리 방식과 성장 특성이 다양한 수천 개의 종이 탄생했다. 안데스 산맥의 주민들이 사용했던 토기의 형태와 무늬를 보면 감자가 그들의 삶에서 핵심 역할을 했다는 사실을 알 수 있다.[307]

남아메리카 전역에서 재배된 감자는 크게 2개의 아종으로 분리됐다. 칠레 중남부의 저지대의 투베로숨*tuberosum*과 안데스 산맥의 고지대의 안디게나*andigena*다. 이 두 아종은 형태적, 해부학적, 생리학적

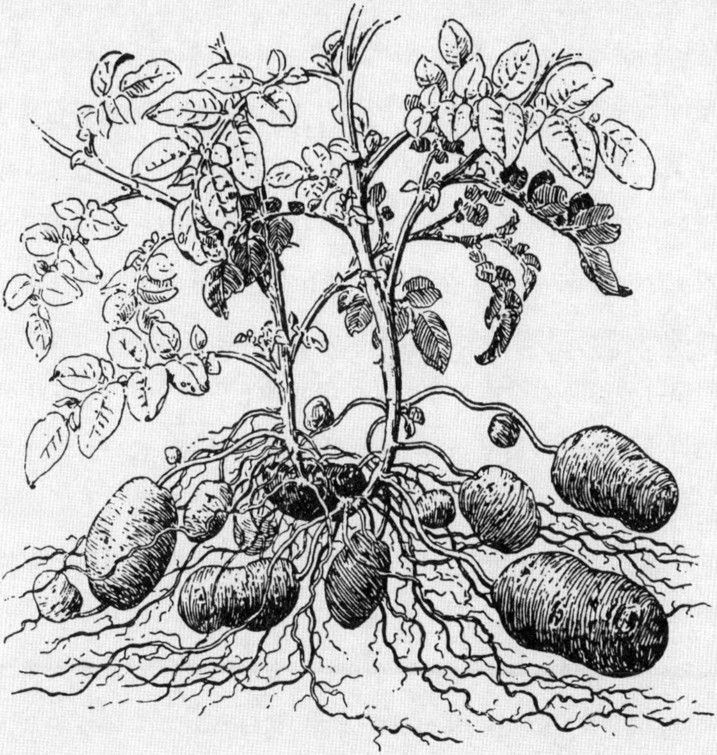

감자

Solanum tuberosum L.

가짓과

그리고 유전적으로 구분된다. 칠레산 감자는 장일식물로 낮의 길이가 일정시간 이상 길어지면 녹말을 생산한다. 반면 안데스산 감자는 단일식물이기 때문에 밤의 길이가 일정시간 이상 길어지면 녹말을 생산한다.

1567년에 남아메리카 외부 지역에서는 처음으로 감자가 등장했다. 바로 카나리아 제도이다.[308] 일부 유럽인들은 이 기이하고 새로운 채소에 금방 적응했다. 페르시아인들은 17세기 초부터 감자를 재배하여 18세기 페르시아에서 '감자 경제'를 꽃피웠다. 영국 식물학자 존 제랄드는 열렬한 감자 옹호자로, 감자를 '숯에 구워먹든 삶아서 기름, 식초, 고추와 함께 먹든 어떤 방식으로 요리해서 먹어도 변함없이 맛있고 건강한 식품'이라고 극찬했다.[309] 하지만 프랑스와 이탈리아 등 다른 유럽 국가의 사람들은 낯선 식재료인 감자에 대한 경계를 풀고 먹도록 설득하는 과정이 필요했다.

프랑스의 감자 문화와 18세기 영국 화학자 앙투안 오귀스탱 파르망티에는 떼려야 뗄 수 없는 관계다. 파르망티에는 7년전쟁 동안 프로이센의 전쟁 포로로 잡혀 있으면서 식품으로서 감자의 가치를 깨닫게 되었다. 1770년대 석방된 파르망티에는 감자의 영양 성분을 증명할 과학적 증거를 찾아냈고, 그는 그의 간교한 꾀 그리고 운으로 프랑스의 식습관을 바꾸는 데 성공했다. 그는 프랑스 혁명의 '유명인사들'에게 감자를 먹이기 위해서 특별한 저녁식사를 준비했고, 심지어 루이 16세와 마리 앙투아네트에게 감자꽃으로 부케를 만들어 선물했다. 프랑스 파리의 척박한 땅에 감자를 키워내기도 했다. 낮에는 감자밭을 지키는 경비병들이 있었지만 밤이 되면 퇴근해버렸다. 지역 주민들은 이 틈을 타 감자밭에 침입해 감자를 훔쳐 먹으면서 서서히 감자를 좋아하게 되었다. 모두 파르망티에가 의도한 일이었다. 1780년대 곡식 수확량이 줄어들고 1790년대에는 혁명이 일어나면서 그에게 행운이 찾아왔다. 굶주림에 고통 받던 프랑스 국민들은 마침내 감자를 식품으로 진지하게 받아들이기 시작했다. 파르망티에는 프랑스 혁명에서 살아남았고 나폴레옹에게서 프랑스 최고 훈장인 레지옹 도뇌르 훈장을 수여받았다.

존 크리스토퍼는 저서 《풀의 죽음The Death of Grass》(1956)에서 전 세계의 식물이 바이러스에 감염되어 말라죽은 세계를 그렸다. 곡식과 목초지가 사라져 사회가 붕괴되고 사람들이 굶주리자, 영국 정부는 핵탄두를 폭발시켜 인구를 감소시킨다. 소설 속 핵폭발에서 살아남은 영국인들은 감자로 연명한다. 하지만 그의 소설이 출간되기 1세기 전에 이미 사람들이 감자를 먹으며 하루하루 버티던 시기가 있었다.

19세기 아일랜드에 감자역병이 돌았다. 우연한 계기로 감자역병균이 아메리카에서 유럽으로 퍼진 것이다.[310] 감자역병이 유럽 전역에서 감자의 씨를 말렸지만, 가장 큰 타격을 입었던 것은 감자가 주식이었던 아일랜드였다. 아일랜드의 빈민층은 '아이리시 럼퍼Irish Lumper'라는 단일종만을 먹었는데, 이 단일종에 대한 지나친 의존과 정치, 종교, 사회 그리고 경제 문제가 복잡하게 얽히면서 아일랜드의 감자역병으로 인한 피해가 어마어마하게 커졌다. 이어 대기근이 닥

치며 많은 이들이 굶어죽자 아일랜드 인구의 4분의 1 이상이 굶주림을 피해 다른 곳으로 이주하기 시작했다. 이 대기근은 현재까지 반향을 일으키는 극적 효과를 가져왔다.[311]

대기근과 감자에 대한 의존성 증가로 이 작물의 식물학적 기원을 이해하는 일이 더욱 중요해졌다. 유럽에서 재배되는 감자 종의 기원을 두고 수십 년 동안 의견이 분분했다. 감자의 기원에 관한 수많은 가설 중에서 두 가지 가설이 특히 많은 이들로부터 지지를 받고 있다. 하나는 칠레 중남부에서 전해졌다는 칠레설이고, 다른 하나는 안데스산맥의 북부에서 전해졌다는 안데스설이다. 칠레설에 비해 최근에 등장한 이 가설은 지난 6년 동안 많은 이들의 지지를 받고 있다. 가장 오래된 것으로 알려진 유럽 감자의 식물 표본이 안데스종이다.[312] 현대 재배종에서 칠레종이 많은 까닭은 대기근 이후 감자에 감자역병의 저항성을 심어주려던 시도의 결과로 보인다. 추가적으로 멕시코 야생종과의 이종 교배도 감자역병의 저항성을 기르는 데 중요한 역할을 했다.

하지만 최근 DNA분석을 통해 가장 오래된 현존하는 감자종은 칠레종과 안데스종이 혼합된 것임이 밝혀졌다.[313] 감자는 일종의 관문으로 카나리아 제도를 거쳐 유럽으로 유입되었기 때문에 이 발견은 중요하다. 식물표본으로 보존된 유럽 감자에서 추출한 DNA를 분석한 결과 약 1700년경에 안데스종이 유럽에 등장하여 19세기 말까지 재배됐다는 사실이 드러났다. 감자역병이 유럽을 휩쓸고 나서도 안데스종이 오랫동안 유럽에서 재배된 것이다. 칠레종은 1811년 유럽에 처음 등장해 현재까지도 꾸준히 재배되고 있다.[314] 이 모든 데이터는 유럽의 감자가 칠레에서 들어왔다는 칠레설을 뒷받침하며, 첫 감자 도입이 유럽의 낮 길이를 기준으로 맞춰졌다는 사실을 강조한다.

산업형 농업으로 감자 수요가 증가하면서 생산량이 많은 감자종이 개량되어 나왔다. 이 종은 다시 안데스 산맥에서 재배되고 있다. 사람들은 아메리카 원주민들이 수 세대에 걸쳐 개량하고 재배했던 종보다 이 새로운 종을 더 많이 선택했고, 그 결과 과거의 아메리카 원주민들이 재배했던 종은 멸종 위기에 놓이게 됐다. 우리는 이 오래된 안데스종을 잃어버려서는 안 된다. 미래 감자 육종에 필요한 유전적 다양성을 비축하고 있는 것이 바로 이 안데스종이다.

안데스 문명의 정복자들은 엘도라도와 엄청난 금은보화를 꿈꾸며 유럽을 떠났다. 장기적으로 봤을 때, 그들이 발견한 것은 금은보화보다 더 가치 있었다.

토마토

'사랑의 사과'로 불린 열매

'터메이토우'와 '터마흐토우'가 있다. 전자는 토마토의 미국식 발음이고 후자는 토마토의 영국식 발음이다. 토마토는 이렇게 세상을 둘로 나눈다. 거슈윈의 노래에는 이 두 가지 발음이 번갈아서 등장한다.[315] 어쨌거나, 토마토의 이분법은 여기서 끝나지 않는다. 누군가는 토마토를 과일이라 부르고 누군가는 채소라고 부른다. 토마토는 식물학자에게는 과일이지만 요리사에게는 채소다. 아무리 많은 논쟁을 벌이더라도 이 입장 차이를 좁힐 수는 없을 것이다. 하지만 토마토는 하나의 식재료로서 사람들을 결속시킨다. 토마토는 피자나 케첩 같은 유명한 서양 음식에서 필수적인 재료다. 토마토를 단지 어디서나 흔히 구할 수 있는 식품으로만 생각해서는 안 된다. 토마토는 인류가 지구를 어떻게 지배했는지를 보여주는 상징이기도 하다. 토마토 씨앗은 동물에 의해 퍼져나가도록 진화했기 때문에, 인간의 경

토마토

Solanum lycopersicum L.

가짓과

우에도 소화기관에 잠시 숨어 있다가 배설을 하면 그 배설물과 함께 세상으로 나와 뿌리를 내릴지도 모른다.

유럽인들이 토마토를 즐겨 먹은 지는 500년이 채 안 된다. 토마토가 널리 퍼져 흔히 먹을 수 있는 식품이 된 지도 150년이 되지 않았다.[316] 토마토가 식재료로 널리 사용되기 전에 사람들은 토마토에 독이 있다고 의심하거나 기껏해야 관상용으로만 적합한 식물로 여겼다. 그리고 20세기가 저물 무렵, 회의적인 유럽 소비자들이 혁명적인 식물 육종기술에 관심을 가지면서 토마토는 다시 의혹에 휩싸였다.

토마토의 분류방식에는 논란의 여지가 많다.[317] 칼 폰 린네는 토마토를 감자속으로 분류했고, 영국 식물학자 필립 밀러는 안데스 산맥 남서부와 갈라파고스 제도에 자라는 작은 품종인 리코페르시콘속lycopersicon으로 분류했다. DNA분석 결과를 보면, 토마토는 감자속에 해당하는 것으로 보인다.[318] 다양한 야생 토마토 사이에는 많은 유사점이 존재한다. 그리고 토마토에서는 재배종과 야생종 등 이종 교배가 쉽게 일어난다. 이런 점을 고려했을 때, 토마토의 진화론적 기원을 찾는 것은 쉽지 않은 일이다. 하지만 토마토의 경제적 가치와 병해저항성 같은 유전적 특성을 밝히려는 욕구가 고도의 유전분석 기술을 활용한 연구로 이어져서 현재 우리가 먹는 품종이 나오기까지는 크게 2단계의 재배과정을 거쳤을 것이라는 추정 결과가 나왔다. 먼저 에콰도르와 페루 북부지역에서 토마토가 재배되면서 레드커런트(까치밥나무 열매)처럼 아주 작은 야생 토마토 솔라눔 펌피넬리

포리움*Solanum pimpinellifolium*이 지금의 방울토마토와 유사한 솔라눔 리코페르시쿰 바르 세라시포르메*Solanum lycopersicum* var. *cerasiforme*로 변했다. 이 종은 풀만 무성하고 열매가 많이 열리지 않았다. 하지만 중앙아메리카에서 재배되면서 막대기처럼 가는 줄기를 지닌 덩굴식물에 오늘날 우리가 먹는 토마토가 열리게 되었다.[319] 어떤 경우에는 1킬로그램이 넘는 열매가 열리기도 했다.

스페인이 토마토를 들여온 시기는 정확히 알려지지 않았다. 하지만 1544년 외과의사 피에트로 안드레아 마티올리가 붉고 노란 가지처럼 생긴 식용 식물이 이탈리아에서 재배되고 있었다고 기록했다. 이 식물은 포미도로, 즉 황금 사과라는 뜻으로 불렸고(현대 이탈리어어로 토마토는 '포모도로'다),[320] 16세기 말 영국 식물학자 존 제랄드는 이 식물을 '사랑의 사과'라는 의미의 '포마 아모리스'라 불렀다.[321] 그리고 '러브 애플'이나 '골든 애플'에 근거하여 유럽에서 토마토를 부르던 다양한 이름을 기록으로 남겼다. '늑대의 복숭아'를 의미하는 '리코페르시콘' 같은 고전적인 이름들도 토마토와 연관되어 있다. 나와틀족의 언어인 '토마틀'에서 유래한 '토마토'라는 이름은 17세기가 되서야 유럽에 등장했지만 18세기까지도 널리 사용되지는 않았다.

식물학자 존 파킨슨은 '영국인들은 호기심 … 그리고 성관계를 연상시키는 생김새나 과일의 아름다움 때문에 토마토를 재배했다.'고 기록했다.[322] 1648년 토마토는 옥스퍼드 약초 재배원에서 '그레이트 애플즈 오브 러브Great Apples of Love', '미들사이즈드 러브 애플즈Middlesiz'd Love Apples' 그리고 '리틀 러브 애플즈Little Love Apples'란 이름으로 재배됐고, 10년 뒤에는 노랗고 빨간 열매의 색깔로 구분됐다.[323] 영국인들은 여전히 이 새로운 과일에 호기심을 갖고 궁금해했다. '스페인과 열대지방에 사는 사람들이' 토마토를 먹는다는 보고가 있었지만 영국인들은 토마토가 '몸에 좋은 영양분은 거의 없지만[324]', '가려움을 치료하는 데 좋다[325]'고 생각했다. 그러나 19세기에 들어서 토마토는 고급 식품으로 자리잡게 되었다.

토마토는 끈끈한 줄기에 노란 꽃이 피는데, 이 꽃에서는 독특한 향기가 난다. 향기의 농도가 옅으면 매캐하지만, 상업용 온실처럼 폐쇄된 공간에서 농도가 짙어지면 속이 메스꺼워진다. 야생 토마토는 암술과 수술이 물리적으로 분리되어 있어서 자가 수정을 못한다. 상업용 토마토의 경우 수술이 암술을 단단하게 둘러싸고 있어 자가 수정이 가능하지만 인위적으로 화분을 수술에서 암술로 옮겨줘야 한다. 야외에서는 벌이 날개를 흔들면서 화분을 떨어뜨려주지만 실내에서 토마토 꽃은 인공적으로 수분한다.

걸쭉하게 만들고 건조시키고 즙을 내는 등 여러 가지 용도의 사용과 다양한 환경에서의 재배를 위해서 수천 개의 토마토 품종이 개량됐다. 19세기 유럽에서 주로 재배됐던 토마토는 '맘모스 토마토', '트로피 토마토', '사과 모양의 보라색 토마토' 그리고 '킹 험버트 토마토' 등으로 불리는 것들이었다.[326] 오늘날 정원사들 사이에서 가장 유명한 토마토 품종 중 하나는 바로 '머니메이커Moneymaker'다. 토마토는 품종에 따라 그 생김새가 매우 다양하다. 대략 8가지로 분류할 수 있는데, 납작하게 두드린 비프스테이크를 닮은 품종이 있고 직사

각형의 자두를 닮은 품종도 있다. 우리가 알고 있는 둥근 모양의 토마토를 비롯해 하트 모양이나 또는 배를 닮은 토마토도 있다. 겨우 네 개의 유전자가 이런 생김새 차이를 만들어내는 것으로 보인다. 일반적으로 사람들은 토마토가 빨갛다고 생각하지만 토마토의 색깔은 주황색, 노란색부터 어두운 보라색에 이른다. 열매의 크기도 직경 5밀리미터부터 10센티미터까지 다양하다.[327] 토마토는 특정 계절에만 먹을 수 있는 식품이었다. 하지만 국제 교역 덕분에 우리는 토마토를 1년 내내 즐길 수 있다. 다양한 품종의 토마토가 존재하지만, 대부분의 슈퍼마켓에는 빨간 당구공처럼 생긴 토마토만 판매하고 있다. 잘 무르는 과일인 토마토를 멀리서 운반해서 까다로운 고객들에게 먹음직스럽게 내보이고 오랫동안 보관해야 하기 때문에 이러한 단일화가 이루어졌는지도 모른다.

토마토의 맛을 개선하려는 시도가 이어진 결과 인간이 먹을 수 있는 최초의 유전자 변형 식물이 개발됐다. 사람들은 토마토가 타고난 색과 맛을 유지하면서도 천천히 익도록 유전자를 변형했다. 이 유전자 변형 토마토는 '맛 보존Flavr Savr'이라는 어설픈 이름으로 붙여졌다. 1994년 미국에 출시되었지만, 3년 뒤 판매가 중단됐다.[328] 비슷한 시기에 영국에서 페이스트용 토마토의 유전자를 변형했다. 이 페이스트는 상업적 성공을 거두었지만, 1990년대 말 유전자 변형 식품에 대한 불신이 확산되면서 판매가 중단됐다. 하지만 유전자 변형 식품의 잠재적 혜택이 이 부정적인 여론을 뒤집을 수 있을지도 모른다. 유전자 변형으로 항산화 성분이 풍부해진 토마토는 빨간색보다는 보라색에 더 가깝고 건강에도 좋다. 과일과 채소는 항산화 물질인 안토시아닌 수치가 높아지면 대체로 보라색으로 변한다. 토마토의 유전자 변형으로 증가한 안토시아닌 수치가 식이요법을 개선하고 품질을 유지하는 열쇠인 듯하다.[329]

커피

열매 하나로 세계를 끌어 모으다

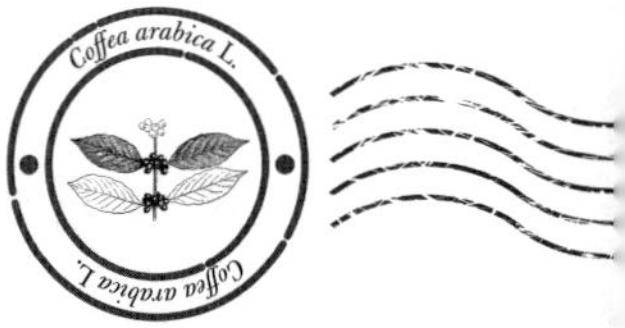

런던 첼시에 위치한 제임스 설터의 '돈 살테로Don Saltero' 커피하우스는 유명한 관광지였다.[330] 이 커피하우스는 한스 슬론 경이 버린 물건을 전시하는 '호기심으로 가득한 방'이었다. 이 박물관에는 한스 슬론 경의 방대한 개인 소장품을 비롯해 프랜시스 드레이크 경과 토비아스 스몰렛 등의 귀족들이 기부한 물건들로 전시되어 있었다. 벽과 천장에 걸린 '고래 음경', '박제된 고양이' 그리고 '포크너Falkner 섬의 펭귄' 등의 전시품 외에도 수백 개의 물건들로 가득 채워진 유리 진열장이 공간을 차지하고 있었다.[331] 설터의 커피하우스는 다소 특이한 공간이었지만, 17세기 중엽 영국에 커피가 들어오면서 우후죽순으로 들어선 다른 커피하우스들과의 경쟁에서 살아남기 위해 애써야 했다.

카페인은 가장 널리 소비되는 합법적인 약물로, 전 세계 사람들이 카페인에 중독되어 있다. 매년 10만 톤 상당의 순수 카페인이 소비된다. 커피에게 카페인은 스스로를 질병과 곤충으로부터 보호하기 위한 일종의 화학 무기다. 이 물질은 인간의 중추신경계를 자극하고 근육의 긴장을 풀어 이뇨 작용을 일으킨다. 인류는 중국차와 중앙아메리카의 초콜릿부터 서아프리카의 콜라열매, 남아메리카의 마테, 아마존의 과라나에서 에티오피아의 커피열매에 이르기까지 수많은 식물과 그 열매에서 카페인을 추출해냈다.

커피속은 열대 아프리카를 거쳐 인도양의 마스카렌 제도에 분포하는 약 백 개의 종으로 구성된다. 하지만 이 중에서 오직 세 개의 종만 상업적으로 중요한 가치를 지닌다. 그중에서도 단연 최고는 향긋한 꽃을 피우고 붉은 열매를 맺는 상록수, 코페아 아라비카*Coffea arabica* 다. 코페아 아라비카는 에티오피아 남서부의 산악지대에서 자란다. 전해지는 이야기에 따르면 9세기 에티오피아 염소지기가 커피열매를 먹은 염소들이 들떠 날뛰는 것을 보고 커피를 발견했다고 한다. 로스팅된 커피콩의 성분이 어떻게 밝혀졌는지는 중요하지 않다. 어쨌든 커피는 16세기에 이슬람권 전역에서 소비되었고 동쪽 기독교 지역으로 확산됐다.

교황 클레멘스 8세가 커피는 기독교의 음료라고 확언한 이후 1645년부터 유럽에서 커피하우스가 등장하기 시작했다. 그로부터 5년 뒤 영국에서는 일반 대중들이 이용하는 커피하우스가 생겨났고, 18세기에는 사회 각계각층이 뒤섞여 사업을 논의하고 정치, 경제, 과학에 대한 새롭고 급진적인 생각을 나누는 장소가 되었다.[332] 지금

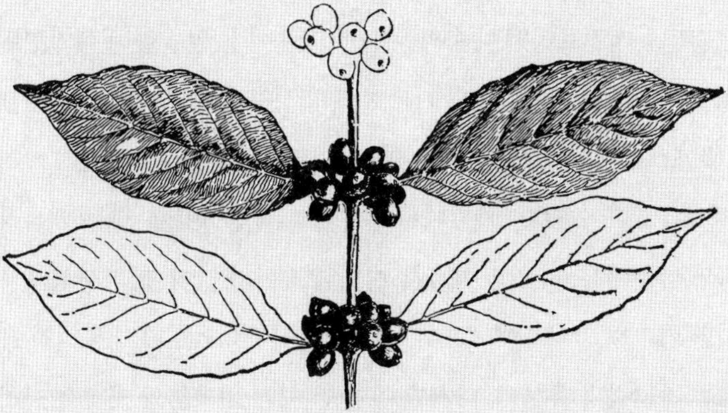

커피

Coffea arabica L.

꼭두서닛과

까지도 런던에는 카페인이 뜨겁게 달군 사회적 그리고 지적 논의의 장에서 탄생한 조직들이 존재하고 있다. 바로 왕립학회와 런던 로이즈Lloyd's of London 보험시장이다.

이슬람과 기독교의 통치자들은 처음에는 커피하우스를 수상히 여겼다. 1675년 영국의 찰스 2세는 커피하우스를 '선동을 부추기는 신학대학'이라 부르며 폐쇄령을 내렸다.[333] 하지만 이 폐쇄령도 커피에 대한 수요를 막을 수는 없었다. 유럽 국가들은 어쩔 수 없이 이슬람권으로부터 제한적으로 커피를 들여왔다. 18세기 초 네덜란드, 프랑스와 영국은 식민지에 커피 대농장을 건설하려고 부단히 노력했다. 1718년 케임브리지 대학의 식물학 교수이자 열렬한 원예가였던 찰스 브래들리는 네덜란드와 커피 재배의 성공에 대하여 열변을 토했다. 네덜란드는 따뜻한 식민지뿐만 아니라 네덜란드 땅에서도 커피를 재배해냈다. 브래들리는 '여전히 영국의 식민 지배를 받는 캐롤라이나의 남부에서 … 커피 재배를 시도할 가치가 있다'고 확신했다.[334] 하지만 커피는 당시 아메리카에서 중요한 작물이었으나 대중적인 음료로는 자리잡지 못했다. 18세기 동안 전 세계 대부분의 커피를 카리브 해에서 수출했다. 벤자민 모즐리는 다음과 같은 글을 남겼다.

> 커피 재배는 자본이 거의 필요하지 않아 가난한 사람들이 그 섬(자메이카)에 이주하도록 만드는 일종의 유인책이다. 이것은 무역으로 돈을 벌지 못한 부지런한 사람과 인생에서 거대한 계획을 실패한 이들을 이끌 만한 도피처이다. 노동자도 쉽게 채용할 수 있다. 커피

재배는 많은 노동력을 필요로 하지 않기 때문에 어린아이들도 많은 작업을 처리할 수 있다.[335]

벤자민 모즐리의 글은 유럽의 '지식인들이 마시는 음료' 재료인 커피콩 대농장에서 일했던 노예들의 비참한 실상을 은폐한다.[336] 커피 대농장의 열악한 근로 환경은 18세기 말 산토도밍고 혁명이 일어난 원인들 중 하나였다.[337]

19세기 브라질은 리우데자네이루와 상파울루 주변의 남동부에 위치한 열대우림을 밀고 커피를 심었다. 노예의 노동력을 착취하여 생산한 커피를 중심으로 브라질에 커피 열풍이 불기 시작한 것이다. 그러나 노예제가 금지된 이후 커피 대농장주들은 계약 이주노동자들에게 의지해야 했다. 1930년대 커피 재배는 안정적인 수익을 창출했지만, 브라질의 경제와 국민들의 삶을 파괴했다. 커피 열풍이 절정이었던 시기에 브라질은 세계 커피의 거의 40퍼센트를 생산했다. 20세기 초에 커피 열풍이 식고 나서도 브라질은 2011년에 세계 커피 생산량 850만 톤의 3분의 1을 생산했다. 같은 해 세계 최대의 커피 수입국은 미국과 독일이었다.

커피는 상류층이 소비하는 고부가가치 식품으로, 주로 약효가 있고 맛이 좋은 흥분제나 금주 효과를 지닌 식품으로 알려져 있다.[338] 18세기에 벤자민 모즐리는 커피에 불순물을 섞는 것은 불가능하다고 장담했다. 하지만 그의 낙관주의와 달리, 19세기 중엽의 커피 재배자 피터 시몬드는 '커피보다 불순물을 섞기 좋은 식품은 없다'고

불평했다.[339] 커피의 사회적 지위와 경제적 가치는 범죄자들이 그냥 넘기기에는 너무 매혹적이었다. 피터 시몬드는 황소와 말의 간을 간 것을 요리해 분쇄 커피와 비슷하게 만들어내는 '리버 베이커liver-bakers'들의 활동을 열거했으며, 도토리 간 것, 완두, 잠두, 붉은 점토와 마호가니 톱밥이 섞인 커피의 대체 식품들에 대해서도 기록했다. 심지어 맛없는 '칼로피노Kalopino'나 치커리나 구운 보리를 기본재료로 사용해서 만들어진 가짜 커피의 장점을 홍보하는 경우도 있었다.[340]

200년 전의 커피하우스들이 했던 것처럼 번화가를 따라 수많은 커피숍들이 경쟁적으로 생겨나 서로 치열하게 고객 유치 경쟁을 하고 있다. 그곳에서는 다양한 원산지의 커피콩을 다양한 방식으로 로스팅하여 만든 여러 커피 음료가 제공된다. 이제 어떤 종류의 커피를 어떤 방식으로 마시느냐는 개인의 라이프스타일과 패션 센스를 보여주는 일종의 신호다. 하지만 전 세계적으로 소비되는 커피의 가격은 변동이 심하다. 국제 시장에서 일어나는 소폭의 가격 변동은 커피 한 잔 가격에 약간의 영향을 미칠지도 모른다. 하지만 개발도상국의 소규모 커피 재배자에게는 죽느냐 사느냐에 맞먹는 엄청난 영향을 미칠 수 있다.

이제는 커피숍과 박물관의 경제적 관계가 변했다. '호기심으로 가득한 방'의 후손이자 문화 수집품의 후견인에 해당하는 박물관은 커피숍에서 나오는 수익에 의존한다. 커피하우스는 한때 희귀한 물품이 전시된 박물관으로 고객을 끌어들였지만, 이제 박물관이 커피숍으로 고객을 끌어들이고 있다.

옥수수

세계를 정복한 식물

15세기 후반 크리스토퍼 콜럼버스의 업적은 유럽인들에게 지대한 영향을 미쳤다. 아메리카의 재발견으로 유럽과 아메리카 사이에 물자, 인적자원과 아이디어의 쌍방 거래가 성립됐다. 여기서 끝이 아니라, 두 대륙의 자연 세계에도 영향을 줬음은 물론이고 기독교의 종교적 확신과 고대 그리스·로마 통치자들의 진실성에 대한 지식인들의 신념을 산산조각 냈으며 식문화를 바꿨다. 사람들이 식물은 신의 선물이라는 독단적인 믿음을 탈피하기 시작하면서, 여러 식물의 기원에 의구심을 품기 시작했다. 박물학자들은 인간의 문화와 문명이 어떻게 발달했는지에 대해서도 관심을 가졌고 궁극적으로 19세기 중반에 다윈이 이룬 지적 혁명의 원재료를 제공했다.

주로 멕시코와 중앙아메리카에서 자라는 한해살이풀인 옥수수는 아메리카 원주민의 문화에 깊이 뿌리내렸다. 큰돈을 좇는 사람이나 전사, 신부, 정부 관료는 최초로 아메리카를 탐험한 부류다. 그들은 카리브 해의 섬들을 여행하고 중앙아메리카와 남아메리카로 행진했다. 그러면서 그곳 사람들의 일상에 뿌리내린 식물을 발견하게 되었는데, 이제 멸종된 부족인 타이노족은 그 식물을 'mahiz'라 불렀다. 이 단어는 옥수수를 의미하는 영어 단어 'maize'의 기원이 되었다. 중앙아메리카의 고대 마야족, 아즈텍족과 톨텍족은 지혜와 지식의 신인 케찰코아틀을 섬기며 정기적으로 신에게 토르티야를 만들어 바쳤다. 아즈텍족은 옥수수의 풍작을 위해 남성신과 여성신인 쇼치필리와 치코메코아틀을 섬겼고 마야족은 윰 카악스라는 농경의 신을 섬겼다.

유럽의 탐험가들은 아메리카에서 적어도 자신들의 문명만큼 고도화된 문명을 만났다. 모든 고도화된 문명에는 농업 주기에 따라 들쑥날쑥한 생산량을 안정화시켜 식량을 확보해야 하는 문제가 있다. 아즈텍 제국의 수도인 테노치티틀란은 거주지로 꽉 들어차 있었는데, 아즈텍족은 이 거주민들을 먹여 살리기 위해서 위성 지역으로부터 공물을 거둬들이고 고도화된 농업 시스템을 도입했다. 얕은 호수 주변에 흙과 비료를 쌓아 만든 인공섬인 치남파chinampa가 그들이 받아들인 농업 시스템 중 하나였다. 옥수수와 콩, 호박을 섞어 만든 치남파의 흙은 수십 년 동안 영양분이 풍부하고 비옥함을 유지했다.[342] 하지만 16세기 초 아즈텍 문명이 무너지면서 파괴됐다.

현대 옥수수 종자에는 보통 식물당 한두 개의 노란색 이삭이 달린다. 하지만 고대 라틴아메리카에서 재배했던 옥수수 이삭은 흰색

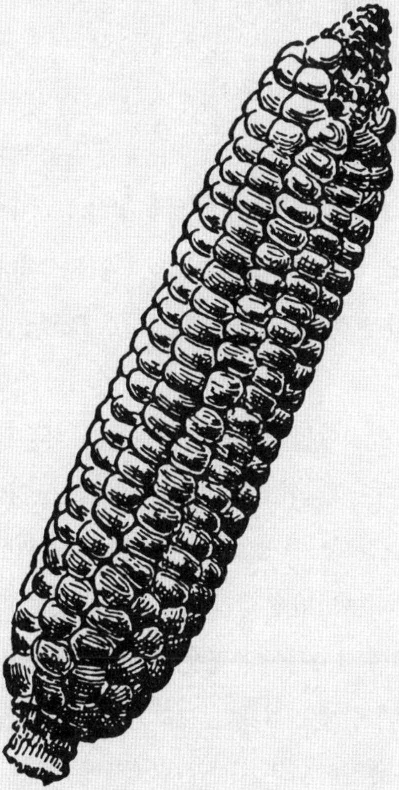

옥수수

Zea mays L.

벼과

부터 노란색과 빨간색을 거쳐 갈색과 검은색을 띠었고, 색깔을 비롯해 크기, 열리는 작물의 개수 등 그 종류가 아주 다양했다. 옥수수가 구세계에 처음 전해졌을 때 사람들은 그 가치를 이해하지 못했다. 영국의 식물학자 존 제랄드는 다음과 같은 말을 했다.

> 옥수수로 만든 빵은 초라하게 희다. … 그것은 비스킷만큼 단단하고 건조하다. … 소화가 잘 안 되며 몸에 좋은 영양분도 거의 없고 천천히 장을 타고 내려가 배 속에 쌓인다. … 야만적인 원주민들은 이 식물로 음식을 만들고 그것을 좋은 음식이라 생각한다. … 실상 사람보다 돼지가 먹을 음식이다.[343]

하지만 유럽인들은 서서히 옥수수를 식품으로 인식하게 되었다. 1620년, 메이플라워호를 타고 미국으로 간 영국인들이 매사추세츠 일대에서 생존할 수 있었던 것은 현지 이로쿼이족이 그들에게 옥수수를 재배하는 방법을 알려줬기 때문이다. 이렇게 옥수수는 서서히 서구 문명에 파고들어 유럽을 변화시켰다. 옥수수의 흔적은 항상 인류의 문명과 함께 발견됐다. 그리고 옥수수의 생김새는 다른 아메리카 식물과 완전히 다르기 때문에 야생에서 친척을 찾기가 쉽지 않다. 여기서 자연스럽게 궁금증이 생긴다. 옥수수는 아메리카의 발견 이전에 구세계에서 생겨났을까? 옥수수의 기원은 무엇일까? 아메리카 원주민의 삶과 옥수수의 깊은 관계와 그들이 고대부터 옥수수를 재배했다는 점을 고려하면, 옥수수의 기원에 관한 질문은 아메리카의 고고학적 기록의 해석에 지대한 영향을 미친다.

구세계에도 옥수수가 있었는지에 대한 해답은 필사본과 초기 출판물에 등장하는 이름과 설명을 어떻게 해석하느냐에 달려 있다.[344] 19세기 스위스 식물학자 알퐁스 드 캉돌은 옥수수의 기원이 아메리카라고 단호하게 주장했다. 그러나 그와 동시대를 살았던 프랑스 농학자 마띠유 보나푸는 옥수수는 콜럼버스가 아메리카를 발견하기 이전의 구세계에서 기원했다고 주장했다.[345] 13세기 초에 작성된《빈란드 영웅전The Vinland Sagas》에는 콜럼버스의 발견 5세기 전에 레이프 에릭손이 신세계를 발견했다는 이야기가 나온다. 이 구절로 농작물 사학자들이 혼란에 빠졌고 옥수수가 구세계에서 재배되었을 가능성이 다시 제기됐다.[346] 하지만 옥수수의 흔적이 구세계의 고고학 유적지에서 발견된 적은 없다. 그리고 옥수수와 가까운 친척이라 할 만한 구세계 식물도 없다. 1492년 이전 기록물에 등장하는 옥수수로 추정되는 알맹이에 대한 언급은 위조거나 오해에서 비롯된 것이다. 바르바리콘, 시칠리안콘, 이집션콘 등은 옥수수를 부르는 유럽 현지 이름이다. 이 이름들은 기원보다는 어디에서 전해졌는지를 보여줄 뿐이다. 종합적으로 보았을 때, 옥수수가 1492년 이후 구세계 전역으로 널리 퍼진 곡물 중 하나라는 점은 분명해진다.

습하고 온난한 중앙아메리카의 기후에서 식물의 잔해는 보존되기 힘들지만 불가능한 것은 아니다. 수천 개의 이삭과 이삭 조각의 연대기적 순서가 멕시코 남서부의 테우아칸 계곡의 동굴에서 발견됐다. 이 동굴에는 수천 년 동안 인간이 버린 쓰레기가 여러 층을 이루며 쌓여 있었다. 조심스럽게 쓰레기 더미를 파내려갔더니 식물의 잔해가 나왔고 이내 그것의 정체와 존재했던 시기가 밝혀졌다.[347] 가장 오래된 이삭 몇몇의 길이는 성인의 엄지손가락의 첫 번째 마디 정도였다. 이삭에는 6~9개의 알갱이가 여덟 줄로 달려 있었고, 각 알갱이는 벼 껍질 같은 것으로 부분적으로 둘러싸여 있었다.

옥수수의 단일 조상은 멕시코의 야생풀인 테오신트teosinte로 여겨진다. 이는 '신의 곡물'을 뜻한다. 유전자 세 개를 변형시키면 테오신트의 생김새가 바뀐다.[348] 꽃이 없는 테오신트는 갈라진 옥수수를 닮았다. 하지만 낟알이 익으면 테오신트와 옥수수의 차이가 극명해진다. 테오신트의 낟알은 이삭의 양면에 배열되며 각각의 알갱이는 단단한 껍질로 싸여 있다. 이 알갱이가 완전히 익으면 이삭에서 떨어진다. 반면 옥수수의 낟알은 부드러우며, 이삭의 여러 면에 배열되고 알갱이가 익어도 계속해서 이삭에 붙어 있다. 옥수수는 스스로 씨앗을 퍼트리지 못하지만, 테오신트는 동물의 소화기관을 통해 씨앗을 퍼트린다.

옥수수가 신세계 전역으로 확산되는 데 약 9천 년이 걸렸다. 그리고 이베리아 반도로 전해지고 나서 400년이 걸려 구세계 전역으로 확산됐다. 전 세계 수백만 헥타르에서 재배되고 있는 옥수수 대부분이 유전자 변형 옥수수다. 옥수수는 전 세계적으로 소비되는 상품이다. 무역상들의 투기로 인해 급등한 옥수수 가격이 전 세계 식품 가격에 엄청난 영향을 준다. 대부분의 옥수수는 동물 사료와, 논란의 여지가 있는 바이오연료를 생산하는 데 사용된다. 황금빛 옥수수 이삭과 알갱이를 으깨서 구우면 콘플레이크가 만들어지고, 튀기면 팝콘이 되고, 가루로 만들면 폴렌타polenta를 만들 수 있다. 그리고 정제된 옥수수 전분과 시럽은 거의 모든 가공식품의 첨가물로 사용된다. 이것은 모두 우리에게 익숙한 식품들이다. 옥수수는 인간의 손에 의해 테우아칸 계곡의 동굴에서부터 먼 길을 이동했다.

파인애플

부유층의 화려한 장난감

'One-upmanship'은 개인적이거나 국가적인 이유로 다른 누군가를 앞지르려는 욕구를 의미하는 영어 단어다. 경쟁심은 인간의 흔한 약점 중 하나다. 누가 가장 크거나 가장 무거운 작물을 수확했는지를 겨루는 화초 전시회는 많은 이들이 즐기는 취미생활이다. 사람들은 이 취미에 상당한 에너지를 쏟는다. 유럽인들에게 파인애플보다 강한 자랑 욕구를 일으킨 식물은 거의 없다. 1758년에 소설가 제임스 랄프는 영국 귀족들의 파인애플 집착을 다음과 같이 간략하게 요약했다. '모두가 파인애플 재배원을 사랑하며 어리석은 행동을 선보이고 있다. 누구의 과일이 가장 크고 많은 이들의 입에 오르내리느냐가 그들의 유일한 관심사다.'[349]

18세기 중반은 파인애플이 유럽인들에게 알려진 지 250여년 정도 된 때였다. 크리스토퍼 콜럼버스가 카리브 해로 떠난 두 번째

파인애플

Ananas comosus (L.) Merr.

파인애플과

항해에서 스페인으로 돌아왔을 때, 그가 가져온 파인애플 중에서 오직 한 개만이 페르디난드 국왕과 이자벨라 여왕에게 진상하기에 적합한 상품이었다. 하지만 당시 그 자리에 있었던 이탈리아 성직자이자 학자인 피에트로 당기에라는 '국왕은 다른 진상품들보다 파인애플을 선호했다'고 전했다.[350] 파인애플은 왕실의 공식 허가를 받았다. 이 말인 즉, 파인애플은 특별하여 사회 최고층에게만 어울리는 식품이란 의미였다. 18세기가 시작될 무렵 포르투갈 성직자 안토니오 도 로잘리오는 브라질 식물에 대한 비유적 설명에 왕실과 파인애플의 신성한 연관성을 강조했다.[351]

파인애플은 분명 브라질 남부와 파라과이의 토종식물이다. 하지만 콜럼버스가 아메리카를 발견하기 전 남아메리카와 카리브 해의 원주민들이 파인애플을 재배하고 널리 이용하면서 이 식물의 분포지역의 경계가 모호해졌다. 16세기 중반에 프랑스 여행자 장 드 레리는 현재의 리우데자네이루 지역에서 나무에 열린 파인애플을 우연히 발견하고 다음과 같이 친숙한 식물들로 비유하여 그 모습을 묘사했다.

> 잎은 … 알로에의 잎처럼 생겼다. 엉겅퀴처럼 조밀하게 자란다. 아티초크 같은 열매는 중간 크기의 멜론만하고 솔방울처럼 생겼다. 하지만 어느 한 방향으로 매달리거나 휘어지지 않았다.[352]

식물학적으로 파인애플은 각각의 꽃들이 생산한 다육질의 베리가 한데 융합된 집합과다. 장갑을 두른 듯한 껍질은 꽃 부분과 포엽의 남은 부분으로 구성된다. 파인애플 열매는 파인애플의 위쪽에 왕관모양으로 난 잎이나 열매, 또는 줄기의 어린싹에서 열린다.

초기 파인애플에 대한 설명은 이 식물의 아름다움과 달콤함에 집중되어 있다. 장 드 레리는 파인애플을 두고 '산딸기 향'이 나며 '보는 각도에 따라 색깔이 변하는 노란색'이고 '입에 넣으면 사르르 녹고 너무 달콤해서 따로 잼을 바를 필요가 없는 최상의 과일'이라 묘사했다.[353]

파인애플 재배는 구세계를 통해 빠르게 확산됐다. 토르데시야스 조약(육두구, →171쪽)에 의해 포르투갈의 패권이 자국을 넘어 열대 아프리카와 아시아까지 미쳤다. 1600년대 중반 파인애플은 중국에서도 자주 접할 수 있는 식물이었다. 폴란드 선교사이자 탐험가인 마이클 보임은 파인애플을 중국 토종식물로 오해하기도 했다.[354]

1657년 식민 지배자 리처드 라이곤이 파인애플을 직접 보고 그 특성을 최초의 영문 기록으로 남겼다. 영국에서는 올리버 크롬웰에게 파인애플이 진상되면서 처음으로 목격됐다.[355] 영국 작가들은 파인애플을 보기는커녕 직접적으로 알고 있지도 않았지만 이 식물의 경이로움을 묘사하여 독자에게 알렸다.[356] 작가 존 이블린은 찰스 2세와의 식사로 파인애플을 맛보고는 실망했다고 기록했다. 실제 파인애플의 맛이 문학작품에서 극찬했던 맛에 못 미쳤기 때문이다.[357]

영국과 네덜란드는 17세기 동안 상업과 원예업의 패권을 두고 경쟁했다. 네덜란드는 두 영역에서 우위를 점하고 있었다. 이런 상황에서 국내 파인애플 재배에 성공하는 것은 영국에 대단한 성취가 될 것이었다. 1670년 즈음에는 찰스 2세가 왕실 정원사인 존 로즈로부터 파인애플을 진상 받는 장면이 그림으로 그려졌다. 이 그림은 파인애플과 왕실의 연관성을 더욱 강화시켰다. 그럼에도 17세기 영국에서 파인애플이 재배되었을 가능성은 아주 낮다. 1714년 네덜란드 정원사 헨리 텔렌데는 사업가 매튜 덱커의 막대한 부를 이용해서 영국산 파인애플을 재배하는 데 성공했다. 그의 성공 비결은 똥을 발효시킬 때 생성되는 열을 이용하는 것이었다. 케임브리지 대학교 식물학 교수인 리처드 브래들리는 헨리 텔렌데의 파인애플 재배방식을 자세히 기록했다.[358] 덕분에 조지 왕조 시대의 영국인들에게는 보고 따라할 수 있는 매뉴얼이 생겼고 상류 지주 계층의 '무한한' 후원으로 빠르게 파인애플을 재배할 수 있었다. 심지어 옥스퍼드 대학교와 케임브리지 대학교도 파인애플 광기에 영향을 받았다. 1744년 옥스퍼드 약초 재배원에 파인애플이 열렸고 4년 뒤 케임브리지 트리니티 대학에서도 파인애플을 재배했다. 정원사 윌리엄 스피칠리는 〈파인애플 문화에 대한 논문A Treatise on the Culture of the Pineapple〉(1779)를 발표했다. 이 논문은 18세기 파인애플 재배방식을 거의 완벽하게 설명해낸다. 19세기에 들어서는 파인애플 재배 문학이 꽃을 피웠다. 빅토리아 시대의 영국인들은 파인애플 재배에 대한 열정을 앞선 시대의 사람들로부터 이어받았고 아메리카와 유럽과 더불어 이 식물에 깊은 애착을 가졌다.

파인애플 재배원은 최고 부유층의 장난감이 되었다. 집에서 재배한 잘 익은 파인애플을 만찬장에 가져갈 수 있는 능력은 최고급 정원이나 어려운 책으로 가득한 서재와 함께 사회적이고 지적인 우월함을 남들에게 과시하는 최고의 방법이었다. 파인애플 재배원은 자연을 지배하고 권력을 행사하는 상류층의 권리를 상징적으로 보여주는 것이었다. 다시 말해 파인애플 재배원과 파인애플은 영국처럼 춥고 일조량이 적은 지역에서도 열대식물인 파인애플이 열매를 맺도록 만들 수 있는 능력과 힘을 나타냈다.

상대적으로 덜 부유한 상류 계층에게는 온실이 있었다. 이 온실에서 그들은 다른 식물을 재배하며 서로 경쟁했고 온갖 종류의 파인애플 용품을 비롯해 찻주전자, 코담뱃갑, 정원의 석재 장식품 등의 싸구려 제품에 매혹됐다. 하지만 그 어떤 정원 장식품과 식물도 여전히 스코틀랜드 던모어 공원의 부지에 세워져 있는 파인애플 장식물의 웅장함을 따라갈 수 없었다.

19세기가 저물 무렵, 기술과 교통의 발달로 파인애플은 특정 사회계층이 즐기는 식물에서 벗어나 보다 대중적인 식물이 되었다. 직접 파인애플을 재배하는 것은 복잡하고 많은 노력이 들어갔고 정원과 파인애플 재배원의 유지관리에는 숙련된 정원사들과 막대한 돈이 필요했기 때문에 파인애플을 원예식물로 직접 재배하고 관리하는 것은 시대착오적인 것이 되어갔다.[359] 제1차 세계대전 이후 유럽의 전쟁터에서 많은 어린 정원사들이 학살되었고 경제 위기가 닥친 현실을 영국 귀족들이 마지못해 받아들이면서 파인애플 재배원이 사라졌다.[360]

파인애플은 여전히 이국적인 아름다움을 지니고 있지만, 운송기술과 보존기술의 발달로 흔히 볼 수 있는 친숙한 과일이 되었다. 언제 어디서나 생과일, 통조림이나 주스로 파인애플을 즐길 수 있다. 특히 파인애플 통조림은 누구나 파인애플을 먹을 수 있게 소비를 보편화했지만 파인애플의 맛과 생김새를 변형시키기도 했다. 통조림에 쏙 들어가는 크기의 파인애플 품종을 개량해야만 했던 것이다. 남들보다 한발 앞서고 뽐내고 싶어하는 인류의 욕구는 여전히 남아 있다. 그 욕구가 다른 곳으로 이동했을 뿐이다. 많지는 않지만 그 대상에는 몇몇 식물도 포함되어 있다.

왕포아풀

이보다 더 완벽한 목초는 없다

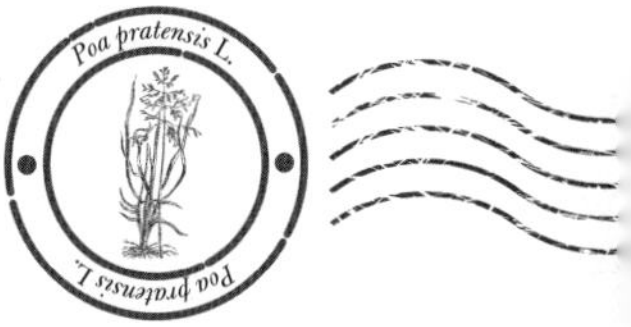

우리가 직접 풀을 뜯어먹고 살지는 않지만, 초식동물로부터 고기와 유제품을 얻는다. 내연기관이 발명되기 전에는 동물, 특히 들판에서 풀을 뜯어먹고 사는 동물이 운송이나 농업에 필요한 동력을 제공했다. 귀한 물품들이 낙타와 노새의 등에 실려 실크로드를 따라 동쪽에서 유럽으로 이동했다. 인류는 황소와 말을 이용해 숲을 경작지로 변형시켰다. 심지어 오늘날에도 당나귀, 버팔로, 낙타, 소, 염소, 말, 노새, 양 등 3조 7천억 마리 이상의 가축이 식량과 비료를 제공하고 운송수단이 되어주고 있다.[361] 가축을 키우려면 먹이가 필요하다. 알다시피 가축의 먹이는 주로 식물이다. 그래서 식물과 가축, 그리고 인간 사이에 긴밀한 유대가 형성됐다. 식물이 없으면 가축이 살 수 없고, 가축이 존재하지 않으면 거름이 생길 수 없고, 거름이 없으면 식물이 살아갈 수 없다.

초식동물을 키워 생계를 유지하려면 적합한 장소에서 초식동물을 먹일 알맞은 먹이를 찾거나 재배하여 그 땅을 적절한 방식으로 관리해야 한다. 19세기 중반 북아메리카의 프레리Prairie에서 독자적으로 농사를 짓던 한 농부는 '석회질 토양에서는 왕포아풀이 자란다. 왕포아풀은 성공적인 농사의 토대다. 설령 좋은 가축이 없더라도 석회질 토양과 왕포아풀이 있으면 충분히 농사를 지을 수 있다. 하지만 석회질 토양과 왕포아풀이 있는데도 불구하고 농사에 실패했다면, 그 실패는 본인 탓'이라고 말했다.[362] 하지만 농사에 꼭 필요한 왕포아풀은 북아메리카 토종식물이 아니라 유럽에서 다른 이름으로 불리다 북아메리카로 전해진 식물이었다.

흔히 사용되는 식물의 일반명은 일관성이 없고 국제적으로 인정되지도 않는다. 대신 특정지역에서 사용되는 이름을 통해 그 지역의 문화, 전통, 믿음과 고정관념 등을 알 수 있다. 영국의 공식적인 식물 일반명 목록에 왕포아풀은 '스무스 메도우 그래스smooth meadow grass'로 알려져 있다. 그 밖의 다른 유럽 국가의 경우 프랑스에서는 '패튜흔 디 프레pâturin des prés', 포르투갈에서는 '카핑-두-캄푸capim-do-campo', 스페인에서는 '그라마 데 프라도스grama de prados', 독일에서는 '뷔슨-리스픈그라스wiesen-rispengras' 등으로 불린다. 나라마다 이름은 다르지만, 모두 왕포아풀을 지칭한다. 반면 학명은 언어장벽을 넘어 그 이름이 무엇을 의미하는지 애매하게나마 알 수 있도록 붙여진다. 학명은 국제적인 소통을 촉진한다. 오늘날 라틴어 학명이 어떻게 사용되고 있는지만 봐도 알 수 있다. 스웨덴 식물학자 칼 폰 린네가

왕포아풀

Poa pratensis L.

볏과

학명을 고안하기 전, 왕포아풀은 '그라멘 프라텐세 파니쿨라툼 마쥬스gramen pratense paniculatum majus, 라티오레 폴리오latiore folio(넓은 잎을 지닌 대형 원추꽃차례 왕포아풀)' 등 다수의 복잡한 라틴어 이름을 가지고 있었다. 린네는 2개의 단순한 단어를 결합한 명명법을 사용했다. 이는 식물 명명법에서 혁신적인 아이디어였다. 1753년 린네는 공식적으로 이 풀을 포아 프라텐시스*Poa pratensis* 라 명명했다. '풀'을 의미하는 그리스어에서 기원한 '포아'는 속명으로 500개 이상의 종으로 구성된 그룹이다. 두 번째 단어인 '프라텐시스'는 '목초지의'라는 뜻으로 특정 종을 가리킨다. 하지만 왕포아풀은 유전적 변형이 일어나기 쉬워 변종이 많다. 일부 변종이 우연히 이주민들과 함께 대서양을 건넜고, 초기 유럽 이주민들은 이 변종이 가축 사료로 가치가 있다고 생각했다.[363] 변종은 아메리카에서 자라는 토종 풀과의 경쟁에서 살아남아 이주민들처럼 새로운 환경에 적응하여 번성했다. 이주민들이 서쪽으로 이동하자 왕포아풀도 그 뒤를 따랐다.

결국 왕포아풀은 미국 전역에 있는 대초원을 파랗게 뒤덮게 된다. 왕포아풀은 시행착오를 통해 새로운 환경에 적응하면서 미국 대초원의 풍경을 변화시켰다. 특히 성가신 잡초로만 여겨졌던 왕포아풀은 토양이 비옥한 미국 켄터키에서는 훌륭한 목초로 여겨졌다. 여기서 전설적인 이름 '켄터키 블루그래스Kentucky bluegrass'가 등장했고, 미국에선 여전히 왕포아풀을 켄터키 블루그래스라고 부른다.

앞서 언급한 익명의 농부가 왕포아풀에 대해서 열변을 토로한 최초의 사람은 아니다. 1870년대 존 잉걸스 상원의원은 본인 지역에 대한 자부심으로 가득 찬 글을 쓰면서, 온갖 미사여구 사이로 이 특별한 사료 작물의 중요성을 언급했다. 6대 베드포트 공작과 마찬가지로 열정적인 유럽 지주들도 목초지를 개선하려고 부단히 노력해 그 결과를 발표하기 시작했다. 조지 싱클레어는《호르투스 식물집 Hortus Gramineus Woburnensis》(1816)에서 왕포아풀이 다른 풀과 비교해서 가축 사료로 과대평가 되었다고 주장했다. 하지만 지구 반대편의 왕포아풀이 자신들의 왕포아풀보다 더 푸르게 보였던지, 유럽은 미국 토양에 적응한 왕포아풀 품종(켄터키 블루그래스)을 가축 사료와 잔디로 사용하기 위해서 수입했다. 유럽에서 미국으로 건너간 왕포아풀이 고향으로 되돌아온 것이다.

사료용 풀의 품질은 영양소와 칼로리로 결정된다. 기온이 5도씨 이하로 떨어질 때 풀은 거의 자라지 않는다. 반면 온난하고 습한 기간 동안에는 왕성하게 성장한다. 하지만 풀이 오래되면 전반적인 사료의 품질이 떨어지므로 농부와 목축업자들은 영양소가 풍부한 어린잎을 확보하고 가축에 따라 다른 방목방식을 고려해야 한다. 예를 들어 소는 풀을 다발로 뜯어먹어서 군데군데 한 움큼씩 뜯겨나간 흔적을 남기는 반면 양은 풀을 야금야금 씹어 먹어서 목초지에 난 풀의 길이가 전체적으로 짧아지는 경향이 있기 때문이다.

먹을 것이 풍족하지 않은 겨울철을 대비해서 가축에게 먹일 풀을 비축해둬야 한다. 사료용 풀은 말려서 건초로 저장하나 수분을 그대로 머금은 사일리지로 저장할 수 있다. 두 경우 모두 영양소 함량이 최대인 시기에 수확한 것이어야 한다. 농부들은 오래전부터 최고의 건초를 만들려면 저장하기 전에 작물을 빠르고 철저히 건조시켜야 한다는 것을 알고 있었다. 유럽의 변덕스러운 늦여름 날씨 때문에 서유럽의 많은 농경지역은 풀을 '피클'처럼 사일리지로 저장하는 방식을 선호했다.

서유럽인들은 지난 5천 년 동안 가축을 먹이기 위해 인공적으로 목초지를 만들었다. 이 말인 즉, 사실상 서유럽의 모든 목초지는 인간 활동의 결과물이다. 고지대나 주변 저지대의 거친 목초지에는 주로 영양분이 적은 환경에 적응한 풀이 무성하게 자라 있다. 반면 목축업의 기둥이라고 할 수 있는 영구 목초지는 저지대의 거친 목초지에 배수시설을 설치하고 비료를 뿌려서 만든 것이다.

질소는 식물의 성장에 필수적인 성분으로 식물의 생산성을 높인다. 질소에 토양을 첨가하기 위해서 인류는 모든 수단과 방법을 동원했는데, 기발하지만 대체로 섬뜩한 방법들이었다. 18세기 중반 서유럽에서는 거친 목초지를 영구 목초지로 바꾸는 사업이 진행됐다. 땅에 배수관을 설치하여 고기와 뼈, 담즙, 점액, 소변과 대변 등 온갖 종류의 동식물 폐기물을 거름으로 사용했다. 세대에 걸쳐 전해 내려온 가축 분뇨가 식물 성장을 촉진한다는 지식의 힘을 활용한 것이다. 거름용 유기물은 구하기 힘든 것들이었다. 그러나 20세기에 하버보슈법이 개발되면서 대기에서 질소를 직접 추출하여 수소와 결합시켜 비료 산업의 주원료가 되는 암모니아를 생산할 수 있게 되었다. 그로 인해 질소가 무한정으로 공급됐고 목초지의 생산성이 극적으로 증가했다. 거친 목초지에서 자라는 식물종은 생산성이 낮은 환경에서 진화했다. 거친 목초지가 비료로 뒤덮이자 그곳에서 자라는 대다수의 식물종은 더 이상 풀의 경쟁상대가 될 수 없었다. 풀은 비옥한 환경에서 굉장히 잘 자란다. 농업 생산성이 강화되면서 서구세계에서 꽃이 무성한 목초지는 서서히 줄어들었다.[364]

20세기 들어 목초지가 줄어들게 된 다른 원인은 제1차 세계대전과 제2차 세계대전 사이에 짐을 옮기고 수레를 끌던 동물들의 역할이 내연기관으로 대체됐기 때문이다. 이로서 토양도 가축 사료의 생산으로부터 해방됐다. 사람들은 경제 논리에 따라 목초지를 쟁기질하고 산울타리를 부숴 밀을 심을 밭으로 만들었다. 그러나 이후 종자 보전의 필요성에 대한 대중의식이 재고되면서 사라진 종자의 회복을 위해 목초지 식물, 특히 건초 목초지가 주목받고 있다(선옹초, →340쪽).

석송류

선사 시대에서 현대 문명의 동력으로

석송류 식물들이 인류에게 어떤 도움을 줄까? 얼핏 우리의 생활과 관련이 없다고 생각하기 쉽지만 운송을 위한 전력과 에너지, 중공업의 원자재, 비료, 살충제와 의약품의 화학원료 등 생각보다 많은 곳에 쓰이고 있다.

3억~3억 5천만 년 전의 석탄기에 서식하던 석송은 지금 우리가 알고 있는 모습과는 완전히 다른 모습이었다. 현재 북아메리카와 유럽 지역 대부분은 적도 인근에 위치했고 다양한 생물이 서식하는 습지대였다. 이후 인류가 진화하는 수억 년간 이 얕은 열대와 아열대 습지대에는 현대 서구 문명의 산업발달의 동력이 될 탄전이 형성되고 있었다.

오늘날 꽃을 피우는 식물이 열대우림을 장악하고 있지만, 당시에는 초기 겉씨식물과 함께 쇠뜨기와 양치식물의 친척에 해당하는

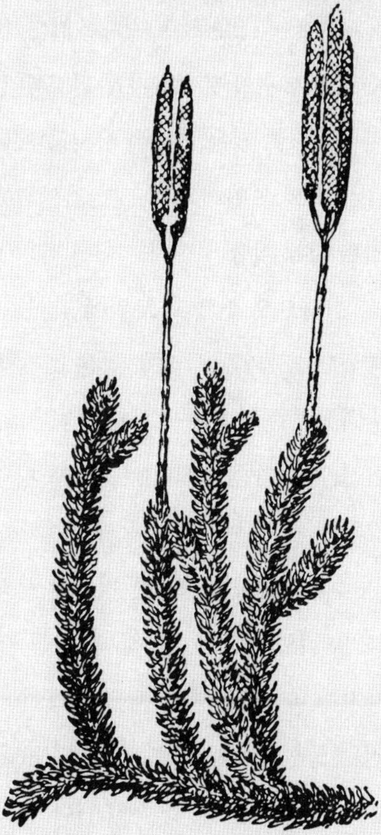

석송류

석송문

식물과 종자고사리 같은 멸종된 식물이 자라고 있었다. 그중에서도 가장 중요한 식물은 오늘날 수상꽃차례의 이끼, 석송과 물부추로 널리 알려진 석송류였다. 석송류와 선사 시대에 존재했던 그들의 사촌지간 식물들이 현대 세계를 창조한 것이나 다름없다.

선사 시대의 습지에 홍수가 발생하자 혐기성 환경이 서서히 쇠퇴하기 시작했다. 부분적으로 썩은 식물은 서서히 토탄이 되었으며, 퇴적물이 토탄을 뒤덮었다. 그 일대의 기온이 서서히 올라갔고 결국 토탄은 탄화됐다. 지질 시대 식물의 잔해는 이 석탄기 토탄에서 서서히 갈탄과 무연탄 등 석탄으로 변했다. 토탄에 갇힌 수십억 톤의 석탄과 가스 일부는 지표면 가까이에서 지하 깊은 곳까지 매장되었다.

석탄기 석송류 화석은 협탄층에서 주로 발견된다. 이 거대한 화석은 높이가 무려 10층 건물의 높이에 이르고 몸통의 지름은 대형차만하다. 현재 대략 2천 종이 후손으로 남아 있으며 온대림, 열대우림과 사바나, 툰드라와 산간 지대 등 다양한 지역에 서식한다. 조상보다 작은 크기긴 하지만, 리코포디움*Lycopodium*은 그중 가장 큰 속이다. 리코포디움 종은 가지에 바늘이나 비늘 모양의 잎이 달린다. 수포자와 암포자로 이뤄진 원뿔형 열매는 가지 끝에 다발로 열린다. 열매 다발은 늑대의 발을 연상시키는 모양을 하고 있다. 이 생김새는 학명에도 영향을 줬다.

산업화 이전의 시대에는 필요한 에너지를 물, 나무, 사람이나 동물을 통해 얻었다. 당시에 석탄이 없었던 것은 아니다. 고대 그리스 철학자 테오프라스토스는 땅에서 파낸 돌에 불을 붙여 금속 작업을 했다고 기록했다. 청동기 시대의 영국인들은 석탄을 이용했고 로마인들은 영국 탄전에서 캔 석탄으로 철광석을 녹였다. 베네치아의 상인 마르코 폴로는 13세기의 중국인들이 숯처럼 태운 검은 돌을 어떻게 사용했는지를 기록으로 남겼다. 18세기 중반까지 대부분의 석탄은 표면 퇴적물에서 나왔다. 영국의 산업혁명과 심부채광 기술의 발달로 석탄이 주요 에너지원이 되면서 인류는 화석연료에 중독되었다. 영국을 시작으로 유럽 전역에서 석탄을 사용하기 시작했다. 이것은 정치, 사회, 환경 그리고 경제 분야에서 극적인 변화를 촉발시켰다. 물건이 대량생산되기 시작했고, 사람들이 마을을 떠나 도시로 모여들어 사회적 단위가 분열됐다. 이 근본적인 변화가 전 세계로 퍼져나갔으며 그 여파는 오늘날까지도 지속되고 있다.

석탄은 산업의 원자재이기도 하다. 무산소 대기에서 고온 건조한 석탄은 코크스가 된다. 이 코크스로 용광로에 불을 붙여 철광석에서 철을 추출해낸다. 가열된 석탄은 불에 잘 타고 독성이 강한 석탄가스를 뿜어낸다. 석탄가스는 천연가스가 개발되기 전 중요한 연료였다. 석탄은 메탄올과 암모니아와 같은 공업화학의 기초 물질을 생산하는데도 쓰인다. 19세기 후반에 본격적으로 메탄올과 암모니아 등의 물질을 생산하는 데 석탄이 사용되기 시작했다.

석탄 소비에는 사회적 비용과 환경적 비용이 따라온다. 매년 수백 명의 사람들이 탄광에서 목숨을 잃고 수천 명의 사람들이 석탄 채굴 도중 사고로 팔다리를 잃어 불구자가 된다. 그리고 탄광에서 일한 대부분의 사람들이 폐병에 걸린다. 석탄 산업은 수원지를 오염시키고 수천 톤에 달하는 독성 폐기물을 배출한다. 대량의 석탄을 태운 지역은 검댕투성이에 유황가스로 가득하다. 온대림 북부지방에는 겨울에 흔히 발생하는 안개와 함께 유황과 산성 물질이 뒤섞인 위험한 스모그가 발생한다. 스모그는 고고학적 가치를 지닌 건축물을 서서히 부식시키고 사람의 목숨도 앗아간다. 19세기와 20세기에 자주 발생했던 런던 스모그는 너무 짙어서 '농무'로 불렸다. 1952년 런던에서 극심한 스모그로 한 달 동안 대략 8천 명의 사람들이 목숨을 잃은 사례도 있다.[365] 1956년 대기오염방지법이 도입되면서 석탄불로 발생한 스모그는 역사 속으로 사라졌다. 산성 안개로 서서히 부식되던 수백 년의 고고학 유적지도 미래 세대들이 그 아름다움을 즐길 수 있도록 보전될 수 있었다.

현재 우리의 일상에서 석송류 식물이 많이 쓰이지는 않는다. 하지만 놀랍게도 다양한 곳에 사용된다. 수방울이 생산하는 정교하고 가벼운 황갈색 포자는 불이 매우 잘 붙어서 오락용 섬광분과 폭죽의 재료로 사용된다. 그리고 범죄자를 체포할 때 사용하는 지문식별가루, 아이스크림의 안정제와 라텍스 알레르기를 예방하는 콘돔 윤활제에도 사용된다. 1938년 석송가루는 정보 혁명의 토대가 된 복사기의 발명에도 한몫했다.[366]

선사 시대 석송류에서 나온 것들은 계속해서 모든 문명에 깊은 딜레마가 되고 있다. 남아 있는 석탄은 이 지구상에서 가장 중요한 전력 생산 원료다. 지각에는 수십억 톤의 석탄이 매장되어 있다. 이 석탄을 태우면 수천 년은 족히 쓸 수 있는 전력이 생산될 것이다. 여기서 의견이 나뉜다. 석탄 퇴적물에는 주요 온실가스인 이산화탄소가 대기에 영향을 미치지 못하도록 갇혀 있다. 하지만 일단 불이 붙으면, 수백만 톤의 이산화탄소와 다른 유독가스가 대기로 분출되어 지구의 기온과 대기에 심각한 영향을 줄 것이다. 요즘 정치인들은 에너지정책과 장기 환경 전략을 수립하는 데 이러한 과학적 자료를 중요하게 사용하고 참조한다. 인류는 선사 시대 광합성으로 생겨난 자원에 의존해서 계속 살아갈까? 아니면 더 이상 의존하지 않고 살아갈 수 있을까?

목화

전 세계에 옷을 입힌 식물

1860년 미국 남부와 영국은 하나의 식물이 가져온 부로 긴밀하게 묶인 공동체였다. 그 식물은 바로 목화다. 미국 남부의 농장 노예주는 40년간 목화를 재배하고 수확하여 영국 랭커셔에 위치한 면업지대의 노동자들에게 면화를 공급했고, 이렇게 면제품에 대한 전 세계의 탐욕스러운 욕구를 만족시켰다. 아주 기본적인 수치를 통해 남북전쟁 직전 목화의 중요성을 살짝 엿볼 수 있다. 영국의 방적공장 3천 개 이상이 약 65만 명의 사람들을 고용했고 대략 45만 톤의 면화를 취급했다. 약 80퍼센트의 면화가 미국 남부에서 수입됐고 그 가치가 1억 2천만 달러에 이르렀다.[367] 19세기가 시작될 무렵, 미국은 전 세계 목화 공급량의 10퍼센트를 차지했다. 1860년 이 수치는 전체 공급량의 3분의 2로 증가했다. 같은 기간 동안 목화의 세계 생산량은 거의 5배로 증가했다. 반면 1860년 전통적으로 목화의 원산지였던

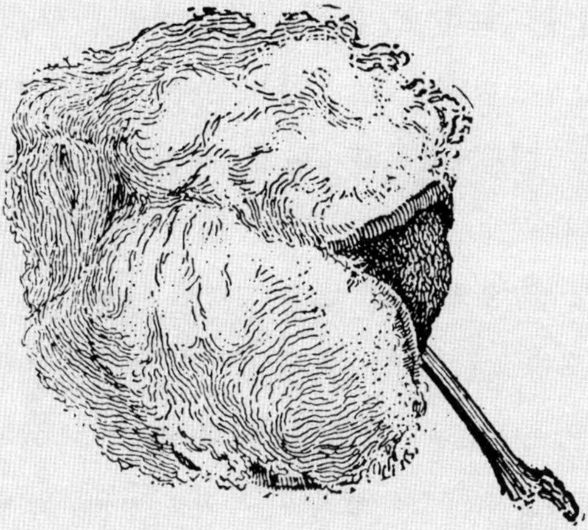

목화

*Gossypium*속

아욱과

인도의 비중은 20퍼센트가 채 되지 않았다.

목화 열매가 완전히 익으면 독특한 풍경을 자아낸다. 완전히 익은 꼬투리는 반으로 갈라지는데, 이때 골프공 크기의 섬유질 뭉치가 겉으로 드러난다. 이 보송보송한 솜털뭉치에서 신화 속 동물인 '바로메츠'가 나왔다고 추측하는 사람들도 있다. 목화를 처음 본 중세 후기와 근현대 사람들은 목화가 양이 열리는 식물이라고 믿었다.[368] 이런 신화나 전설이 없어도 서양의 고전문학에서 진짜 목화를 구분하는 것은 어렵다. 목화가 잘못된 이름으로 문학작품 속에 등장하기 때문이다.[369] 그리스 철학자 테오프라스토스는 인도와 바레인에서 목화를 접했다.[370] 이집트의 목화가 현대 목화의 특징을 모두 지니고 있었지만, 이슬람 시대 이전의 이집트에 목화가 존재했다는 증거는 거의 없다. 고대 이집트의 '목화'는 아마로 만든 것이었다.[371]

고시피움속*Gossypium*에는 대략 50종의 목화가 있다. 이들은 모두 여러해살이풀로 열대 지방과 아열대 지방에 주로 서식한다.[372] 구세계와 신세계는 최소 5천 년 동안 목화를 이용하고 재배했다.[373] 100만 년에서 200만 년 전 아메리카에 등장한 목화는 페루종과 고시피움 헤르바케움*G. herbaceum*의 가까운 친척의 교배종이었다.[374] 신세계에 등장한 교배종은 다시 다수의 종으로 갈라졌는데, 이 과정에서 현대 상업용으로 쓰이는 목화도 등장했다. 이 종은 신세계 원주민들이 주로 재배했다. 중앙아메리카와 남아메리카에서는 고시피움 히르수툼*G. hirsutum*이 재배되었고 고시피움 바르바덴스*G. barbadense*는 카리브 해에서 재배되었다. 1800년대 이전 구세계에 재배된 고시피움 아르보레움*G. arboreum*과 고시피움 헤르바케움은 당시 가장 중요한 상업용 품종이었다. 오늘날 널리 알려진 이집트산 목화도 19세기 신세계 재배종을 선별하며 등장하게 되었다.

목화의 섬유질은 속이 텅 빈 관처럼 생긴 단섬유, 즉 스테이플이다. 이것은 거대한 유모세포로 둘러싸여 팽이 모양의 꼬투리 표면을 덮고 있는 섬유소 벽의 잔해다. 외벽은 매끈한 각피로, 그 안에 섬유소가 동심원을 그리면서 겹겹이 쌓여 있다. 이 모든 특성들이 결합되어 매끈하고 실을 뽑기 쉬운 섬유질이 만들어진다. 1킬로그램의 면화를 만드는 데 약 2억 개의 섬유질이 필요하다. 재배환경이 섬유질의 구조와 목화의 기계적 특성에 영향을 준다.[375] 목화의 야생 조상의 종자 섬유는 길이가 짧고 씨의 표면을 덮은 펠트 같은 막을 생성한다. 인류는 목화를 재배하면서 긴 스테이플 돌연변이를 선택해왔다. 야생종의 불순물 섞인 섬유질보다 눈부실 정도로 흰 섬유질을 선호했기 때문이다. 또, 섬유질이 긴 목화는 짧은 목화보다 상대적으로 실을 짜기가 더 쉽다. 그래서 구세계의 '상업용' 목화는 아메리카에서 재배되는 사촌지간 목화보다 섬유질이 짧아 면직물 생산에 적당한 원료가 아니었다. 아메리카에서 재배되는 목화의 섬유질은 족히 3센티미터나 되는 것도 있었다. 씨앗이 작으면 섬유질에서 떼어내기 쉽기 때문에 사람들은 씨앗이 작은 한해살이 목화를 선택해 재배했다.[376]

익명의 19세기 영국 육군 장교는 목화가 '인간의 노동력보다 너그러운 자연의 섭리에 따라 재배된 식물'이라고 이야기했다.[377] 빅토리아 시대 응접실에서 세상물정 모른 채 편하게 살아가는 사람이라면 이런 발언을 할 수도 있겠지만, 영국령 인도의 실상과 목화 섬유의 생산이 아주 고된 노동임을 아는 사람이라면 이런 발언은 하지 못할 것이다. 보스턴부터 파리에 즐비한 살롱을 드나들던 사람들은 미국 남부의 노예들이 얼마나 열악한 환경에서 면화를 생산하고 있는지 또는 영국 북부 면업지대의 방적공장 노동자들이 어떤 환경에서 일하는지에 대해서는 전혀 관심이 없었다.

기계화는 저렴한 면직물의 생산을 가능하게 한 혁신적인 사건이었다. 산업화 이전의 면직물은 아주 비쌌다. 그러나 18세기 영국에서 루이스 폴과 존 와이엇의 롤러 방적기, 제임스 하그리브스의 제니 방적기, 리처드 아크라이트의 정방기와 사무엘 크럼프턴의 뮬 방적기 등 연이은 기계장비의 발명이 면직물 생산량을 증가시켰고 랭커셔는 면업의 중심지가 됐다. 1793년 미국의 엘리 휘트니가 목화 꼬투리에서 섬유소와 씨앗을 빠르게 분리해내는 조면기를 발명하여 특허를 따냈다. 영국의 전경은 산업혁명이 속도를 내면서 빠르게 바뀌었다. 미국 남부도 애팔래치아 산맥의 광활한 서쪽 지역을 목화 재배지로 사용하면서 빠르게 팽창하기 시작했다.

목화밭 덕분에 미국 남부는 경제적 자립이 가능해졌다. 그리고 노예의 노동력을 기반으로 한 경제력을 유지하기 위해서 남부 연합에 속했던 주들이 독립했다. 이어서 1862년 미국에서 남북 전쟁이 발발했다. 자유무역주의자, 노예제 폐지론자 그리고 노예제 옹호론자들이 서로 목소리를 높였고 미국 남부의 지도자들은 치밀한 계획에 따라 일종의 도박을 했다. 바로 면화 공급을 일시적으로 중단한 것이었다. 영국 정부가 자신들의 취지에 부응할 것이라는 기대에서 벌인 도박이었다.[378] 하지만 영국의 면화 재고량은 사상 최대였고 섬유산업은 시장 축소로 인해 침체되어 있었다. 방적공장 사장들은 자유무역 제한에 반대했고 연방주의자들의 편을 들었다. 그 결과 영국의 랭커셔는 면화기근으로 유례없는 공황에 빠졌다.[379]

면화기근이 심각해지고 랭커셔의 실업률이 치솟자, 영국은 품질 하락을 감안하더라도 식민지에서 목화를 들여오려는 대안을 세웠다. 남북 전쟁의 종식으로 미국의 목화 공급이 빠르게 재개됐다. 흑인과 백인을 모두 소작인으로 고용하여 목화를 생산했고 랭커셔의 방적공장은 다시 면직물을 대량으로 생산하기 시작했다. 그러나 인도와 이집트는 목화 공급책을 다양화하려는 영국의 시도와 목화 무역의 부당함 등으로 19세기 말에 이르러 굉장히 고통받게 되었다.[380]

목화는 주로 부드럽고 '통기성 있고' 흡수성 좋은 직물과 실을 생산하는 데 사용된다. 하지만 고급 중성지와 초기 사진필름, 영화필름을 비롯해 DNA를 고정시키는 끈적끈적한 물질을 만드는 데 사용되는 나이트로셀룰로스 생산에도 목화가 사용된다. 심지어 목화의 씨앗도 사용할 수 있다. 목화씨에서 먹을 수 있는 식물성 기름을 짜내고 남은 찌꺼기는 소의 사료로도 사용된다. 그러나 목화는 인간의 생식활동에 영향을 주는 유독성분인 고시폴gossypol을 함유하고 있기도 하다.[381]

2013년 프랑스 면적의 절반만한 지역에서 대략 3,300만 톤의 목화 섬유가 생산됐다. 중국은 인도와 함께 세계 목화 생산량의 3분의 1 이상을 차지하는 최대 목화 생산국이다. 목화 재배는 오늘날에도 경제, 정치, 환경 그리고 사회적 문제를 야기한다. 목화 시장은 예기치 못한 기후 변화로 생산량이 일정치 않고 유행하는 패션이 매년 바뀌는 탓에 변동성이 크다는 특징을 가지게 되었다. 투기꾼들은 이런 목화를 경제적 그리고 정치적 목적으로 비축해두고 풀지 않는다. 목화를 유전적으로 변형하여 해충을 잘 견디고 제초제에 강한 내성을 지닌 종을 생산하는 것이 환경적으로 바람직하다고 하지만, 경제적으로 독자 생존이 가능한 작물을 생산하기 위해서는 많은 땅, 물, 비료, 살충제와 제초제가 필요하다.[382] 사회적으로 목화 생산은 개발도상국의 현대판 노동착취와 관련된다. 소비자들이 저렴한 의류를 원하면서 개발도상국에서 저렴한 인건비로 많은 목화를 생산하기 위한 노동착취가 빈번히 일어나고 있다. 목화가 또 다시 노예제도와 연루된 것이다.

사탕수수

부와 노예

사탕수수는 파푸아뉴기니의 텃밭 작물에서 세계적인 농공업 작물로 변신했다. 그 과정에서 아메리카, 아프리카와 유럽에서 많은 변화가 일어났다. 이 3천여 년의 시간동안 특정 문명이 몰살되기도 했으며 어떤 민족은 노예로 전락하기도 했다.

유럽인들은 17세기 전까지 자당 형태로 농축된 탄수화물의 달콤한 맛을 접한 적이 거의 없었다. 중세 유럽에서 설탕은 희귀한 식품이라 아주 비싸게 팔렸다. 설탕은 16세기까지 상상을 초월할 정도로 비싸서 아주 부유한 사람들이 최대 권력자들의 환심을 사는 데에나 주로 사용됐다. 하지만 오랜 시간을 거쳐 설탕은 방부제, 식품과 감미료 등으로 흔히 쓰이는 식품이 되었다.

오늘날 일일 설탕 소비량의 절반 정도가 사탕수수에서 추출된다. 이는 '태양열과 태양빛의 아주 절묘한 작용'의 결과라고 할 수 있다.[383] 칼 폰 린네는 사탕수수의 열대식물과 아열대식물로 구성된 속을 사카룸이라 불렀다. 사탕수수는 파푸아뉴기니가 기원으로 알려진 여러해살이풀로, 인간에 의해 재배되면서 알려지기 시작했다. 파푸아뉴기니 사람들이 폴리네시아를 건너 아시아 북부와 남동부로 이주하면서 사탕수수도 그들과 함께 이동했다. 사탕수수는 6세기까지 페르시아에서 자랐으며, 8세기 중반에는 이집트에서 재배되었고, 10세기에는 중동의 주요 작물이었다. 아랍의 팽창으로 사탕수수는 지중해를 통해 저 멀리 이베리아 반도까지 이동했고 15세기에는 스페인과 포르투갈이 식민 지배를 하던 대서양 섬들에 사탕수수를 들였다. 마카로네시아는 이 섬국가들을 총칭하는 용어다. 사탕수수는 바로 이 섬들을 통해 신세계로 이동했다.

사탕수수에서 자당을 추출하여 농축시키는 작업은 복잡하고 숙련된 기술이 필요하다. 사탕수수 줄기에서 즙을 짜내고 끓여서 수분을 없애야 하는데, 이렇게 농축된 시럽이 식으면 당밀은 빠지고 자당 결정체가 생긴다. 축구 경기장 크기의 밭에서 약 50톤의 사탕수수가 생산되는데, 이는 대략 6.5톤의 정제 설탕에 상응하는 양으로 170명의 유럽인들이 1년 동안 소비하는 설탕의 평균치이다.

존 제랄드는 사탕수수를 '수익성이 있는 기쁨의 갈대'라 불렀다.[384] 그러나 사탕수수는 재배자와 환경에 부담을 많이 주는 작물로, 삼림을 파괴해 밭을 만들고 많은 물을 확보해야 하며, 밭의 생산성을 높이려면 엄청난 양의 비료를 사용해야 한다. 사탕수수를 심고 비료를 뿌린 뒤 다 익은 사탕수수를 수확하여 설탕을 추출하는 작업은

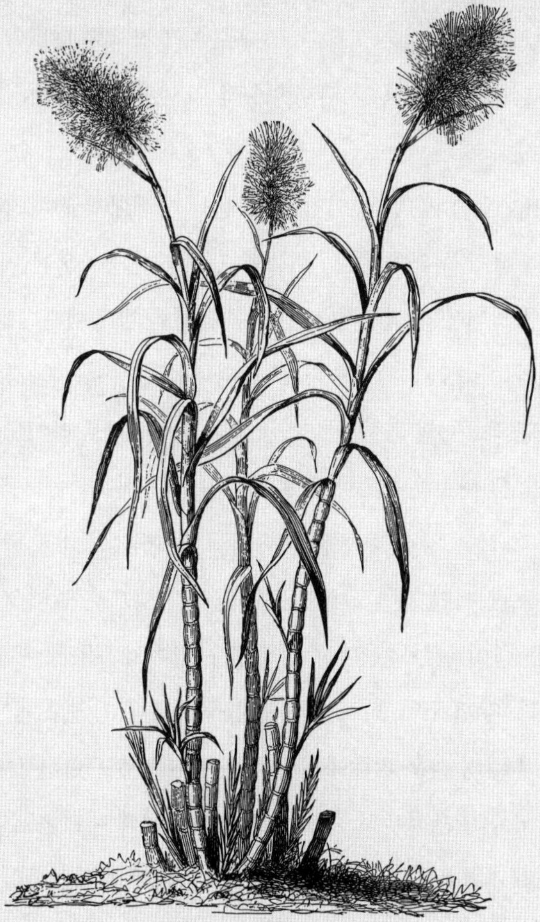

사탕수수

Saccharum officinarum L.

볏과

엄청난 노동력을 필요로 한다. 게다가 사탕수수는 온도가 높고 강수량이 많으며 비옥하고 깊은 토양에서 잘 자란다. 하지만 이런 환경에서 수작업을 하기란 매우 힘들다. 사탕수수의 역사는 노동력 착취와 환경파괴로 점철되어 있다. 사탕수수의 역사에서 노예들은 중요한 역할을 했다.

콜럼버스는 1493년에 있었던 두 번째 항해에서 카나리아 제도의 사탕수수를 가져왔다. 그는 오늘날 도미니카 공화국과 아이티에 위치한 히스파니올라 섬에서 사탕수수 농사를 감독했다. 그는 사탕수수가 자라는 속도에 감탄했다. 히스파니올라 섬에는 농경문화 중심의 원주민 약 200만 명이 살고 있었다. 그들이 바로 타이노족이다. 하지만 농업은 새로운 이주민들에게 중요한 관심사가 아니었다. 그들은 황금과 같은 당장의 보상만을 원했다. 1542년 바르톨로메 데 라스 카사스는 서인도 제도에서 스페인의 만행으로 인해 겨우 200명의 타이노족이 살아남았다고 기록했다. 타이노족은 그 후 20년 만에 멸종했다. 강제 노역, 교조주의, 편협을 비롯해 천연두, 홍역, 콜레라와 유행성 감기 같은 외래에서 들어온 질병으로 몰살된 것이다. 오늘날 타이노족의 흔적은 박물관에 전시된 유물과 바르톨로메 데 라스 카사스의 기록물을 통해서만 볼 수 있다. 타이노족은 사탕수수 재배의 첫 희생자였다. 이 비극은 여기서 끝나지 않았다.

사탕수수의 가치가 알려지자, 아메리카 건너편에 있는 이베리아 반도와 영국의 지주들은 아프리카 노예를 불러들여 사탕수수 농장에서 일하도록 했다. 그 결과 영국, 서아프리카와 카리브해를 잇는 노예무역의 삼각지대가 형성됐다. 노예의 노동력 없이 경제적으로 설탕을 생산하기란 불가능했다. 사탕수수 농장 의사이자 설탕 애호가였던 벤자민 모즐리는 자신의 입장을 다음과 같이 짧게 요약했다.

> 만약 자메이카를 비롯한 다른 영국령 설탕섬들이 전쟁의 공포를 통해 생도밍그Saint Domingue(아이티)의 운명을 공유하게 된다면, 그것은 영국뿐만 아니라 유럽 전역의 고충이었을 것이다. 그 고충은 현 세대에만 국한되지 않고 태어나지 않은 아이들에게로 전해졌을 것이다. 사탕수수농장에서 일하는 50만 명의 아프리카인들이 유럽인들에게 아주 중요한 존재가 되었다.[385]

프랑스 작가 볼테르의 풍자소설인《캉디드Candide》(1759) 속 주인공은 수리남에서 손과 팔이 잘린 노예를 만난 경험을 묘사한다. 노예는 '우리가 제당소에서 일할 때 손가락이 사탕수수 압착기에 끼자 그들은 그 자리에서 손을 잘라버렸다. 우리가 그 곳에서 도망치려고 하자 그들은 우리의 다리를 절단했다. 이 두 가지 일이 나에게도 일어났다. 나의 잘린 손과 발이 당신이 유럽에서 먹는 설탕의 대가이다.'라고 말한다.[386]

18세기가 저물 무렵, 노예무역의 윤리성 문제가 제기되기도 했지만 사람들은 노예무역으로 벌어들이는 엄청난 수익에 양심을 팔아버렸다. 대영제국에서 노예제를 불법화한 19세기 초까지 노예무역이 성행했다.

이 시기에 유럽은 이미 설탕에 중독되어 있었다. 대가가 무엇이든 상관없었다. 설탕은 달콤한 은총이자 의약품으로 여겨졌다. 혹자는 설탕 소비를 '오줌 싸는 병'(당뇨병)과 연관 짓기도 했으나, 당시 설탕이 치아에 미치는 영향은 '아이들에게 겁을 줘서 설탕을 덜 먹게 하려는 노파심 섞인 걱정' 그 이상도 이하도 아닌 것으로 취급되었다.[387] 하지만 설탕은 아주 조용히 달콤한 악영향을 미쳤다. 오늘날에는 충치는 말할 것도 없고 비만, 제2형 당뇨와 심장병으로 설탕의 폐해가 잘 알려지고 있다. 설탕의 부정적인 영향에 대한 우려가 커지자, 아스파탐과 같은 인공 감미료나 잎과 줄기에서 단맛이 나는 남아메리카 식물인 스테비아 같은 자연 감미료 등의 대체제가 유행하기 시작했다.

설탕은 영국에 커다란 부를 안겨줬다. 서인도 제도의 설탕은 리버풀과 브리스틀의 개발, 큐 왕립 식물원과 런던의 테이트 갤러리와 같은 건축물의 건립에 간접적으로 자금을 지원했다. 서인도 제도의 사탕수수 농장은 상류 지주 계층의 어린 자제들이나 부상하는 중산층이 재산을 모으기에 편리한 수단이기도 했다. 설탕은 차, 커피와 맛좋은 초콜릿 음료를 만드는데도 사용됐다. 찻집과 커피숍이 정치, 예술 그리고 과학에 관해 논의하는 만남의 장소로 부상한다(커피, →233쪽). 19세기 들어 영국은 달콤한 차를 마시는 사람들의 나라라는 문화적 고정관념이 생겨났다. 실제로 산업혁명의 시기에 공장 노동자들은 빵과 달콤한 차를 주식처럼 먹었다.

19세기 초 나폴레옹이 사탕무에서 설탕을 성공적으로 추출해내면서 사탕수수는 설탕의 원료로서 도전을 받기도 했다(비트, →37쪽). 오늘날에는 사탕수수와 사탕무 모두 수수나 옥수수에서 추출한 콘 시럽과 치열한 경쟁을 벌이고 있지만 말이다. 하지만 한쪽 문이 닫히니 다른 문이 열렸다. 사탕수수가 바이오연료, 특히 알코올의 원료로 사용될 가능성이 확인되면서 사탕수수 생산량이 새롭게 증가하기 시작했다.

코코넛야자

해변의 방랑자

빅토리아 시대의 사업가인 윌리엄 푸르디 트렐로는 코코넛 껍질의 섬유질로 깔개를 만들었다. 그는 코코넛의 유용성에 바치는 찬가《야자나무들의 왕자The Prince of Palms》(1884)를 출처가 모호한 다음의 문장으로 시작했다. '옷, 고기, 나무 쟁반, 음료와 캔 / 보트, 케이블, 돛, 돛대, 바늘, 이 모든 것이 하나에 들어있네.'[388]

약 천 년 동안, 코코넛야자는 폴리네시아인과 아시아인의 삶의 중심이었다. 열매는 휴대가 쉬운 식품이자 음료이며 줄기와 잎은 집과 카누를 만들 때 사용할 자재 겸 연료였다.[389] 반면 서구 세계에서 코코넛야자는 항상 이국적이고 특이하며 때때로 희귀한 식물이었다. 마르코 폴로는 13세기 후반에 남아시아에서 코코넛을 봤다.[390] 14세기 중반 돈키호테처럼 자유롭게 여기저기 돌아다니던 '방랑자' 존 맨더빌의 여행기에는 '인도의 위대한 견과'라는 언급이 나온다.[391]

코코넛야자

Cocos nucifera L.

야자나뭇과

식물학자 존 제랄드는 그답지 않게 코코넛야자의 유용성을 과소평가했는데, 코코넛을 잘 닦아 광을 내고 은을 두르는 부유한 유럽인들을 위한 참신한 장식품으로 여겼다.[392] 받침대 위에 얹어놓은 코코넛을 떨어뜨리면 그 열매를 상품으로 받는 코코넛 떨어뜨리기는 빅토리아와 에드워드 시대 영국 축제의 단골놀이였다.[393] 사람들이 휴양지에서의 시간을 상상할 때면, 일반적으로 야자나무로 둘러싸인 해변에 누워 내리쬐는 햇살 아래서 탄산음료를 마시며 사랑하는 연인과 빈둥대는 장면을 떠올리곤 한다.

보통 코코넛이라고 하면 대포알처럼 생긴 갈색 열매를 생각한다. 이 안에 든 달콤한 과육을 먹으려면 딱딱한 껍질을 깨야 한다. 하지만 이 열매는 코코넛야자의 한 부분에 지나지 않는다. 우리는 코코넛이 열리는 야자나무를 잘 알지 못한다. 코코넛야자는 호리호리하고 굴곡진 회색 몸통을 지니고 있으며 최대 30미터까지 자라고 꼭대기에 잎이 장미 모양으로 달린다. 각 잎의 길이는 최대 6미터에 이른다. 덜 익은 꽃은 몸통 위의 잎 중에서 단단한 껍질 속에 빽빽하게 무리지어 핀다. 요즘에는 꽃대의 수액으로 알코올이 함유된 야자주를 만든다. 야자주를 증류하면 아라크arrack가 만들어지고 건조시키면 비정제 설탕인 야자즙 조당이 나온다.

매년 코코넛야자에는 사람 머리만한 코코넛이 최대 70여개까지 열린다. 코코넛 하나의 무게는 1킬로그램 이상이다. 코코넛의 내부는 방수가 되는 외벽, 섬유질로 된 중간 벽과 내벽까지 총 세 겹으로 이루어져 있다. 두꺼운 섬유질로 된 중간 벽으로 코코넛 섬유인 코이어coir*를 만든다. 코이어는 밧줄, 매트와 브러시의 짧고 뻣뻣한 털을 만드는 데 사용되고 심지어 토탄의 대체물로도 사용된다. 우리에게 익숙한 코코넛 과육은 씨앗을 감싸는 목질의 내벽이다. 이 내벽 껍질에는 툭 튀어나온 세 개의 '눈'이 있다. 이 특징 때문에 코코넛야자의 학명인 코코스*Cocos*는 포르투갈어와 스페인어로 '가면' 또는 '원숭이 얼굴'을 뜻한다.

껍질 안에는 씨 생성에 필요한 영양분인 배젖이 저장되어 있다. 배젖은 처음에 액체 형태를 띠고 있는데, 이것이 코코넛 워터다. 코코넛 워터는 단맛이 나는 음료일 뿐만 아니라 식물의 성장 호르몬으로 사용된다. 심지어 무균상태이기 때문에 긴급 상황에서 혈장 대신 수혈할 수 있다. 코코넛 워터는 열매가 익으면서 서서히 굳어져 지방이 풍부한 새하얀 과육이 된다. 코코넛 과육을 말린 코프라copra는 요리나 화장품과 비누 등에 널리 사용되는 코코넛 유지와 코코넛 밀크를 만드는 데 사용된다.

코코넛야자는 생물학적 특성으로 식물 세계에서 위대한 항해사이자 해안가의 지배자가 되었다. 크고 에너지가 풍부한 열매는 물에 잘 뜨고 소금기에 강하다. 그렇다고 무기한으로 독자생존이 가능한 것은 아니다. 연구에 따르면 약 110일 동안 독자생존이 가능하다.[394] 강렬한 열대의 태양이 내리쬐고 뿌리 내릴 곳이라고는 모래밖에 없는 섬에 정착하더라도 반드시 싹을 틔우고 뿌리를 내려야 한다. 배젖이 굳어지면서 생긴 씨 속의 공기주머니와 섬유질이 풍부한 열

* 야자나무 열매 껍질에서 채취한 섬유를 통틀어 이르는 말.

매의 벽은 부력을 만들어낸다. 이것들은 배아를 보호하고 수분을 유지하는 발근상*을 제공하여 코코넛야자 묘목이 빨리 성장하고 열매를 맺을 수 있도록 한다.

19세기 중반에 게오르그 하르트비히는 코코넛야자의 서식지에 대해 다음과 같은 기록을 남겼다.

> 본래 연안 지역에서 자라는 웅장한 코코넛야자가 위풍당당한 모습으로 성장하기 위해서는 바다의 물보라와 습기 찬 공기가 필요하다. … 야자수는 파도를 향해 구부러지는 성질이 있고 해일 쪽으로 열매를 떨어뜨린다. 바람과 조류에 휩싸인 코코넛은 싹을 틔울 수 있는 능력을 간직한 채 바다를 정처 없이 떠다닌다. … 야자수는 영역을 … 열대지방 전체로 넓혔다. 코코넛야자는 태평양의 에메랄드빛 섬에서 길게 갈라진 잎으로 그늘을 드리우고 서인도 제도의 해안가에 죽 늘어서 있다. 그리고 필리핀부터 마다가스카르의 산호섬에 뿌리를 내리거나 인도양의 해안지방을 둘러싼다.[395]

우리는 자연의 일정한 현상에 매료되어 그런 현상이 발생하는 이유를 설명하려고 애쓴다. 하르트비히의 화려한 설명은 야자의 기원과 지구를 빙 두르고 있는 야자수 벨트의 끝과 끝이 언제 그리고 어떻게 만난 것인지에 대해 수 세기 동안 이어진 학술적 논쟁을 종결시킨다.

---

* 식물이 뿌리를 내리는 데에 적합한 환경을 조성한 육묘상.

바스코 다 가마와 크리스토퍼 콜럼버스의 항해 전에 서아프리카와 카리브 해에는 야자나무가 없었다. 인류의 이동과 교역 형태를 보면 아랍 상인들과 16세기 이베리아 선원들이 코코넛을 남아시아와 동남아시아로부터 아프리카 그리고 대서양을 건너 아메리카까지 전파했을 가능성이 있다.[396] 리스본과 마드리드 사이의 비유럽 세계를 둘로 나눈 토르데시야스 조약은 스페인의 아시아 출입을 막았다 (육두구, ➔171쪽). 그래서 16세기 초에 살아 있는 코코넛야자를 본 유럽 사람은 아무도 없었을 것이다. 16세기 선원들이 파나마의 서쪽 해안에서 코코넛야자를 발견했다. 이 발견이 수 세기 동안 지속된 야자수의 기원에 대한 논쟁을 촉발시켰다. 야자수 벨트의 마지막 연결고리가 필리핀에서 아메리카로 코코넛을 운반하던 이베리아 선원들에 의해서 만들어졌다는 설이 오늘날 가장 많은 지지를 얻고 있다.[397] 하지만 야자수 벨트가 시작된 곳은 어디일까? 정반대에 위치한 두 개의 지역에서 야자수가 유래했다는 주장이 나왔다. 바로 아메리카와 아시아 대륙이다. 하지만 두 지역 모두 문제가 있다. 아시아에는 다양한 야자수가 서식하고 인류가 천 년간 이 나무들을 이용했다는 증거가 존재하지만 코코넛야자의 친척이 될 만한 야생종이 없다.[398] 아메리카에는 야자수의 가까운 친척은 있지만 토착식물이라는 증거는 없다.[399] 이 문제는 야자수가 태평양의 수많은 산호섬에서 기원하여 그 곳에서 전 세계로 퍼져나갔다는 흥미로운 가설로 이어졌다.[400]

19세기 동안 코코넛유와 코이어는 국제 교역의 대상으로 진화했다. 한 작가는 코코넛유와 코이어의 사회적 인식 변화를 빅토리아

시대에 있었던 두 개의 우연한 사건때문이라고 생각했다. 하나는 1840년 빅토리아 여왕의 결혼식이고 다른 하나는 빅토리아 여왕의 장남이자 훗날 에드워드 7세가 되는 앨버트 에드워드 왕자가 태어나고 2년 뒤에 거행된 세례식이다.[401] 진취적인 양초 제조업자가 빅토리아 여왕의 결혼식을 기념하기 위해 코코넛유로 고급 양초를 만들었다. 앨버트 에드워드 왕자의 세례식을 위해서는 세인트 조지 교회의 바닥에 코이어 매트가 깔렸다. 1851년 대영 박람회에서 코이어 매트와 밧줄 그리고 코코넛 양초가 대유행했고 빅토리아 시대의 사업가들은 이 두 상품으로 떼돈을 벌었다. 편리하게도 대부분의 원재료가 영국의 식민지 특히 스리랑카와 인도에서 풍부하게 자라고 있었다.[402] 거의 같은 시기에 알프레드 노벨이 글리세린을 기반으로 만든 발명품인 다이너마이트를 선보이면서 코코넛 유지에서 파생된 글리세린이 전략적으로 중요해졌다.

불과 수십 년 뒤 다른 고성능 폭약이 개발되고 포화지방이 많은 코코넛유가 건강에 미치는 영향의 우려가 커지면서 서양의 코코넛 시장이 줄어들었다.[403] 코코넛야자는 도처에 자라면서 전 세계적으로 인류 문화에 중요한 역할을 했고 여전히 가장 유용한 식물 중 하나이지만, 아직 야자수와 코코넛에 대해서 알아야 할 점이 더 많다.

벼

수십억 명의 식량창고

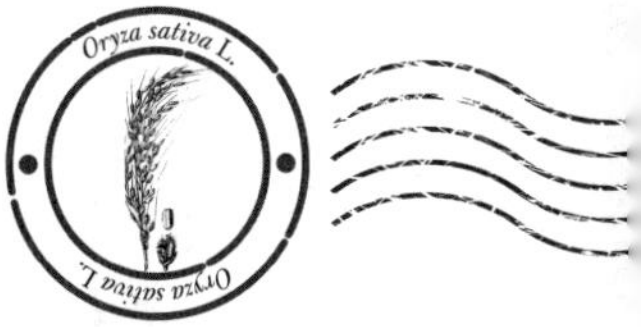

벼는 지구상의 그 어떤 식물보다도 많은 사람들을 먹여 살린다. 아시아인들은 최소 9천 년 이상을 벼에 의존해왔다. 그들 삶의 형태 또한 벼의 재배환경에 따라 변했다. 벼는 열대지역에서 일본 북부의 온화한 지역, 캄보디아의 저지대에서 히말라야 산맥, 그리고 방글라데시의 심해에서 네팔의 건조한 고지대까지 다양한 아시아 지역에 서식한다. 벼는 각 지역의 환경에 맞춰 적응하면서 다른 품종으로 진화했다. 그 결과 벼는 엄청나게 다양한 특성을 지니게 되었으며 아시아 사회에서 주식으로 이용하는 아주 중요한 작물이 되었다. 이와 대조적으로 서양인들이 벼를 먹기 시작한 것은 불과 2세기정도밖에 되지 않았다.

벼의 역사는 동서양의 만남의 역사라 할 수 있다. 알렉산더 대왕의 인도 침략은 기원전 4세기에 그리스 철학자 테오프라스토스가 자신의 청중들에게 벼를 소개하는 계기가 되었다.[404] 이슬람 세계의 부상과 함께 쌀 문화가 카스피 해의 남쪽 해안으로 확장되었고, 10세기 무렵에는 아프리카 북서부에 살던 이슬람 종족인 무어인들이 벼를 이베리아 반도에 소개했다. 14세기에 벼는 이탈리아와 프랑스를 통해 아메리카로 퍼져나갔다. 벼는 신세계에서 주요한 작물이 되었다. 이제는 구세계의 벼와 신세계의 콩을 함께 곁들이지 않은 라틴 아메리카 음식은 상상할 수 없다. 식민 지배를 받던 미국 남부가 벼 재배와 노예무역으로 이득을 보기 시작하자, 벼 재배에 익숙한 서아프리카의 노예들이 비싼 가격으로 거래되기도 했다. 이런 역사적 사실을 바탕으로 일부 학계는 흑인 노예가 식민 지배 시기의 아메리카 쌀 문화의 핵심이었다고 여긴다.[405] 19세기가 저물 무렵에는 이미 동쪽에서 전해진 벼가 서양인들의 일상생활의 일부가 되었다.

벼는 한해살이풀로 두 개의 주요 품종이 있다. 인디카종*indica*은 찰기가 없고 쌀알이 길고 따뜻하고 온난한 지역에서 잘 자란다. 반면 자포니카종*japonica*은 찰기가 있고 길이가 짤막한 쌀알이 열리며 습한 열대기후에서 잘 자란다. 수천 년 동안 인류는 가파른 산비탈과 둑 주변 평지에 논을 만들고 물을 대서 벼를 키웠다. 벼 재배의 필수 조건은 아니지만 홍수가 나면 잡초 개체수가 줄어들고 수생 양치식물인 아졸라azolla가 토양을 비옥하게 만들기 때문에 논의 수와 면적이 증가했다. 벼를 재배할 때 발생하는 메탄가스는 매년 인간의 활동으로 발생하는 메탄가스량의 30퍼센트 이상을 차지한다.[406]

벼 재배종의 기원을 찾는 것은 어렵다. 벼가 아주 드넓은 지역

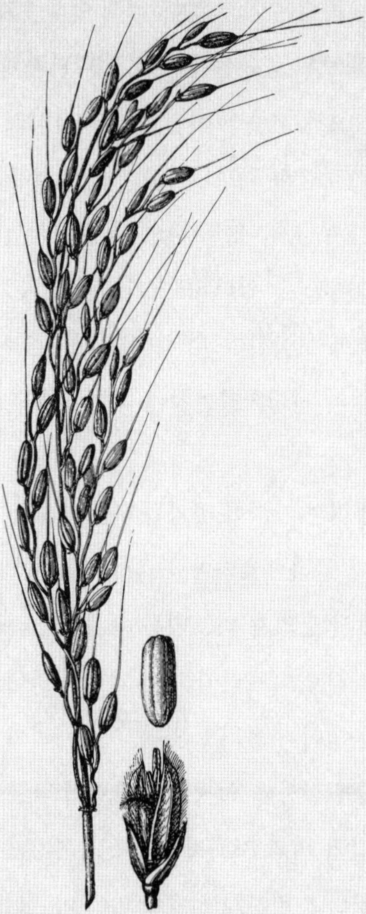

벼

Oryza sativa L.

벼과

에서 재배되었기 때문이다. 게다가 벼 재배를 암시하는 고고학적 흔적이 남아 있는 지역은 거의 없다. 벼의 야생종과 재배종을 구분하는 것도 어렵다. 확보된 증거를 근거로 인디카종과 자포니카종이 벼가 재배되기 아주 오래 전부터 어떤 종에서 갈라져 나왔을 것이라 추측할 뿐이다. 인디카종과 자포니카종은 서로 너무 달라서 교배가 불가능하다. 하지만 두 품종 모두 벼의 야생 조상인 오리자 루피포곤종 *O. rufipogon*과 교배할 수 있다. 오리자 루피포곤종은 여러해살이풀이고 아시아 전역에 서식한다. 벼 재배가 한 번에 시작되었는지 아니면 여러 단계에 걸쳐 진행되었는지에 대한 학계의 논의는 계속되고 있다.[407]

아프리카 벼는 아시아 벼와는 다른 역사를 가지고 있다. 아프리카 벼인 오리자 글라베르리마종*O. glaberrima*은 약 3,500년 전 이너나이저 삼각주에서 오리자 바르티종*O. barthii*이 작물화된 것이다. 아시아 벼와 마찬가지로 아프리카 벼의 기원이 하나인지 아니면 여러 개인지를 두고 논쟁이 지속되고 있다.[408] 아프리카 벼는 단단한 쌀알이 열리고 병충해에 강하다. 하지만 수확량이 적고 수확이 어렵다. 아시아 벼가 아프리카 벼의 지배지역으로 전해지면서 두 품종은 나란히 공존했다. 하지만 소비자의 선호에 따라 아프리카 벼보다 아시아 벼를 재배하는 것이 더 경제적이라는 결과가 드러나면서 주로 아프리카에서도 아시아 벼가 재배된다.[409]

쌀알은 식량의 자연 저장고다. 수천 년 동안 쌀은 매년 곡물을 맺으며 유전자를 다음 세대로 전달했고 인류와 함께 이주하면서 새로운 환경에 적응해왔다. 과학자와 벼 육종가들은 유전적 잠재성을 저장하기 위하여 쌀알의 이런 특성을 이용해왔다. 아시아 벼에서 목격되는 엄청난 유전 변이가 종자은행에도 보존되어 있다. 지금 우리는 대대손손 이어진 이 유전적 복잡성에 의존해 새로운 벼 품종을 개발하고 있고 미래 세대도 그렇게 할 것이다.

전통적으로 식물을 육종할 때 특정 유전자를 빈번하게 조작한다. 지금까지 인류는 이런 육종 방식을 통해 스스로 먹을 식량을 확보해왔다. 하지만 기후변화, 인구 증가와 서식지 소실로 어려움이 생기자 육종가들은 특정 유전자를 작물에 주입시키거나 구성 품종을 이용해 새로운 작물을 개발하는 방식을 고려하고 있다. 벼 생산성을 높이기 위해서는 광합성의 효율성을 높여야만 한다는 주장이 나왔다. 이 말인 즉, 광합성의 생화학 작용 전부를 재설계해야 한다는 말이다.

그리고 벼는 영양학적으로 불완전한 식량이다. 예를 들어 씻은 쌀은 비타민 A와 B_1 그리고 철분이 부족하다. 그 결과 쌀을 주식으로 하는 사람들에게서 비타민 결핍증이 자주 나타난다. 비타민 A의 결핍은 심각한 공중보건 문제로 대두될 수 있다. 매년 25만~50만 명의 아이들이 비타민 A 결핍증에 걸려 시력을 잃고, 이중 절반은 12개월 내에 사망한다. 하지만 비타민 A 결핍증을 줄이기 위한 노력이 성공을 거두고 있다. 그 노력 중 하나가 황금쌀Golden rice의 개발이다.[410] 황금쌀의 첫 번째 품종은 수선화와 박테리아에서 각각 두 개와 한 개의 새로운 유전자를 벼에 주입시킨 결과로 비타민 A 전구물질을 다량 함유하고 있었다. 황금쌀의 두 번째 품종은 수선화 대신 옥수수의 유전자를 이용했다.[411] 황금쌀도 전 세계적인 비타민 A 결핍증을 없앨 완전한 해결책은 아니지만 현재 두 가지 품종이 아시아 벼 육종 프로그램에 사용되고 있다. 반면 과학적 농업이 인구 증가 속도에 맞춰 쌀의 생산량도 늘릴 수 있을지는 앞으로 두고 볼 일이다.

혹자는 현대 작물 육종을 두고 인류의 전통적인 생물학 지식을 착취하고 생물자원 수탈을 통해 생물학적 유산을 훔쳤다고 비판한다. 하지만 증가하는 인구의 식량공급은 모든 사회가 직면한 심각한 문제다. 아주 많은 가난한 사람들이 쌀을 주식으로 삼으면서 벼는 생물자원 수탈을 둘러싼 논쟁에서 가장 다루기 어려운 대상이 되었다. 다른 볏과 작물의 육종과 관련한 과학적 발전에는 사회 변화가 따를 것이다. 식량 생산을 높이려는 노력은 인구 증가 속도를 늦추고 전반적인 소비량을 줄이는 노력과 함께 해야 한다. 이것이 식량 문제를 해결할 수 있는 가장 효과적인 전략이다. 어쨌든 지나친 쌀 소비 탓에 갈수록 날씬한 사람들이 줄어들고 있는 것은 틀림없는 사실이다.

차나무

영국인의 티 타임

아시아의 상록관목인 차나무만큼 제국주의 색채가 강한 식물은 없다. 실제로 차는 특히 19세기 중화제국과 대영제국과도 떼려야 뗄 수 없는 관계를 맺고 있다. 서양인들은 16세기부터 이 새로운 음료를 마시기 시작했지만, 동양인들은 이미 수천 년 동안 차를 마셔왔다. 언제부터 동양에서 차를 마시기 시작했는지는 분명하지 않다. 차의 기원을 두고 다양한 전설이 존재한다. 하지만 분명한 것은 중국인들이 기원전 350년부터 차를 마셨다는 것이다. 게다가 중국은 차를 생산하고 우려내는 정교한 방법을 고안해내 밖으로 새어나가지 않도록 보호했다. '외국에서 온 사악한 존재' 취급을 받았던 외국인들은 그 방법을 19세기 중반까지 알지 못했다. 차의 생산과정을 알 수 없었던 서양인들은 홍차와 녹차를 생산하는 식물종의 정체를 두고 논쟁을 벌였다. 18세기 식물학자 칼 폰 린네도 두 개의 다른 품종에서 각각 홍차와 녹차가 나온다고 확신했다.

17세기 후반만 해도 차는 육로와 해로를 통해 중국에서 유럽으로 수입되는 사치품이었다. 그래서 사기꾼들은 차에 불순물을 섞어 비싸게 속여 팔았다. 18세기에 유럽 국가들이 세운 동인도회사가 중국과 복잡한 교역관계를 맺으면서 차가 국제통상을 변화시키기 시작했다. 중국이 차의 대가로 원했던 것은 오직 귀금속이었기 때문에, 차를 수입하기 위해서 매년 유럽이 중국에 바치는 은의 양은 어마어마했다. 18세기 영국에서 차가 부유층 사이에서 대유행했다. 그 결과 영국에서 고상하고 가식적인 문화가 차를 중심으로 발달했다. 자연스럽게 정부는 재정 확보에 이를 이용했다. 차에 막대한 세금을 물린 것이다. 이것은 차 밀수를 조장하는 결과를 낳았다. 1773년 보스턴 차 사건이 단순히 차 때문에 발생했던 것은 아니다. 하지만 영국 정부가 차 수입에 부과한 막대한 세금에 아메리카 식민지의 불안과 동요가 폭발한 사건이었다. 혁명가들은 '대표 없이는 과세도 없다!'고 부르짖었고 차와 다른 수입품에 대한 세금은 미국 독립전쟁이 일어난 원인 중 하나가 되었다.

후추 무역으로 고대 로마의 국고가 바닥이 났던 것을 떠올려보자(후추, →145쪽). 유럽은 차 무역으로 이런 역사가 반복될까봐 두려웠던 것 같다. 유럽의 각국 정부들은 차 생산에 대한 중국의 지배력을 뒤엎을 방법을 찾는 데 고심했다. 당시 유럽에 있어 중국은 아는 바가 거의 없다시피 한 거대한 국가였다. 당시 중국은 본토에서 외국인들의 이동을 상당히 규제했다. 칼 폰 린네는 1740년대부터 죽을

차나무

Camellia sinensis (L.) Kuntze

차나뭇과

때까지 스웨덴으로 차나무를 수입하려고 시도했다.[421] 그는 유럽이 차를 자급자족할 수 있다고 확신했고 스웨덴이 그 길을 이끌 수 있다고 믿었다. 린네의 제자 다섯 명이 차나무의 확보를 위해서 중국으로 떠났지만 모두 실패했다. 린네는 마침내 1763년 살아 있는 차나무를 손에 넣었다. 하지만 차나무는 스웨덴의 기후에 적응하지 못했고 결국 린네는 차나무 재배에 실패했다. 19세기 초에 영국은 차나무를 인도 식민지에서 재배해서 영국 본토로 들여오려고 시도했다. 당시 영국인들은 거의 하루도 빠짐없이 차를 마셨고, 차는 영국인들의 일상생활에서 없어서는 안 될 중요한 존재가 되어 있었다. 비국교도와 금주운동가들은 원기를 북돋우는 차를 '악마의 음료'로 불리던 술의 대안책으로 받아들였다. 그리고 산업혁명 시기에 영국의 도시 빈민들은 겨우 빵, 설탕과 차를 먹으며 연명했다. 이는 도시 빈민들이 차에 의존하게 되었다는 비판으로 이어졌다.[413]

대서양 횡단 증기선을 지지한 것으로 유명한 미국 변호사 주니우스 스미스는 19세기 중반에 농부들에게 차 재배와 관련하여 '중국의 속박과 지적 노예상태'에서 벗어나자고 촉구했다.[414] 1세기 전의 린네처럼 스미스는 아메리카에서도 차나무가 잘 자랄 것이라 확신했다. 그는 오만하게도 중국의 차 제조법을 무시했고 '세계의 중왕국'인 미국의 거대기업들이 차를 더 잘 제조할 것이라고 장담했다. 하지만 린네처럼 스미스도 잘못 생각하고 있었다.

19세기에 차 재배를 위해서 멕시코에서 숱한 시도가 있었다. 하지만 차나무가 아메리카에 정착하여 주요 작물이 되었던 적은 단한 번도 없다. 1840년대 스코틀랜드 식물학자 조지 가드너는 리우데자네이루 식물원의 차 농장에서 나온 차를 슬쩍 치켜세우는 척하면서 깎아내렸다. '외향적으로 리우데자네이루 식물원에서 나온 차는 중국의 차와 거의 차이가 없다. 하지만 맛은 열등하고 풀의 쓴맛이 많이 난다.'고 조지 가드너는 말했다.[415] 설령 품질이 좋더라도, 국제적인 차 무역에서 우위를 차지할 수 있을만큼 많지 않았다.

스미스가 아메리카에서도 차 재배가 가능하다고 거만하게 떠들어대던 시기에 영국의 동인도회사는 스코틀랜드 식물학자 로버트 포춘에게 살아 있는 차나무를 구해달라고 의뢰했다.[416] 포춘은 중국 토종식물 전문가로, 중국 관습에 익숙했다. 그는 중국 전통 의상을 입고 은밀히 중국으로 가서 서양인들에게 알려지지 않은 중국 물품을 본국으로 들여왔다. 녹차와 홍차가 찻잎의 처리과정만 다를 뿐 같은 식물로 만들어진다는 사실을 알아낸 인물도 바로 그였다.[417] 결국 그는 차나무 2천 그루와 씨앗 1만 7천 개를 제1차 아편전쟁(양귀비, →43쪽) 이후 영국의 식민지가 된 홍콩에서 인도로 들여오는 데 성공했다. 그는 기지를 발휘해서 차나무 재배와 차 생산에 대해 검증된 지식을 보유한 중국 노동자들도 함께 들여왔다.

차나무에는 카페인뿐만 아니라 폴리페놀이라 불리는 복잡한 구조의 화학물질이 함유되어 있다. 차의 맛은 재배지역, 수확한 찻잎의 품질과 제조과정에 따른 폴리페놀의 변화 상태로 결정된다.[418] 그래서 신선한 찻잎을 효과적으로 처리하는 것이 중요하다. 시듦, 멍, 산화, 건조 등 이 모든 것들이 찻잎의 화학적 성질을 바꾸고 이러한 처리방식에 따라 녹차, 우롱차와 홍차와 같은 익숙한 차들이 만들어진다.

로버트 포춘이 가져온 차나무는 아삼Assam에서 발견된 인도의 토종 차나무와 함께 인도 북부에서 재배됐다.[419] 여기서부터 차 농장이 대영제국 전역으로 확산됐고 이후 영연방 사람들에게 저렴하게 차를 공급할 수 있게 되었다. 식민지에서 제조한 차를 빠르게 런던으로 공수하기 위해서 날렵한 범선이 제작됐다. 차 수송용 범선에 주로 느릅나무와 티크와 같은 목재가 사용됐다.

로버트 포춘은 중국의 문화에 대해 실용적인 지식을 갖추었으며 차 가공이 차나무만큼 중요함을 알고 있는 훌륭한 식물학자였기 때문에 성공적으로 차나무를 가져올 수 있었다. 그리고 그는 차나무를 들여올 때 기발한 방법을 이용했다. 살아 있는 식물을 수송하는 것은 까다롭고 어려운 일이었다. 끊임없이 관심을 가지고 지켜봐야 했고 신선한 물을 공급하면서 비바람에 죽지 않도록 보호해야 했다. 그래서 수세기 동안 겁쟁이들은 감히 외국에서 살아 있는 식물을 본국으로 들여올 시도조차 못했다. 1823년 런던 의사 나다니엘 워드는 살아 있는 식물의 수송에서 돌파구를 마련했다. 그는 밀폐된 유리 상자에 유약을 발라 워드 상자Wardian case를 개발했다. 워드 상자는 휴대용 온실과 유사한 기능을 하여 자라는 식물을 나쁜 환경조건으로부터 보호하고 식물 수집가와 원예가들에게 완전히 새로운 가능성을 열어줬다.[420]

세계적인 커피숍 홍수 속에서 차는 여전히 가장 중요한 카페인

음료다. 차와 커피 문화는 사람들과 국가를 나눈다. 차를 마시는 것은 다소 전통적인 문화로 간주되고 절제와 자제 등의 개념과 연관된다. 그리고 오후에 느긋하게 차를 마시는 영국인이 가장 먼저 떠오른다. 이와 반대로 커피를 마시는 것은 자유분방하다고 여겨지고 과잉과 방탕함 등의 개념과 연관된다. 커피라고 하면 이른 아침과 늦은 저녁에 커피를 마시는 미국인이 연상된다. 지난 십 년 동안 차를 마시는 것이 건강에 좋다는 사실이 알려지면서 차의 소비가 1,500년 전 중국이 차 무역을 지배했던 시기의 수준으로 되돌아갔다.

레그워트

광활한 목초지의 침략자

인간과 깊은 관계를 맺은 식물은 인류 식민지화의 흔적이라 할 수 있다. 주요 식용 작물은 인간의 따뜻한 보살핌을 받으며 이동했고, 자신들의 요람인 기원지에서 벗어나 광활한 대륙을 뒤덮어 새로운 식민지로 만들었다. 이 이동에 우연히 끼게 된 식물도 있다. 그들은 새로운 환경이 제공하는 기회와 생물학적으로 극복하기 힘든 장애를 넘어서는 능력을 십분 활용했다. 이들 중 몇몇은 '잡초'라는 이름을 얻게 되었다. 잡초는 식물계의 종군 민간인이자 인간이 창조해낸 서식지에 대량 서식하다 인간이나 동물이 이동하면 그 틈에 끼어서 이동하는 기회주의자다. 잡초 애호가들은 잡초를 '아직까지 장점이 발견되지 않은 식물'이라 정의하고[421] 실용주의자들은 '잘못된 장소에서 자라는 식물'이라 정의한다. 잡초는 수명이 짧고 여기저기 잘 서식하며 척박한 환경을 잘 활용한다. 그리고 일반적으로 많은 양의 씨

레그워트

Jacobaea vulgaris Garten.f.

국화과

를 생산한다. 레그워트ragwort는 이 모든 특징을 가지고 있다.

레그워트는 유라시아 토종식물로 수십 년 동안 금방망이속*senecio*에 속한다고 여겨졌다. 하지만 최근에 DNA분석을 통해 레그워트가 가까운 친척에 속하는 다른 식물들과 함께 야코베아속*Jacobaea*에 속한다는 사실이 밝혀졌다.[422] 야코베아라는 속명에서 알 수 있듯 과거 사람들은 레그워트가 성 야고보의 날(7월 25일) 무렵에 꽃을 피우기 시작했다고 믿었다. 납작하고 노란 레그워트꽃은 데이지를 닮았다. 유럽인들은 지난 150년 동안 가축을 이끌고 온난한 북아메리카, 호주와 뉴질랜드로 이동했다. 레그워트도 그들을 따라 이동하여 이제는 목초지에서 흔히 볼 수 있는 잡초가 됐다. 영국에서 레그워트는 '말을 죽음에 이르게 하는 식물'로 주기적으로 헤드라인을 장식한다. 보다 일반적으로 레그워트의 폐해를 이야기하자면, 전 세계적으로 연간 수천만 파운드의 목초가 레그워트 때문에 사라진다.

레그워트가 인간에게 주는 피해는 아주 최근에 와서 밝혀진 것이다. 실제로 레그워트는 신석기 시대 이후 쭉 인간을 이용해왔다. 레그워트는 본래 모래언덕처럼 배수가 잘 되는 교란토양에서 자라는 식물이다.[423] 빙하 시대가 끝난 뒤 인간이 활동하면서 환경이 변하기 시작했다. 인간은 숲을 없애고 땅에 물을 뿌리고 쟁기질을 해서 작물을 심을 농경지를 만들었다. 그 결과 토양은 주기적으로 바람에 의해 교란되었다. 이런 우연한 행위들이 레그워트가 불모지나 다름없는 서식지를 벗어나 널리 번식하도록 만들었다. 가축 밀도가 높아지면서, 인간은 어쩔 수 없이 목초지에 지나치게 많은 가축을 방목했다. 이것은 레그워트 씨가 다른 종과의 경쟁에서 벗어나 더 먼 지역으로 이동하는 기회가 되었다. 레그워트뿐만 아니라 다른 잡초들도 이런 방식으로 번식했다.

각각의 레그워트 풀은 수천 개의 씨를 만들어내고, 이 씨들은 바람을 타고 널리 퍼져나간다. 레그워트는 잘려나간 줄기나 뽑힌 뿌리에서도 금방 다시 자라난다.[424] 이런 특성 때문에 레그워트는 금세 목초지나 경작지를 뒤덮어버린다. 레그워트를 완전히 제거한다는 것은 불가능한 일인지도 모른다. 레그워트가 침략한 목초지의 다른 풀과 약초는 생존을 위한 경쟁을 하게 되고, 결국에는 목초지의 생산성이 하락하게 된다. 게다가 레그워트는 피롤라이지딘 알칼로이드 pyrrolizidine alkaloid를 지닌 몇 안 되는 식물에 속한다. 이 화합물은 목초지에서 풀을 뜯어 먹는 동물에게 치명적이다.[425] 그래서 레그워트는 가축을 죽이는 식물로 명성이 자자하다. 가축은 일반적으로 독성 때문에 레그워트를 피하지만, 건초에 섞여있을 때는 가려내지 못하고 먹는다.[426] 가축이 실수로 레그워트를 먹고 중독되면 경제적 손실이 발생한다.[427] 레그워트의 밀도가 높아지는 것은 큰 문제이지만 레그워트를 먹고 죽은 가축의 수를 객관적으로 파악하기도 쉽지 않다.

1959년에 영국은 레그워트의 확산을 막기 위해서 잡초에 관한 법령을 만들었고 이후 잉글랜드에는 2003년에 레그워트 억제에 관한 법률이 생겼다. 그러나 이런 노력은 적응력이 매우 뛰어난 레그워트에게는 헛수고에 지나지 않는다. 하지만 레그워트를 이용하는 곤충을 활용한다면 우리도 이 골치 아픈 잡초를 통제할 수 있을지도 모른다. 진홍나방 애벌레, 레그워트 벼룩잎벌레 유충과 레그워트 종자파리와 같은 몇몇 곤충들은 레그워트의 무분별한 확산을 막을 효과적인 생물학적 방제생물이다.[428] 하지만 생물학적 방제만으로 레그워트의 확산을 억제하여 생기는 경제적 효과는 무시해도 될 정도의 수준에 지나지 않는다. 목초지를 개선하는 추가적인 노력과 방제를 통해 레그워트가 아예 싹을 틔우지 못하도록 만들어야 한다. 그리고 주기적으로 다 자란 레그워트를 잘라 씨를 퍼트리는 것을 막아야 한다.

이렇게 많은 욕을 먹는 레그워트는 수백 개의 이름으로 불린다. 그중 하나인 '휘청풀staggerwort'은 레그워트를 먹고 중독된 가축이 보이는 증상에서 따온 것이다. 레그워트에 중독된 가축은 휘청거리며 걷는다. 혹자는 레그워트가 말의 휘청거림을 치료한다고 주장했다.[429] 레그워트를 풍경의 약탈자이자 가축의 살인자보다 좀 더 긍정적으로 여기는 사람들도 있다. 레그워트는 맨Man 섬의 국화로 '쿠쉐그cushag'라 불린다. 영국 시인 존 클레어는 이 잡초의 아름다움을 노래하는 〈레그워트The Ragwort〉라는 시를 썼다. 그리고 1925년 꽃 요정에 관한 책을 쓴 것으로 유명한 작가, 시슬리 메리 바커도 레그워트에 대한 글을 썼다.

잡초인 레그워트는 인간의 약점을 이용하는 식물들을 대표한다. 서구 문명이 식민지를 넓히고 자연 환경을 인위적으로 바꾸는 동안 레그워트는 서식지를 넓힐 기회를 놓치지 않고 잘 활용했다. 문명 확산의 예기치 않은 결과로 레그워트는 가축의 사료와 내장에 숨고 차량의 후류에 편승하여 대륙을 건넜다. 그리고 형편없는 토지관리도 레그워트가 새로운 환경에 뿌리 내릴 기회를 제공했다. 문화적으로 레그워트는 찬사와 맹비난을 한꺼번에 받은 식물이다. 물론 찬사보다는 맹비난을 훨씬 많이 받았지만 말이다. 이제 더 이상 말을 타고 이동하거나 농사를 짓지 않게 되면서, 레그워트로 발생하는 문제는 경제적 문제가 아닌 동물 복지와 관련된 문제로 다뤄지기 시작했다.

바나나

멸종의 기로에 놓이다

2003년 유럽 언론이 식품을 둘러싼 소동으로 들썩였다. 이번 소동은 음식물이 오염됐거나 발암물질이 발견됐기 때문에 발생한 것이 아니었다. 바나나가 10년 이내 멸종될 수 있다는 예측 때문에 일어난 소동이었다. 바나나는 세계에서 네 번째로 중요한 식량이다. 연간 1억 톤이 소비되며, 전 세계적으로 가장 많이 거래되는 농산품 열 개 중 하나에 속하는 작물이다. 북아메리카와 유럽의 소비자들에게 바나나의 멸종은 자신들이 가장 사랑하는 과일을 더 이상 먹을 수 없게 된다는 의미일 것이다. 하지만 바나나의 멸종으로 가장 큰 타격을 입는 것은 바나나 수출에 의존하는 국가들과 플랜테인plantain을 통해 주로 탄수화물을 섭취하는 5억 명 이상의 사람들일 것이다.

사람들은 아무 생각 없이 바나나가 열리는 식물을 '바나나 나무'라고 부르지만, 실제로 바나나와 플랜테인은 아주 큰 풀이다. 이

바나나

Musa × paradisiaca L.

파초과

두 식물은 말레이시아와 인도네시아의 토종식물로 현재에는 열대와 아열대 지역에 걸쳐 재배되고 있다. 칼 폰 린네는 바나나를 무사 사피엔툼*Musa sapientum*, 플랜테인을 무사 파라디시아카*Musa paradisiaca*라고 명명했다. 아무래도 린네는 바나나를 에덴동산의 '지식의 나무'라고 믿었던 것 같다. 당시 많은 사람들이 이렇게 생각했다. 영국 식물학자 존 제랄드는 당시 바나나를 '아담의 사과'라 불렀고 바나나를 자르면 십자가에 매달린 예수의 형상이 나온다는 믿음이 있다고 기록했다. 하지만 직접 표본을 조사하고 난 뒤 그는 '나에게는 십자가보다는 날개를 활짝 편 독수리처럼 보인다. 십자가에 매달린 그 사람을 찾는 일은 나보다 시력과 판단력이 더 좋은 사람들에게 맡긴다.'고 썼다.[430] 일반적으로 바나나는 단맛이 나며 날것으로 먹는다. 반면 플랜테인은 탄수화물을 많이 함유하고 있고 단맛이 덜해 요리해서 먹는다. 식물학적으로 두 과일의 차이는 없다시피 하다. 바나나의 진화 과정을 보다 잘 이해하게 된 지금, 우리는 바나나와 플랜테인을 하나로 여긴다.

다른 식물들과 비교했을 때 바나나는 상대적으로 서구 문명의 역사에 뒤늦게 등장한다. 하지만 무려 1만 년 전부터 바나나가 재배되었다는 증거가 파푸아뉴기니에서 발견되었고, 이와 관계없이 독립적으로 동남아시아와 아프리카의 일부 지역에서도 바나나가 재배됐다.[431] 가장 많이 재배되는 바나나와 플랜테인은 야생종인 무사 아쿠미나타*Musa acuminata*와 무사 발비시아나*Musa balbisiana*의 이종 교배로 생겨난 잡종에서 나왔다.[432] 야생종에 열리는 열매에는 씨가 있지만 사람에 의해 재배되는 바나나와 플랜테인에는 씨가 없다.

바나나는 동남아시아에서 이슬람을 따라 근동과 북아프리카로 이동했고 결국 이베리아 반도까지 진출했다. 9세기에 이르러 바나나는 이슬람 예술과 문화에 자주 등장하는 친숙한 주제였다.[433] 16세기 바나나가 서아프리카와 카나리아 제도를 통해 포르투갈에서 아메리카로 전해졌지만, 서유럽의 수도에서 바나나는 여전히 진귀한 과일이었다. 한 예술가는 존 파킨슨의《식물 극장Theatrum Botanicum》(1640)의 머리그림에 바나나를 넣었지만 분명 그는 바나나를 실제로 본 적이 단 한 번도 없었을 것이다. 바나나는 구하기 어려운 과일이었지만 바나나에 대해서 알려진 바가 전혀 없었던 것은 아니다. 1633년 식물학자 토마스 존슨은 초록색 바나나 다발을 받은 참신한 경험에 대해서 장광설을 늘어놨다. 그는 이 바나나를 런던에 있는 자신의 가게에 전시해두고 약 6주 동안 익는 과정을 관찰했다.[434] 1736년 린네는 수리남에서 들여온 바나나를 네덜란드 재무장관 조지 클리포드의 할트캠프 정원에서 잘 보살펴 바나나 꽃을 피워냈다. 바나나가 최초로 유럽에서 꽃을 피운 사건이었다.[435] 하지만 그 이후에도 오랫동안 바나나는 유럽에서 이국적인 희귀 과일로 남아 있었다. 바나나가 대중적인 과일이 되려면, 빠른 운송시스템과 익는 속도를 늦출 수 있는 메커니즘이 필요했다. 지난 70년 동안 이 모든 조건이 충족되었고 바나나는 슈퍼마켓에서 흔히 볼 수 있는 열대 과일이 되었다. 심지어는 슬랩스틱 코미디의 소도구로도 쓰이게 되었다.

현재 바나나 품종은 수천 개에 이르며 여러 그룹으로 나뉜다.

모두 기준을 가지고 선택된 자연 발생 돌연변이들이다. 힘이 있고 수확량이 많고 추위나 더위에 잘 견디며 씨가 없는 양질의 열매를 맺는 품종들이 선택적으로 재배됐다. 이렇게 다양한 품종이 존재하지만 전 세계적으로 오직 두 개 품종만이 거래되고 있다. 바로 19세기 초에 발견된 '그로 미셸Gros Michel'과 '캐번디시Cavendish'다. '캐번디시'라는 이름은 데본셔 공 6세 윌리엄 캐번디시를 기리기 위해 붙여졌다. 그는 자신의 채스워스 온실에서 상업적 가치를 지닌 새로운 바나나 품종인 캐번디시를 개량해냈다.[436] 캐번디시가 잘 알려진 품종일지 모르지만 현지 품종과 비교해서 가장 맛있는 품종은 아니다. 심지어 브라질에서는 캐번디시가 '물 바나나'라는 의미의 '바나나 드아구아'로 불린다.

바나나는 씨가 없기 때문에 인간의 도움 없이 번식할 수 없다. 바나나는 식물의 모체로부터 잎, 줄기, 뿌리와 같은 영양 기관의 일부가 분리되어 독립적인 새로운 개체로 탄생하는 영양번식을 한다. 이것이 바나나를 멸종시킬 잠재적인 원인이다. 종자번식은 자연적 변이를 촉진하는 반면 영양번식하는 식물에서는 자연적 변이가 발생하지 않는다. 상업적 재배가 가능한 품종이 부족하고 영양번식을 하기 때문에 바나나 생산은 특히나 병해에 취약하다. 1950년대 이후 파나마병 때문에 '그로 미셸'의 재배는 상업성이 없어졌다. 파나마병은 지금까지 알려진 가장 파괴적인 식물 전염병 중 하나이고[437] 살진균제나 훈증제로도 잡을 수 없는 식물 전염병이다.

지금 캐번디시 바나나가 신종 파나마병과 잎에 검은 줄무늬가 생기는 검은잎무늬병을 일으키는 곰팡이균에게 위협받고 있다.[438] 이 병에 걸리면 절반 이상의 작물이 죽어버린다. 생산성을 유지하려면 예방보다는 품종을 대체해야 한다.[439] 대체적으로 바나나 품종들은 곰팡이균에 잘 견딘다. 그러므로 상업적으로 재배되는 바나나 품종에 곰팡이균에 강한 성질을 삽입하는 것이 해결책이 될 수 있을 것이다. 사람들은 과학자들이 2012년 유전자 분자의 배열순서가 완전히 밝혀진 바나나 DNA를 계속 연구해서 이 문제를 해결할 열쇠를 찾기를 바란다.[440] 2003년에 예견된 대재앙이 실제로 일어날 가능성은 낮다. 하지만 이런 보고들이 불가항력적 사태에 대한 작물의 취약성과 만일의 사태에 대비하여 항상 경계할 필요성을 여실히 보여준다.

1970년대와 1980년대, 바나나는 상징적인 정치 무기였다. 당시 미국과 구소련은 바나나 같은 1차 상품이 국가 경제의 큰 부분을 차지하는 '바나나 공화국'들을 중심으로 냉전을 벌였다. 이제 바나나는 이와는 다른 성격의 투쟁에서 상징적인 존재다. 식량 생산의 윤리와 환경적 비용에 관심이 있는 사회 운동가들은 서구 식품기업들이 국제 바나나 무역으로 올리는 막대한 수익에 주목하기 시작했다.

고무나무

콘돔에서 항공기 튜브까지

서구 문명은 미국의 구기 종목에서 산업 시대를 열 핵심요소를 발견한다. 16세기의 유럽인들은 자신들이 재발견한 대륙을 탐험하기 시작하면서 단 한 번도 해본 적 없는 경험을 하게 된다. 방수가 되고 땅에 튀기면 튀어 오를 정도로 탄력 있는 무언가와 마주한 것이다. 유럽인들에게는 신기한 경험이었지만, 중앙아메리카 문명은 최소 2,500년 동안 고무로 공을 만들어 스포츠이자 의식의 일종인 울라마 ulama를 개최해 왔다.[441]

두 가지의 화학 처리법이 발견되면서 고무는 신기하지만 딱히 쓸모없는 것에서 유연성 있는 것으로, 그리고 이내 없어서는 안 될 소재로 변신했다. 18세기에 발견된 첫 번째 방법은 고무가 석탄으로 만든 유기용제에서 녹는 현상이었다. 이것은 고무를 다양한 모양으로 가공하거나 섬유에 고무를 듬뿍 스며들게 해서 방수복을 만들 수

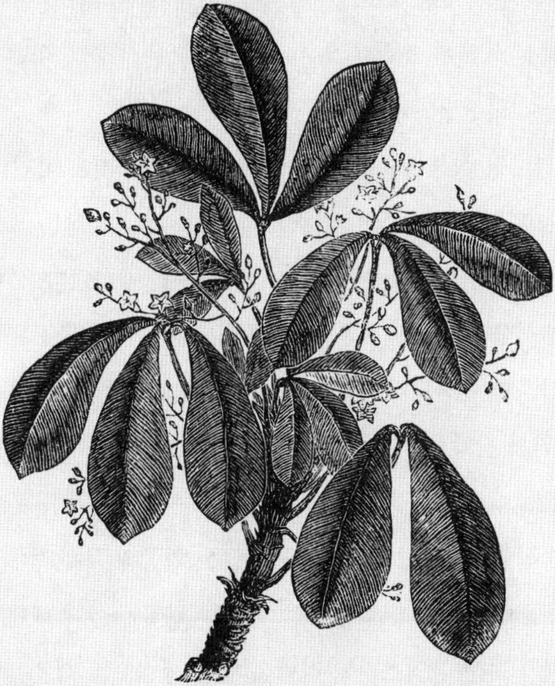

고무나무

Hevea brasiliensis Müll. Arg.

대극과

있다는 것을 의미했다. 두 번째 방법이 발견된 시기는 19세기로, 과학자들이 황을 사용하면 고무의 탄성을 바꿀 수 있다는 사실을 발견했다. 가황이라 불리는 이 방법을 사용하면 고무로 기계 나사받이와 벨트, 그리고 자전거와 자동차의 공기 타이어를 만들 수 있었다. 아마조니아와 벨기에령 콩고에서 고무의 시대가 시작되자 이내 두 지역은 고무를 둘러싼 도륙 현장이 되었다. 고무 추출을 위해 수백만 명의 목숨이 희생됐던 것이다.

단 하나의 식물에서 고무를 추출할 수 있는 것은 아니다. 서로 관련 없는 다양한 식물들이 이소프렌isoprene이라 불리는 무색의 휘발성 고분자 탄화수소로 이루어진 천연고무를 생산한다. 고무를 만들어내는 식물들의 공통점은 특수 유액도관에서 희거나 유색의 유액인 라텍스가 발견된다는 것이다. 이는 초식동물이나 질병의 공격을 막기 위해 진화한 식물 방어 체계의 일부다. 많은 정원사들은 유포르비아*Euphorbia*와 무화과에서 흘러나오는 끈적끈적한 우윳빛 수액에 익숙할 것이다. 중앙아메리카인들은 일종의 무화과에서 얻은 라텍스로 울라마 공을 만들었다.[442] 식물의 껍질을 살짝 베면 유액도관에 상처가 나서 라텍스가 흘러나온다. 이 방식으로 식물을 죽이지 않고 라텍스를 얻을 수 있다. 본래 껌은 중앙아메리카의 마니카라*manilkara*에서 추출한 고무로 만들어졌다. 전기 절연제, 치과용 충전제와 혁명적인 골프공을 탄생시킨 구타페르카gutta-percha는 동남아시아 나무에서 추출한 고무였다. 다수의 천연고무들이 합성고무로 대체됐지만, 특히 파라고무pará rubber는 여전히 중요하다.

1869년 제임스 콜린스는 브라질 아마존에서 자생하는 파라고무나무가 이상적인 고무원천이라는 사실을 발견했다. 이는 지금도 마찬가지다. 파라고무나무는 고유한 특성 덕분에 천연고무를 얻기에 알맞은 나무였고 동남아시아에서만 재배했기 때문에 영국은 파라고무나무에서 추출한 천연고무의 공급을 통제할 수 있었다. 기나나무를 남아메리카에서 인도로 들여왔던(기나나무, ➔206쪽) 클레멘츠 마크햄이 파라고무를 들여오기 위해 다시 움직였다. 하지만 영국 정부에서 파라고무나무의 생물학적 특성을 이해하는 이는 단 한 명도 없었다. 씨앗도 없었고 설령 파라고무나무가 자란다고 하더라도 그 나무에서 고무를 어떻게 추출하는지 아무도 몰랐다. 여기서 대농장주가 되고 싶었던 영국 모험가, 헨리 위크햄이 등장한다.

헨리 위크햄은 아마조니아에서 고무나무와 그 나무에서 고무를 추출하는 모습을 봤다. 큐 왕립 식물원의 관장인 조지프 후커는 그에게 고무나무 씨를 채집해서 큐 왕립 식물원에 심고 싹을 틔워 그 묘목을 동남아시아 식민지로 보낼 것을 의뢰했다. 1876년 어느 날, 이른 시간부터 위크햄이 7만 개의 파라고무나무 씨를 가지고 조지프 후커의 집을 방문했다. 그는 그 씨를 브라질 타파조스 강에서 채집해 가져왔다. 이후 모든 것이 빠르게 전개됐다. 바로 다음날, 위크햄이 가져온 모든 파라고무나무 씨가 큐 왕립 식물원에 심어졌다. 그로부터 3주 뒤 2,700개의 씨가 싹을 틔웠으며, 같은 해 8월에는 1,919그루의 묘목이 스리랑카로 보내졌고, 그 다음달에는 1,700그루의 묘목이 안전하게 콜롬보Colombo 북동쪽에 위치한 헤나라트고다Henarathgoda 식물원에 도착했다. 헤나라트고다 식물원은 희귀한 묘목을 기르기 위해서 세워졌다. 이 당시 심어졌던 고무나무들 중 하나의 그루터기가 오늘날까지 헤나라트고다 식물원에 남아 있다는 주장이 있다.

위크햄이 파라고무나무 씨를 가지고 돌아온 지 몇 주가 지나지 않아 또 다른 큐 왕립 식물원 특사가 파견됐다. 정원사였던 로버트 크로스는 고무나무 씨를 채집하기 위해 브라질로 향했다. 1876년 11월 로버트 크로스가 큐 왕립 식물원으로 돌아왔고 그가 가져온 씨에서 100그루의 파라고무나무가 싹을 틔워 스리랑카로 보내졌다. 그 다음 해 6월, 로버트 크로스가 들여온 씨에서 싹을 틔운 22그루의 나무가 싱가포르로 보내졌다. 동남아시아 고무산업의 아버지인 헨리 리들리는 동남아시아에서 자란 대부분의 파라고무나무가 크로스가 가져왔던 묘목에서 번식한 것이라고 주장했다. 하지만 실제로 헨리 위크햄이 가져온 씨에서 자란 묘목에서 번식한 것인지, 리들리의 주장대로 로버트 크로스가 들여온 씨에서 싹을 틔운 묘목에서 번식한 것인지를 두고 여전히 논란이 있다.

영국이 동남아시아 식민지에 파라고무나무 대농장을 세우면서 아마조니아에서 고무 바람이 빠르게 불기 시작했다. 브라질은 사실상 고무 공급을 독점하고 있었고, 아마조니아의 고무나무 대농장 주인들은 노동력을 착취하여 엄청난 부를 축적했다. 아마조니아 정부는 고무로 벌어들인 돈으로 부유하고 교양 있는 상류층을 위해 르네상스 스타일의 오페라하우스를 아마존 강 중류에 위치한 마나우스

Manaus에 세울 수 있을 것이라 확신했다. 이 오페라하우스에 첫 공연이 올라온 지 불과 15년이 지난 1912년, 아마조니아의 '고무풍선'에 구멍이 났다. 같은 해 출판된 아서 코난 도일의《잃어버린 세계The Lost World》는 존 록스턴 경의 배경 이야기로 고무나무 대농장 주인들의 몰락을 그렸다. 동남아시아에서 영국이 관리하던 대농장에서 보다 저렴하고 효율적으로 고무를 추출할 수 없게 되면서 소위 고무경제가 붕괴되기 시작했다. 반면 아시아의 대농장에서 자라는 고무나무는 아마조니아의 해충과 풍토병으로부터 안전했다. 이것이 아시아의 고무나무 대농장이 성공했던 많은 원인들 중 하나였다. 오늘날 수억 톤의 고무가 매년 생산되고 있으며 그중 약 40퍼센트가 나무에서 추출된다. 천연고무 대부분이 영국의 식민지였던 동남아시아의 파라고무나무 대농장에서 나온다.

천연고무들의 구조를 이해한다면, 물리적 특성을 바꾸고 필요에 맞게 천연고무들을 합성해낼 수 있다. 천연고무는 특히 항공기의 타이어와 튜브를 생산하는 데 사용된다. 이게 가장 중요한 부분이다. 1986년 1월 28일, 우주왕복선 챌린저호가 부속품인 고무 오링의 불량으로 폭발했다. 수백만 명의 사람들이 텔레비전으로 목격한 이 폭발사고는 자연에서 얻은 천연 생성물이 심각한 문제를 일으킬 수 있고 맹목적인 자연 탐구는 위험할 수 있다는 사실을 아주 극적으로 보여준 사건이었다. 하지만 콘돔의 원료로 사용되는 파라고무에는 가족계획과 성병, 특히 에이즈의 억제에 도움을 주는 긍정적인 사회적 효과도 있다.

하지만 아시아에 고무를 전한 큐 왕립 식물원과 헨리 위크햄의 파라고무나무 불법 채집 등, 고무에 얽힌 이야기들은 자원수탈의 파급효과를 보여주는 실질적인 사례다. 그리고 그들의 행동에 대해 드는 의구심과 의문은 지금도 고민해봐야 할 것들이다.[443] 위크햄이 불법적으로 파라고무나무 씨를 브라질 아마조니아에서 영국에 들여온 지 정확히 1세기 후에 파라고무와 관련된 각종 권리와 책임에 관한 문제가 다시 한 번 세계적 관심을 받았다. 아마조니아 열대우림을 보존하기 위해 열렬히 노력했던 브라질 환경운동가 치코 멘데스가 총에 맞아 살해된 것이다.[444] 이 아마조니아 고무나무 수액 채취자의 죽음은 토지권리를 둘러싼 충돌과 천연자원 착취로 파괴되는 열대우림에서 살아가는 사람들의 처지에 세계의 이목을 집중시켰다.

해바라기

위엄 있게 고개를 들고

시간의 흐름에 따라 인간과 식물의 상호작용 방식도 변한다. 그리고 문화에 따라 식물을 바라보는 시각도 다양하게 변하기 마련이다. 해바라기의 원산지인 북아메리카에서는 이 식물을 식량과 약재를 제공하는 식물로 여겼다. 해바라기는 그들에게 유용한 섬유질과 염료도 제공했고, 심지어 북아메리카인들은 해바라기로 악기와 새 사냥을 위한 올가미를 만들기도 했다.[445] 해바라기는 16세기에 아메리카에서 유럽으로 전해졌다. 당시 유럽인들에게 해바라기는 진귀한 관상식물에 지나지 않았다. 하늘을 향해 높이 치솟은 해바라기는 그들에게 당연히 매력적인 식물이었다. 1957년 존 제랄드는 홀번Holborn 식물원에서 자라던 자신의 해바라기가 4.3미터라서 실망했지만, 7.3미터에 달하는 해바라기를 키워낸 식물학자들도 있었다.[446]

해바라기는 대중의 사랑을 받는 식물이었다. 17세기가 시작될 무렵 약재상 존 파킨슨은 '놀랍게도 이제 모두가 이 잘생기고 위엄 있는 식물에 익숙하다.'고 주장했다. 이에 덧붙여 '의학적으로 쓸모는 없지만 사람들은 해바라기꽃으로 옷을 만들기도 하고 아티초크처럼 먹기도 한다. 일부 사람들에게는 별미지만, 내 입맛에는 너무 강하다.'고 말했다.[447] 파킨슨이 해바라기꽃과 비교한 아티초크는 해바라기와는 완전히 다른 식물속이다. 하지만 17세기 초 북아메리카에서 들어온 예루살렘 아티초크*Helianthus tuberosus*(돼지감자 또는 뚱딴지)는 해바라기속이다. 그래서 혼란을 불러일으킨다. 예루살렘 아티초크는 예루살렘 성지와는 전혀 관련 없는 이탈리아산 뚱딴지의 일종이다. 예루살렘 아티초크의 덩이줄기에서는 아티초크 과육과 비슷한 맛이 난다.[448] 존 굿이어는 자신의 요리집에 예루살렘 아티초크의 단점에 대하여 다음과 같이 기록했다.

> 뿌리는 다양한 방법으로 손질해서 식재료로 사용된다. 하지만 나의 판단으로는 어떤 방식으로 손질해서 먹든지, 이것을 먹으면 몸에서 고약한 악취가 나며 배가 찢어질 듯이 아프다. 사람이 먹을 식물이 아니고 돼지에게나 먹일 식물이다.[449]

이 '악취'는 내장 박테리아가 해바라기의 다당류를 분해할 때 발생한다. 단당류인 탄수화물과 달리 우리는 직접적으로 다당류를 분해할 수 없다.

단일 줄기가 떠받치는 거대한 해바라기꽃은 자세히 살펴볼 필

해바라기

Helianthus annuus L.

국화과

요가 있다. 사실 해바라기꽃은 수백 개의 작은 꽃들이 뭉쳐서 이뤄진 것이다. 가장 자리에 있는 설상화는 혀 모양의 꽃잎이 대칭을 이루고 있는 중성화다. 안쪽에 있는 통상화는 꽃잎이 서로 달라붙어 통 모양으로 생겼고 대칭적인 꽃부리를 지닌 양성화다. 각 통상화에서 기름이 풍부한 씨가 있는 건과가 열린다. 식물학자 존 제랄드는 그 모습을 보고 '교활한 노동자가 목적을 가지고 질서 정연하게 배치한 것' 같다고 말했다.[450]

이것은 해바라기 열매를 관찰하고 남긴 단순한 기록 이상의 것이다. 해바라기꽃을 자세히 살펴보면, 종이처럼 얇고 건조한 열매 속의 씨들이 중점으로부터 바깥쪽으로 굽어지는 이중나선형으로 배열되어 있음을 알 수 있다. 하나는 시계 방향으로 돌고 다른 하나는 반시계 방향으로 돌아가는 나선형이다. 존 제랄드의 《약초The Herball》(1597), 바실리우스 베슬러의 《아이흐슈테트 정원 식물도감Hortus Eystettensis》(1613)나 존 파킨슨의 《태양 속 공원, 에덴동산Paradisi in sole》(1629)에 삽화가로 참여한 예술가들은 이런 복잡한 무늬를 명확하게 표현하지는 못했지만, 해바라기씨가 이중나선형으로 배열되어 있다는 사실을 알고 나면 그들이 그린 그림에서도 그 배열을 발견할 수 있다.

놀랍게도 해바라기씨는 정확한 수학적 계산에 따라 이중나선형으로 배열되어 있다. 여기서 피보나치 수열이 발견된다. 수학은 문명의 발달 수준을 보여주는 학문이다. 해바라기꽃에 숨겨진 수학의 법칙은 최소 18세기 중반 이후부터 주목받았다. 프랑스 수학자 에두 아르 뤼카는 피보나치로 알려진 13세기 이탈리아 수학자 레오나르도 보나치를 기리며 '피보나치 수열'을 정리했다. 저서《주판의 서Liber Abaci》(1202)에서 피보나치는 가령 1, 1, 2, 3, 5, 8 … 처럼 다음에 오는 숫자가 앞의 두 숫자의 합이 되는 수열을 발견해서 정리했다.[451] 이 수열은 컴퓨터 공학, 금융, 도박 그리고 연구 예측에 활용되고 있으며 음악, 예술과 건축물에서 우리의 눈과 귀를 즐겁게 해주는 리듬과 선을 만들어낸다.

식물에서 피보나치 수열이 발견되면, 그 식물이 어떤 환경에서 어떻게 성장했는지 추측할 수 있다. 피보나치 수열은 주로 제한된 공간에서 자라는 식물에서 발견된다. 해바라기씨는 제한된 공간을 최대한 활용하기 위해서 137.5도의 각도로 나선형을 이루며 배열된다.[452] 이런 경제성은 솔방울과 파인애플 같은 식물에서도 발견된다.

현재 나온 증거에 따르면 해바라기는 약 5천 년 전에 단 한 번 재배되었다. 해바라기는 북아메리카에서 처음 재배되었던 몇 안 되는 주요 식물 중 하나다. 현존하는 고고학적, 언어적, 문학적 증거를 바탕으로 해바라기가 콜럼버스의 발견 이전에 멕시코에서 살던 사람들의 일상과 종교 생활에 활용되었다고 주장할 수 있는지에 대한 활발한 논의가 진행되고 있다.[453]

러시아를 제외한 유럽 국가들은 해바라기씨에서 기름을 짜내는 것에 별 관심이 없었으나, 러시아 정교에서는 사순절에 기름을 써서 요리하는 것을 금하면서 해바라기씨유만은 예외로 한다. 이 덕분에 러시아는 해바라기씨유 산업의 발달에 큰 기여를 했다. 1830년까지 수십만 헥타르에서 해바라기가 기름 생산용으로 재배됐다.[454] 그리고 러시아의 식물육종가들은 기름 추출과 직접 소비에 가장 적합한 씨를 생산하는 해바라기만 선택적으로 재배했다. 19세기 후반에 러시아 이주민들과 함께 북아메리카로 돌아온 해바라기는 더 이상 수확량이 낮은 진귀한 관상식물이 아니었다. '맘모스 러시안Mammoth Russian'처럼 다량의 씨를 생산하는 품종이 되어 북아메리카로 돌아온 것이다. 20세기 초, 구소련 식물육종가 바실리 스테바노비치 푸스토포이트는 해바라기씨의 기름 함량을 극적으로 높였다. 구소련에서 개발한 해바라기 품종이 세계 해바라기씨유 산업에 사용되면서 해바라기는 냉전 시대의 산업스파이 활동과 생물자원 수탈의 대상이었다.[455] 2012년 3,700만 톤의 해바라기씨가 생산됐고 이 중 40퍼센트 이상이 우크라이나와 러시아 연방에서 나왔다.

해바라기 육종가들의 초기 목표는 해바라기씨의 기름 수율을 알아내는 것이었다. 하지만 해바라기의 다른 특성들도 중요하다. 해바라기의 타고난 가변성을 이용하여 재배 목적에 따라 적합한 품종을 개발해야 한다. 가령 원예가는 키가 크고 밝은 색상을 지닌 해바라기를 최상품으로 여기겠지만, 상업적인 목적으로 해바라기를 재배하는 사람들에게 키가 크고 커다란 꽃이 달리는 해바라기는 적합한 품종이 아니다. 쉽게 쓰러져 수확량이 줄어들기 때문이다. 그들은 새가 열매를 먹지 못하도록 고개를 숙이는 해바라기 품종을 선호할 것이다.

해바라기에서 상업적 가치가 가장 큰 기름은 여러 분야에서 활용될 수 있다. 먹을 수 있는 해바라기씨유는 거의 아무 맛이 나지 않는 밝은 색의 불포화 지방산을 함유하고 있어 동물의 포화지방을 대체할 건강식품으로 여겨진다. 해바라기씨유는 특히 유럽과 러시아 연방에서 인기가 있다. 이들 지역에서 해바라기씨유는 비싼 올리브유의 저렴한 대용품이고 요리용 마가린과 심지어 바이오디젤을 생산하는 데도 사용된다. 기름을 추출하고 남은 찌꺼기는 단백질 함량이 높아 콩 대신 가축 사료로도 사용된다.

유럽에서 해바라기는 그 이름에 걸맞게 시선을 끄는 관상용에 지나지 않았다. 그 크기와 위엄 때문에 해바라기는 항상 사람들의 관심을 받았다. 1987년 빈센트 반 고흐가 그린 해바라기 그림 중에서 한 점이 세상에서 가장 비싼 값에 팔렸다. 그 값은 거의 4천만 달러에 이르렀다. 물론 예술세계가 그렇듯 다른 그림이 이 기록을 금세 갈아치우긴 했지만 말이다. 하지만 이런 이유로 해바라기가 가치 있는 것은 아니다. 해바라기가 진정 가치 있는 이유는 자주 인정받지는 못하지만 우리의 일상에서 다양하게 사용되는 국제상품이기 때문이다.

기름야자나무

'팜유 러시'가 시작되다

우리가 의존하는 식물들의 대다수는 수천 년, 적어도 수백 년 동안 중요한 존재였다. 하지만 모든 것에는 예외가 있는 법이다. 그 예외는 바로 기름야자나무다. 기름야자나무가 식재료와 비누부터 산업용 윤활제와 엔진 연료에 이르기까지 다양하게 사용되기 시작한 것은 불과 20세기의 산업혁명 이후부터다. 이제 기름야자나무는 쓰이지 않는 곳이 없으며, 전 세계 식용유 시장의 45퍼센트를 차지한다. 10년 뒤 바이오디젤이 중요한 액체 연료가 된다면 기름야자나무가 지금보다 더 많이 사용되고 중요해질 것이다.

인류는 수백 세대에 걸쳐 환경을 작물 재배에 적합하게끔 변화시켰다. 그리고 이러한 경작 활동이 환경에 미치는 영향에 개의치 않아하거나, 무관심한 반응을 보이거나, 강한 거부감을 나타냈다. 하지만 기름야자나무는 예외다. 기름야자나무가 주요 작물로 재배되기

기름야자나무

Elaeis guineensis Jacq.

야자나뭇과

시작한 것은 불과 두 세대밖에 되지 않았다. 본격적으로 기름야자나무가 재배되기 시작한 것은 경작이 환경에 미치는 부정적인 영향에 대한 관심과 우려가 대두된 이후부터였다.

기름야자나무는 서아프리카와 중앙아프리카의 하천 주변에 자생한다. 30미터까지 자라는 기름야자나무에는 자두만한 열매가 열린다. 이 열매는 반질거리는 적갈색의 표피가 기름이 풍부한 두꺼운 과육을 감싸고 있는 형태로, 과육 안쪽에는 씨를 보호하고 있다. 기름야자나무는 서아프리카에서 경제적 가치가 가장 큰 식물이다. 그래서 사람들은 숲을 개간해서 기름야자나무를 재배했고 침팬지와 야자독수리가 열매를 따먹지 못하도록 관리했다.[456] 기름야자나무는 약 천 년 간 다양한 방식으로 활용됐다. 그중에서 열매에서 추출한 기름과 발효된 수액으로 만드는 야자주가 가장 중요하다. 사람들은 자신들에게 특히 가치 있고 중요한 식물을 중심으로 다양한 어휘를 발달시켜왔다. 이런 점에서 기름야자나무도 예외는 아니다. 서아프리카에서도 기름야자나무와 이 식물의 파생상품과 관련된 어휘가 풍부하게 발달했다.

15세기부터 서아프리카에 유럽인들의 발길이 닿기 시작했다. 유럽인들은 서아프리카 원주민들이 일상생활 곳곳에서 기름야자나무를 이용하고 있는 모습을 목격했고, 아프리카인들이 노예로 일하고 있는 아메리카에 이 사실을 전달했다. 그래서 노예 주인이나 노예가 기름야자나무를 서아프리카에서 아메리카로 들여온 것이 아니냐는 추정을 할 수 있다.[457] 기름야자나무가 영국의 온실에서 재배되기 시작한 것은 1730년경부터이고 1848년 자바의 보고르Bogor 식물원에 모리셔스로부터 네 그루의 기름야자나무가 전해졌다.[458] 하지만 대부분의 서유럽인에게 기름야자나무는 자신들의 정원이나 식민지의 식물원을 장식할 희귀한 식물에 지나지 않았다.

19세기가 시작될 무렵, 영국과 북아메리카의 사업가들 몇몇은 기름야자나무가 서아프리카에서만 가치가 있는 식물이 아니라 전 세계적으로 경제적 가치를 창출할 수 있는 식물이라는 사실을 깨달았다. 기업가들은 서아프리카의 넓은 지대를 사들이고 땅을 개간해서 기름야자나무 대농장을 만들었다. '팜유 러시'가 시작된 것이다. 팜유는 팔미트산palmitic acid이 풍부한 식물성 포화지방이다. 산업용으로 다양하게 활용될 수 있으며 특히 윤활유와 비누의 원료로 많이 사용된다. 기름야자나무로 만든 초기 생산품 중에서는 팜올리브 비누와 선라이트 비누가 유명하다.

아프리카 이외의 지역, 특히 동남아시아는 팜유에 잠재된 경제적 가치를 알아보고 대농장을 만들어 그들만의 실험을 시작했다. 보고르 식물원에서 자라는 기름야자나무 네 그루에서 받은 씨가 동남아시아 전역으로 공급됐다. 이것이 수마트라와 말레이시아에서 각각 1911년과 1917년에 시작된 기름야자나무 대농장의 기반이 되었다.[459] 특히 수마트라 북부의 델리에 세워진 대농장에서 다량의 고급 팜유가 나왔고, 1930년까지 동남아시아 전역에 생겨난 대농장에서는 소위 '델리deli' 기름야자나무를 재배했다.

편리하게도 서아프리카의 기름야자나무는 열매 속 핵의 유형에 따라 3가지 종류로 나뉜다. 가장 흔한 품종은 핵벽이 두꺼운 '듀라Dura'다. 나머지 2가지 품종은 핵벽이 얇은 '테네라Tenera'와 핵벽이 없는 '피시페라Pisifera'다. 피시페라는 상업적 가치는 없지만 중요한 식물육성용 배종이다. 듀라와 피시페라를 교배하면 생산성이 매우 높은 테네라가 나온다. 동남아시아 대농장은 자바에서 들여온 키가 크고 특히 생산성이 좋은 듀라를 재배했다. 하지만 아시아에서는 키가 작아서 열매를 따기가 쉬운 '덤피Dumpy'가 주로 재배된다.

기름야자나무는 인류가 식물의 유전자를 자신들의 욕구에 맞춰 완전히 변형하고 정치와 경제적 이득을 위해 지형을 변화시키는 데 얼마의 시간이 걸리는지를 분명히 보여준다. 1세기도 채 되지 않는 기간에 야생에서 자라던 기름야자나무는 인간의 손에 의해 반쯤 길들여졌다가 이제는 대농장에서 완전히 재배되고 있다. 이렇게 기름야자나무가 본격적으로 재배되면서 그 여파로 지형이 변했다. 제2차 세계대전이 발발하기 전에 세계에서 가장 많은 팜유가 서아프리카에서 생산되고 수출됐다. 서양 소비자들이 삼림과 농업과 관련된 환경적, 윤리적 또는 사회적 문제에 관심을 가지기 한참 전에 기름야자나무 대농장이 서아프리카 전역에 등장했다. 제2차 세계대전 이후 기름야자나무 대농장의 생산량이 폭발적으로 증가했다. 1960년대 초, 연간 대략 1,360만 톤의 기름야자나무 열매가 수확됐다. 2012년에는 이 수치가 2억 3,500만 톤으로 증가했다. 지난 20년 동안 인도네시아와 말레이시아에서 기름야자나무 대농장이 많이 세워졌기 때문이다. 하지만 서양 소비자들의 팜유에 대한 수요를 충족시키기 위해서는 생산지가 상당한 사회적 비용과 경제적 비용을 지불해야 했다. 지난 50년 동안 말레이시아와 인도네시아에서 아이슬란드 면적에 해당하는 숲이 사라졌다. 팜유에 대한 인간의 욕망을 충족시키기 위해 숲을 개간해서 기름야자나무 대농장으로 만들었기 때문이다.

방대한 생산 데이터와 토양 이용 정보를 수집하고 분석하는 일은 결코 쉽지 않다. 게다가 소비자, 정치인과 정책 입안자들이 환경 문제를 깨닫게 되면서 세계의 정치 풍조가 변했다. 서양 소비자들은 더 이상 자신들의 선택이 팜유 생산지의 주민들의 삶과 환경에 미치는 부정적인 영향을 무시할 수 없게 되었다. 오랑우탄은 팜유와 소비자의 미묘하고 복잡한 관계를 여실히 보여주는 '상징적인 동물'이 되었다. 2010년 UN의 사무총장 반기문은 〈생물다양성협약 보고서 Global Biodiversity Outlook3〉의 서문에서 '생물다양성의 손실로 이어지는 주된 압력이 변함없이 존재할 뿐만 아니라, 그 강도도 세지고 있다.'고 말했다.[460] 하지만 오랑우탄의 애절한 눈빛도 기름야자나무 대농장을 만들기 위한 동남아시아 삼림 파괴를 막지 못한 것 같다.

기름야자나무 육종가들이 사실상 길들여지지 않은 품종을 재배종으로 개량하는 데 상당한 진전을 보이면서 21세기 일부 사람들은 팜유에 대해 보다 낙관적인 태도를 보인다. 식물 육종가들은 유전학과 식물 육종 기술을 적극 활용했다. 식물의 유전적 구성에 관한 비밀을 풀어내는 유전학은 오늘날 식물 육종에서 필수적인 요소다. 기름야자나무의 유전 암호를 구성하는 18억 개의 '문자'가 공개됐다. 그러자 일부 식물 육종가들은 산업과 환경의 압력 단체의 관심과 우려의 균형을 잡고 더 많은 팜유를 생산하고 환경을 덜 파괴하는 새로운 품종을 개발할 수 있을 것이라 주장했다.[461] 이런 낙관적인 전망에 합당한 근거가 있는지는 두고 볼 일이다. 하지만 분명한 것은 이미 사라진 오랑우탄의 서식지를 복원할 수는 없을 것이란 점이다. 기름야자나무를 더 많이 재배하기 위해서 열대우림을 파괴하는 사람들을 그저 비판만 할 수 없다. 서구 문명도 자신들에게 유용한 식물을 재배하기 위해서 자국의 환경뿐만 아니라 다른 국가의 환경을 파괴하고 있기 때문이다.

대두

지속 가능한 세계로

1765년 영국 동인도회사의 직원이었던 사무엘 보웬은 대두를 중국에서 영국 식민령인 조지아로 들여왔다. 그는 대두가 주요 농작물로 자리 잡는 데 크게 기여했고 심지어 대두로 만든 제품을 영국으로 수출했다.[462] 하지만 대두의 생산량과 교역량은 가내수공업 수준에 그쳤다. 150년이 흘러 제1차 세계대전을 경험하고 나서야 미국의 농부, 정책 입안자와 산업가들이 대두 재배가 토양의 질을 개선하고 산업 원자재를 확보할 비용 효율적인 방법임을 깨달았다. 다른 콩과 식물처럼 대두에는 식물이 대기 중 질소를 뿌리로 흡수할 수 있는 형태로 변환하는 뿌리혹이 있다. 이 덕분에 대두를 심은 토양이 더욱 비옥해지는 것이다(완두, →81쪽). 이로부터 얼마 지나지 않아 헨리 포드와 같은 산업가들의 의뢰로 식물을 연구하던 연구원들은 대두에 상당량의 식용유가 함유되어 있다는 사실을 발견한다. 이 콩기름은 음식과 비누부터 페인트와 플라스틱에 이르기까지 아주 다양한 제품을 만드는 데 사용된다.[463] 요즘은 사용되지 않는 분야가 없을 정도다. 대두에 기반을 둔 세계적인 농업기업들이 등장하여 국제 상품시장과 대두 재배지역의 경제를 좌지우지하고 있다.

이 책의 후반부에 소개된 많은 식물들처럼, 동양과 서양의 대두에 관한 역사는 완전히 다르다. 박식한 독일 탐험가 엥겔베르트 캠퍼는 저서 《회국기관Amoenitatum Exoticarum》에서 대두를 설명하면서 자신이 직접 관찰한 일본의 대두 활용법을 소개했다.[464] 18세기 초 이후 일부 유럽 식물원에서 대두가 재배되었고 1759년에 칼 폰 린네가 첫 번째 학명을 붙였지만, 여전히 대두는 유럽에서 희귀한 관상식물에 불과했다. 서양과 달리 동양에서 대두는 아주 오래전부터 존재했던 식물이었다. 재배종은 중국 북동지역에 자생하는 야생종에서 나온 것으로 추정된다. 일찍이 기원전 10세기에 한국에서 대두가 재배되었음을 보여주는 증거가 존재한다.[465] 오래전부터 동양에서는 대두를 으깬 뒤 덩어리로 만들어서 먹었다. 이것은 단백질과 기름이 풍부한 건강식이다. 어린 싹은 채소로 먹는다. 이와 대조적으로 서양에서는 대두를 값싼 기름과 단백질이 풍부한 사료를 만드는 데 사용한다.

대두는 자유무역, 소비자의 선택과 환경의 복잡한 관계를 보여줬다. 세계 인구, 특히 아시아 인구가 부유해지면서 세계 육류 소비가 증가하고 있다.[466] 증가하는 육류 수요를 충족시키려면 단백질이 풍부하고 저렴한 가축 사료가 필요하다. 저렴한 비용으로 육류와 유제품을 생산하는 현대의 축산업은 대두로 만든 사료가 없었다면 존

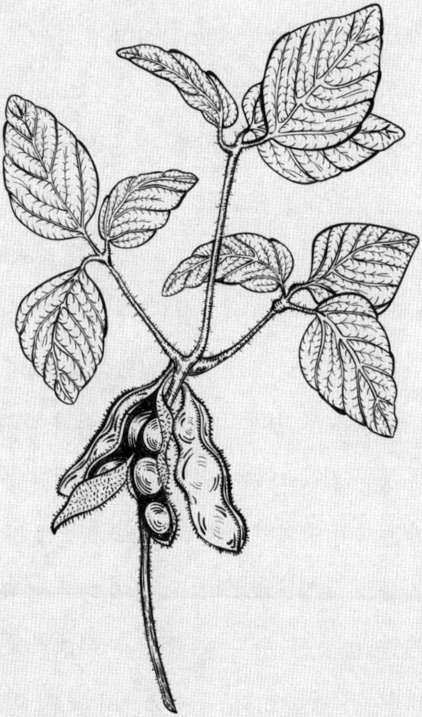

대두

Glycine max (L.) Merr.

콩과

재할 수 없었을 것이다. 1970년 세계 대두 생산량은 5천 톤 미만이었고 미국의 세계 시장 점유율은 70퍼센트 이상이었다. 오늘날 세계 대두 생산량은 2억 5천만 톤에 육박하고, 미국의 시장 점유율도 대략 30퍼센트로 떨어졌지만 여전히 세계 최대의 대두 생산국이다. 미국 외에 아르헨티나와 브라질도 세계적인 대두 생산국이다.

1990년대 후반 대두는 특히 유럽에서 유전자 조작에 관한 논란에 휩싸였다. 1995년 미국 농업기업 몬산토Monsanto가 자사의 글리포세이트 제초제에 내성을 지니도록 유전자를 조작한 대두를 개발해냈다. 이것은 농부들에게 보급된 최초의 상업용 유전자 변형 작물들 중 하나였다.

천진난만하게도 몬산토사는 전 세계 소비자들이 유전자 조작 작물을 거부감 없이 받아들일 것이라 믿었다. 그러나 유럽 소비자들은 격렬한 거부반응을 보였다. 이로 인해 유럽과 북아메리카 사이에서 문화 충돌과 통상 갈등이 촉발되었고, 유전자 조작 작물을 둘러싸고 뜨거운 찬반논쟁이 있었다. 유전자 조작을 옹호하는 자들의 주장과 반대하는 자들의 주장은 하나같이 복잡했다. 소비자, 기업, 규제당국, 비정부기관, 농부, 과학자 등 수많은 이해관계가 얽혀있었다. 주로 이해관계자들은 상품표시, 규제당국의 역할, 연구 결과의 독립성, 환경과 인간에 미치는 효과, 농가에 미치는 영향 그리고 증가하는 세계 인구의 식량으로서의 활용 가능성 등을 격렬히 논쟁했다. 1997년 미국에서 재배되는 상업용 대두의 8퍼센트 가량이 유전자 조작 작물이었다. 하지만 2014년에 그 비율이 94퍼센트로 치솟았다.[467] 이제 대두가 전 세계적으로 거래되면서 유전자 조작 작물에 대한 찬반논쟁이 유명무실해졌다.

지난 50년 동안, 1헥타르당 대두 수확량은 배로 늘었다. 대두 재배에는 급수가 용이한 드넓은 평지와 고른 기후가 필요하다. 1980년대까지는 북미 대초원을 대두 재배지로 활용했다. 그러던 중 농업 기업들이 브라질 중앙에 위치한 대평원 케라도Cerrado에 눈을 돌렸다. 케라도는 브라질 영토의 4분의 1을 차지하는 드넓은 지역이다. 브라질 동식물의 3분의 1이 서식하는 이곳은 세계에서 생물다양성이 높은 '핫 스팟' 34곳 중 하나일 정도다.[468] 케라도의 산성 토양은 알루미늄이 다량 함유되어 있고 영양분이 부족해서 농토로 활용하는 데 한계가 있었다. 그러나 1950년대에 미국 농학자 콜린 맥클렁이 석회, 석고와 인산염 비료를 뿌리면 알루미늄 함량과 산성 농도는 떨어지지만 칼슘, 마그네슘과 기타 영양분의 함량은 증가하여 케라도를 농토로 활용할 수 있다는 사실을 발견했다. 공공과 민간의 투자와 장려책으로 케라도에서 자생 식물을 없애고 대두를 심을 농토로 바꿀 여건이 마련되었고, 매년 철분이 풍부한 토양에 하얗게 비료가 뿌려졌다. 그 결과 케라도는 21세기 남미 곡창지대로 변했다. 2006년 콜린 맥클렁과 브라질 출신 동료 2명은 케라도의 농업 환경을 바꾼 공로로 세계 식량상을 수상했다.

브라질의 케라도는 강력하게 얽힌 정재계의 이해관계가 숨어 있는 농업지역으로, 환경과 원주민 권리에 관심을 가지는 보호단체도 이 지역에 접근한다. 케라도에 일어난 변화는 인상적이지만 동시에 걱정스럽다. 케라도 원주민들의 사회경제적 입지가 완전히 변했을뿐만 아니라 한 세대만에 브라질에서 오로지 대두를 재배하는 지역의 면적이 3배 넓어졌고, 현재 대략 영국만한 땅에서 6,500만 톤이 넘는 대두가 생산되고 있다. 대부분이 대두 재배를 위해 개간한 땅이다. 2002년 케라도의 47퍼센트가 인간의 개발로 사라진 것으로 추정된다. 2002년부터 2008년까지 케라도에서 매년 1만 4천 제곱킬로미터의 면적이 사라졌다.[469] 한 환경단체는 이런 추세라면 2030년에는 브라질에서 케라도가 완전히 사라질 것이라고 보고했다.[470]

이처럼 브라질의 '잊힌 보석'인 케라도는 곤경에 처해있다. 하지만 곤경에 처한 케라도의 비명은 브라질 열대우림을 보호하려는 환경단체들의 외침에 가려 들리지 않는다. 주거지에서 멀리 떨어진 아마존 열대우림보다 주거지에 인접한 케라도를 농경지로 개간하는 것이 옳다고 주장하는 단체가 있다. 그들의 주장에 따르면 무성한 초목들이 우거진 열대우림과 비교하면 케라도는 쓸모없는 관목만 자라는 평지일 뿐이다.[471]

케라도를 드넓은 농경지대로 바꾼 기술이 머지않아 남아메리카, 중앙아프리카 그리고 남아프리카의 대초원마저도 농경지대로 바꿀 것이다. 혹자는 이렇게 하면 세계에서 가장 빈곤한 지역이 수확량이 높은 작물을 재배할 수 있어 경제적 혜택을 누리게 될 것이라고 말한다. 하지만 이런 개발행위는 대초원의 생태계를 파괴하고 생물다양성과 야생을 서서히 갉아먹을 것이다. 하지만 환경을 전혀 훼손하지 않으면서 수많은 사람들이 먹을 충분한 식량을 생산하는 것은 불가능하다는 사실을 받아들여야 한다. 법체계가 제대로 갖추어져 있지 않고 상업적 압력이 높은 곳의 점점 더 많은 지역이 농경지로 변해갈 것이다. 여기서 생물다양성에 대해 목이 터져라 외쳐도 소용없다. 다만 과거의 무분별한 개발행위가 낳은 폐해를 해소하기 위해 현재 마련된 생태적 지속가능성을 위한 계획과 노력이 너무 늦지 않았기를 바랄뿐이다. 지금으로부터 약 30년이 지나면 세계 인구는 90억 명에 이를 것이다. 이 시점에서 우리는 지난 세기 동안 활용된 농업 모델이 이 많은 인구를 먹여 살리기에 적합한 방법인지에 대해서 고민할 필요가 있다.

선옹초*

잡초의 보존에 대하여

친숙하고 흔한 식물은 변화의 지표로 사용될 수 있다. 인류는 천 년 동안 식량 재배와 주거지 조성을 위해 땅을 개간했다. 이 과정에서 지형이 변했다. 일부 식물은 새로운 환경에 적응해서 번성하기도 했지만 서식지를 떠나거나 종의 다양성을 줄이거나 완전히 사라져 버린 식물들도 있다. 이러한 변화는 수천 년 전의 농업 전문가들에게는 크게 걱정할 일이 아니었다. 아마 관심도 없었을 것이다. 하지만 현대의 농업 전문가들은 생물종과 환경의 보존을 우려하고 있다. 적응과 멸종은 자연스러운 생물학적 수순이나, 지난 세기 동안 이 과정이 빠르게 진행되고 있다. 우리의 책임으로 많은 생물종이 이 지구상에서 사라져가고 있는 것이다.[472]

선옹초는 적어도 4천 년 동안 유럽의 농업사와 연관된 독특한

* 선옹초, 또는 선홍초라고도 한다.

선옹초

Agrostemma githago L.

석죽과

한해살이풀이다.[473] 이 기간 동안 유럽에서 수확된 곡물에서 선옹초 씨가 자주 발견됐다. 곡물에 섞인 선옹초 씨는 방앗간 주인과 소비자 사이에 문제를 일으켰다. 수확한 종자에 섞여 다시 밭에 심어진 뒤[474] 잡초로 자라나 밭을 망치기도 했다. 식물학자 존 제랄드가 언급했듯이, '곡물에 섞인 선옹초 씨 때문에 빵의 색과 맛이 변하고 건강이 상하는 일'이 16세기 유럽에서 흔하게 일어났다.[475] 하지만 일부 평론가들은 선옹초를 '밭의 장식품'이라고 여겼다.[476] 보통 허리 높이까지 자라는 선옹초는 길고 부드러운 털이 나고 커다란 삭과 위에 분홍빛이 도는 커다란 보라색 꽃을 피운다.

당시 유럽인들은 선옹초를 예쁘지만 성가신 풀이라고 생각했다. 하지만 19세기가 끝날 무렵 사람들은 선옹초가 사라지고 있다는 것을 깨달았다.[477] 실제로 20세기 말에는 유럽 전역에서 선옹초가 사라지는 현상이 발견되었다.

일반적으로 경지잡초는 보전의 대상이 아니다. 1만 년이란 긴 농업사에 항상 등장하는 경지잡초들은 환경의 변화에 쉽게 적응해 왔을 것이다. 농업이 자동화되고 종자정선법이 개선되고 제초제와 비료를 사용하면서 경지잡초들이 사라지기 시작했다.[478] 식량 생산과 이윤 창출에 관심 있는 농부에게 경지잡초의 소멸은 반가운 일이다. 하지만 환경 운동가에게 경지잡초의 감소는 환경에 보다 큰 문제가 발생했음을 보여주는 징후이다. 유럽에서 선옹초가 줄어들고 있지만, 이 식물이 지구상에서 완전히 사라진 것은 아니다. 지구 반대편에서 선옹초는 여전히 성가신 잡초다. 이 사람들에게 선옹초가 사라지고 있다며 걱정하는 유럽인들은 배가 불러서 복에 겨운 사람들로 보일 것이다.

1864년 미국 외교관 조지 마쉬는 동료들이 환경의 미래에 대해 관심을 가질 것을 촉구하며 다음과 같은 생생한 발언을 했다.

> 심지어 지금 우리는 몸을 따뜻하게 만들고 수프를 끓일 연료를 얻기 위해 우리가 살고 있는 집의 바닥, 장판, 문짝과 창문틀을 뜯어내고 있습니다. 세계는 느리고 착실히 진보하는 학문인 정밀과학으로 이러한 행위의 경제적 영향과 그 결과를 분석하고 밝혀낼 때까지 기다릴 여유가 없습니다.[479]

마쉬의 발언은 당대 사람들에게 특이한 주장으로 받아들여진 듯 하지만, 그의 우려는 특수한 상황의 것이 아니었다.[480] 이제 그의 우려는 빨리 대처해야 할 더욱 시급한 문제가 되었다. 완전히 받아들여지지 않았지만, 지난 40년 동안 인간 활동으로 사라져가는 종의 보전과 관련된 환경 문제에 대한 인식이 높아졌다. 거침없이 증가하는 인구는 환경에 지대한 영향을 미치고 있다. 인류는 현재의 생활방식을 유지하고 개선하기 위해서 자연 환경을 오염시키고 파괴하며 과도하게 개발하고 있다.

1980년대 후반 새로운 이슈를 둘러싸고 환경적 논의가 공공과 민간에서 뜨겁게 달아오르고 있었다. 이 시기에 사업가, 언론 평론가, 과학자 그리고 일반 대중 등 너나 할 것 없이 지구에 존재하는 모든 생명의 변이성을 의미하는 '생물다양성'이란 단어를 입에 달고 살았다. 종의 수와 변이성은 생물다양성의 핵심 개념이고 보존 안건의 근간이다. 주로 알려지지 않은 잠재적 약효와 농업적 가치를 지닌 식물들을 중심으로 식물보존 안건이 세워졌다. 이제 이런 가치를 지닌 식물들이 우리의 웰빙에 지대한 도움을 준다는 생각도 안건 수립에 반영되고 있다.

1992년 생물다양성보존협약은 인간 이외의 생물들이 사회와 경제의 발전에서 핵심적인 역할을 한다고 인정했다. 그리고 생물다양성의 보존과 지속가능한 활용을 위한 국가 차원의 전략에 집중했다.[481] 현재 미국을 제외한 대다수의 국가들이 이 협약에 서명하고 비준했다. 2002년에는 식물의 멸종 속도를 늦추기 위하여 16개의 요점으로 구성된 세계식물 보존전략이 전 세계적으로 채택되었다.

노아의 방주는 생물학적으로는 타당해 보이지 않지만 환경 이야기로 해석될 수 있다. 비록 노아가 자신과 자신이 구하고자 했던 동물들이 방주에서 목숨을 유지하는 데 식물들이 어떤 핵심적인 역할을 할지에 대해서는 냉담할 정도로 무관심했지만 말이다. 그럼에도 방주는 특히 스발바르Svalbard 국제종자저장고와 큐 왕립 식물원의 밀레니엄 종자은행과 같은 세계의 유명 종자은행처럼 종의 보존을 비유적으로 보여주는 강력한 상징이다. 이런 종자은행들을 보면 종을 보존하기 위한 노력이 얼마나 진지하게 받아들여져 대규모로 진행되고 있는지를 알 수 있다.[482] 하지만 선옹초와 같은 경지잡초를 보존하려는 노력은 인류에게 득이 되는 종과 달리 소규모로 진행되

고 있다.[483]

조지 마쉬가 선견지명이 있는 경고를 한 지 150년이 지난 지금, 환경과학은 그가 상상할 수 없을 정도로 진보했다. 세계는 인류가 직면한 환경적인 위협과 인류가 환경에 주는 위협의 규모에 대해서 그 어느 때보다 더 잘 알고 있다. 이제 사람들은 환경 안건에 대한 논의는 거부할지언정 환경 걱정을 입에 달고 산다. 하지만 보존은 여전히 정치와 돈에 의해 좌지우지되고 있다. 근시안적인 정치와 환경을 경제적으로 활용하려는 꿈이 종의 보존에 관한 논의에 지대한 영향력을 행사한다. 서양인들은 인류가 세입자이며 환경의 집사일 뿐이라는 사실을 인정하기 시작했다. 우리는 숙명론과 신의 심판을 논하거나 아득히 떨어진 별과 외계 식민지에 대한 허망한 꿈을 이야기하기보다는 스스로의 미래에 책임을 져야 한다.

애기장대

식물계의 과학적 모델

마지막으로 소개할 이 식물은 언뜻 보기에는 별 쓸모가 없다. 우리가 제일 처음 살펴본 식물은 식량과 음료의 주원료가 되며, 교역에서도 중요한 역할을 한 보리였다. 하지만 이 책의 마무리는 경제적 가치나 문화적 가치가 없는 식물 이야기로 하고자 한다. 이 식물은 먹을 수도 없고 약으로 쓸 수도 없다. 심지어 매력적인 꽃도 피우지 않는다. 애기장대는 고대 신화와 전설에 등장하지도 않았으며 고고학자들의 주목도 받지 못하고 위대한 예술로 이어질 영감을 주지도 않는다. 하지만 애기장대에 관한 지난 20년간의 연구로 정부, 비정부 기구, 다국적 기업과 개인이 모든 문명을 하나로 묶는 순수과학과 응용과학의 윤리적, 철학적, 경제적 그리고 정치적 이슈와 마주하게 되었다.

애기장대는 온난한 북반구에서 인류가 땅을 개간해 농사를 짓기 시작한 때부터 그 지역에 존재했을 것이다. 성장이 빠른 이 작은

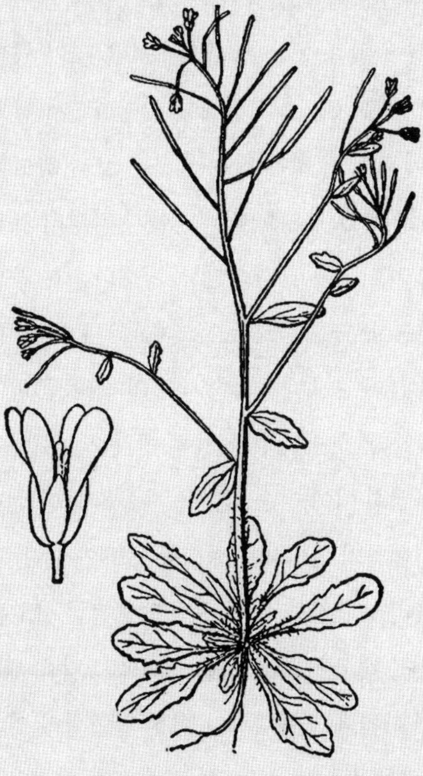

애기장대

Arabidopsis thaliana (L.) Heynh.

십자화과

식물에는 숟가락 모양의 작고 털이 난 잎이 장미꽃 모양으로 달린다. 줄기에 달리는 아주 조그만 흰 꽃은 길고 가는 열매를 맺는다. 다 자란 애기장대의 키는 25센티미터를 넘지 않는다. 이 작은 식물은 1588년 독일 의사 요하네스 달이 쓴 하르츠Harz 숲에 자생하는 식물군에 대한 저서에 처음 등장한다.[484] 이 책은 그가 죽은 뒤에 출판됐다. 1753년 칼 폰 린네는 애기장대를 설명하면서 달의 삽화를 사용했다. 이 잡초에 지나지 않은 작은 식물은 보다 화려한 색상을 지니고 정원용 암생식물로 유명한 장대나물과 상당히 유사하다. 하지만 약 1세기 뒤에 차이점이 발견되면서 '장대나물과 같은'이란 의미를 지닌 아라비도프시스속*Arabidopsis*으로 따로 분류되었다.[485]

18세기와 19세기에 식물학은 식물의 다양성, 형태와 해부를 설명하는 학문이었다. 하지만 19세기에 이르러 과학자들은 이것만으로는 식물을 완전히 이해할 수 없다는 사실을 깨달았다. 식물의 기능을 정확하게 이해하기 위해서는 실험을 해야만 했다. 찰스 다윈과 앨프리드 러셀 월리스는 진화, 변이와 적응에 관한 사고를 전환하는 이론을 공표했다. 그레고어 멘델은 한 세대에서 다음 세대로 이어지는 생물의 특성을 이해하기 위해서 실험적 접근법의 가치를 증명했다 (완두, →81쪽). 과학자들은 개체수와 진화론적 생물학부터 생리학과 생화학 그리고 세포와 발생 생물학에 이르기까지 식물의 모든 특성을 연구하기 위해서 실험을 거듭했다. 그들은 실험으로 자신들의 이론을 검증하고 기록된 다양성의 유형을 설명해냈다. 식물의 생물학에 대한 실험적 접근과 해설적 접근은 서로를 보완했다.

20세기 초 독일 식물학자 프리드리히 라이바흐는 식물 염색체를 조사하기 위한 연구용 모델 식물을 찾고 있었다. 실험적 접근법이 완전히 정립된 시기였다. 그는 모델 식물로 애기장대를 선택했지만 염색체가 아주 작다는 사실을 알고 사용을 중단했다. 하지만 라이바흐와 그의 학생들은 방사선으로 돌연변이가 발생하는 원인을 분석하기 위해서 다시 애기장대를 사용했고 변이를 일으킨 애기장대를 수집했다. 제2차 세계대전 이후에도 라이바흐는 실험을 계속하여 전 세계의 애기장대 생태형을 아우르는 컬렉션을 만들어냈다. 1960년대 중반부터 애기장대를 모델 식물로 사용하는 기조가 강하게 자리잡았고 1980년대 후반에는 세계 과학계가 국가적 차원과 세계적 차원의 재정 지원으로 애기장대를 실험에서 사용하는 모델 식물로 완전히 받아들이게 되었다. 미생물학자와 유전학자들은 박테리오파지bacteriophage와 초파리를 모델 생물로 선택했고, 현재 식물 과학자들은 다양한 모델 식물을 활용하고 있다.

애기장대는 아주 훌륭한 모델 식물이다.[486] 애기장대는 가장 작은 게놈을 지닌 식물들 중 하나다. 애기장대의 게놈은 5쌍의 염색체에 걸쳐 1억 3,500만 개의 염기쌍으로 구성되어 있다. 참고로 인간의 게놈은 약 33억 개의 염기쌍이고 대략 2만 5,500개의 유전자로 구성된다.[487] 2000년에 애기장대 염기서열이 완전히 분석되었는데, 이처럼 애기장대는 DNA가 완전히 해독된 첫 번째 식물이다. 지난 10년 동안 애기장대의 2만 5천 개 이상의 해독된 유전자와 단백질로 실험이 진행됐다.[489] 유전학에서 애기장대는 크기가 작아서 대량으로 재배하기 용이하고, 수명이 짧아 발아에서 채종까지 약 6주가 걸리기 때문에 한 해에 여러 세대를 만들어낼 수 있다. 게다가 애기장대는 주기적으로 다량의 자식종자를 만들어내기 때문에 유전 계통이 보존된다. 하지만 이종 교배가 쉽게 일어나기도 한다. 애기장대로 유전적으로 변형된 실험용 식물을 만들어낼 수 있는데, 이렇게 만들어낸 실험용 식물은 유전자 기능 연구 등에 사용된다. 연구단체가 서로 데이터와 유전 정보를 공유하여 비축해둔 종자와 DNA는 국제 자원 센터들을 통해 언제든지 사용할 수 있다.

지난 20년 동안 우리는 애기장대를 이용하여 식물의 핵심 기능에 대한 방대한 지식을 얻어냈다. 대부분의 지식이 순수 연구에서 나왔다. 이런 순수 연구는 정부, 자선단체와 사기업으로부터 연구 자금을 지원받는다. 전략적 연구라 부르는 것이 더 적절할 듯하다. 하지만 이러한 순수 연구를 가치가 없다며 비난하는 사람들도 있다. 하지만 순수 연구에 대한 비판은 연구 성과란 예측 불가능하며, 이러한 연구를 통해 미래에 유용할지도 모르는 지식을 얻을 수 있다는 점을 이해하지 못하고 있다. 세 개의 유전자가 특정한 상호작용을 거쳐 꽃받침, 꽃잎, 수술과 심피 등 꽃의 특정 부분을 만들어낸다는 가설이 애기장대를 활용한 순수 연구를 통해 증명됐다.[490] 독일 식물학자 알렉산더 브라운은 1873년 원래 겹꽃인 애기장대에서 민꽃 돌연변이를 최초로 발견했다. 1990년이 되어서야 이런 돌연변이가 발생하게 된 원인이 밝혀졌다.[491] 애기장대에 대한 생물학적 지식은 방대하지만 우리 주변에 존재하는 모든 식물들의 생물학적 특성을 설명해낼 수 없다. 더 많은 지식을 습득할수록 모델 식물로서 애기장대의 한계점이 더 생생하게 느껴질 것이다.

애기장대의 유전자에 관한 순수 지식이 차곡차곡 쌓이자, 이 지식을 새로운 분야에 활용하기 위한 연구가 진행됐다. 기능이 검증된 애기장대 유전자는 곡물을 변형하거나 자연적으로 얻을 수 없는 특성을 주입하는 데 사용될 수 있다. 이렇게 유전적으로 변형된 생물체를 두고 상당한 논의가 진행되고 있다. 특히 대서양을 중심으로 찬반이 극명하게 갈린다. 유전자 변형 생물에 관한 논쟁은 양극화되어 있다. 유전자 변형 생물은 인체에 유해한 식품 환경 파괴를 초래한다고 주장하는 사람들이 있고, 증가하는 인구로 말미암아 초래된 각종 식량 문제와 식량 안보의 해결책이라고 주장하는 사람들도 있다.

1만 년 전, 식물 재배는 실수에서 예기치 않게 나온 좋은 경험이었다. 오늘날 우리는 애기장대의 유전자와 다른 종들에 대하여 견줄 데 없을 정도의 방대한 지식을 확보하고 있다. 과연 이 방대한 지식으로 뭔가 새로운 것을 시도하고 연구하는 것이 옳은 일일까? 이것은 단지 과학자나 특정 로비단체만의 고민거리가 아니다. 식물은 인간의 삶에서 핵심적인 역할을 하는 중요한 존재들이다. 그러므로 이 끔찍할 정도로 이상적인 세상에서 우리 모두가 고민하고 생각해볼 문제다.

주석

1. *Translated into English from the original Spanish of Don Antonio de Solis*, Vol. 1. (1738) Printed for John Osborn, London, p. 416.
2. Ebbell, B. (1937) *The Papyrus Ebers. The greatest Egyptian medical document*. Oxford University Press, London. Thompson, R.C. (1949) *The Assyrian Herbal*. Luzac, London.
3. Gunther, R.T. (1934) *The Greek Herbal of Dioscorides. Illustrated by a Byzantine, A.D. 512; Englished by John Goodyer, A.D. 1655*. University Press, Oxford. Arber, A. (1986) *Herbals*. Cambridge University Press, Cambridge.
4. De Candolle, A. (1884) *Origin of cultivated plants*. Kegan Paul, Trench & Co., London.
5. Harlan, J.R. (1975) *Crops & man*. American Society of Agronomy, Madison WI.
6. Smith, B.D. (1998) *The emergence of agriculture*. Scientific American Library, New York.
7. Marsh, G.P. (1864) *Man and nature; or, physical geography as modified by human action*. Charles Scribner, New York, p. 36.
8. Rackham, O. (1995). *Trees and woodlands in the British landscape. The complete history of Britain's trees, woods and hedgerows*. Weidenfeld & Nicolson, London.
9. Fowler, W.W. (1908) *The Roman festivals of the period of the Republic*. Macmillan, London.
10. Dai, F., Nevo, E., Wu, D., Comadran, J., Zhou, M., Qiu, L., Chen, Z., Beiles, A., Chen, G., and Zhang, G. (2012). Tibet is one of the centers of domestication of cultivated barley. *Proceedings of the National Academy of Sciences of the United States of America* 109: 16969–73.
11. Michel, R.H., McGovern, P.E., and Badler V.R. (1993) The first wine and beer: chemical detection of ancient fermented beverages. *Analytical Chemistry* 65: 408A–413A.
12. George, A.R. (1999) *The Epic of Gilgamesh*. Penguin Books, London.
13. Manchester K.L. (1995) Louis Pasteur (1822–1895) – chance and the prepared mind. *Trends in Biotechnology* 13: 511–15.
14. Dillon, P. (2002) *The much-lamented death of Madam Geneva*. Review, London.

15. Valverde, M. (1998) *Diseases of the will: alcohol and the dilemmas of freedom.* Cambridge University Press, Cambridge.

16. Ridgeway, W. (1892) *The origin of metallic currency and weight standards.* Cambridge University Press, Cambridge, pp. 180–81.

17. Holloway, S.W.F. (1991) *Royal Pharmaceutical Society of Great Britain 1841–1991. A political and social history*. Pharmaceutical Press, London.

18. Jones, W.H.S. (2001) *Pliny. Natural history. Books 24–27.* Harvard University Press, London, p. 273.

19. Wink, M., and van Wyk, B.-E. (2008) *Mind-altering and poisonous plants of the world.* Timber Press, Portland OR.

20. Lewis, W.H., and Elvin-Lewis, M.P.F. (2003) *Medical botany. Plants affecting human health.* John Wiley, New Jersey.

21. Rudgley R (1998). *The encyclopaedia of psychoactive substances.* Abacus: London.

22. Bennett, C.E. (1925) *Frontinus. The Stratagems; and, The Aqueducts of Rome.* Heinemann, London, ch. 2, 5.

23. Shakespeare: *Othello* III.iii.

24. Fleisher, A., and Fleisher, Z. (1994) The fragrance of Biblical mandrake. *Economic Botany* 48: 243–51.

25. *Genesis* 30:14–16.

26. Harner, M.J. (1974) The role of hallucinogenic plants in European witchcraft. In Harner, M.J. (ed.) *Hallucinogens and shamanism.* Oxford University Press, Oxford, pp. 125–50.

27. Rudgley R. (1998). *The encyclopaedia of psychoactive substances.* Abacus, London.

28. Shakespeare: *Romeo and Juliet* IV.iii.

29. Gerard, J. (1633) *The herball or Generall historie of plantes. Gathered by Iohn Gerarde of London Master in Chirurgerie very much enlarged and amended by Thomas Iohnson citizen and apothecarye of London.* Printed by Adam Islip Ioice Norton and Richard Whitakers, London, p. 351.

30. Gerard, J. (1633) *The herball or Generall historie of plantes. Gathered by Iohn Gerarde of London Master in Chirurgerie very much enlarged and amended by Thomas Iohnson citizen and apothecarye of London.* Printed by Adam Islip Ioice Norton and Richard Whitakers, London, p. 351.

31. Grover, N. (1965) Man and plants against pain. *Economic Botany* 19: 99–112.

32. Rivera, D., Obón, C., Heinrich, M., Inocencio, C., Verde, A., and Farajado, J. (2006) Gathered Mediterranean food plants – ethnobotanical investigators and historical development. In Heinrich, M., Müller, W.E., Galli, C. (eds) *Local Mediterranean food plants and nutraceuticals.* Karger, Basel, pp. 18–74.

33. Magnol, P. (1686) *Botanicum Monspeliense.* Ex Officina Danielis Pech, Monspelii, p. 38.

34. Vilmorin-Andrieux, M. (1885) *The vegetable garden.* John Murray, London.

35. Marggraf, A. (1747) Expériences chimiques faites dans le dessein de tirer un véritable sucre de diverses plantes, qui croissent dans nos contrées. *Histoire de*

l'académie royale des sciences et belles-lettres de Berlin 3: 79–90.

36. Fischer, H.E. (1989) Origin of the 'Weiße Schlesische Rübe' (white Silesian beet) and resynthesis of sugar beet. *Euphytica* 41: 75–80.
37. Dohm, J.C., Minoche, A.E., Holtgrawe, D., Capella-Gutierrez, S., Zakrzewski, F., Tafer, H., Rupp, O., Sorensen, T.R., Stracke, R., Reinhardt, R., Goesmann, A., Kraft, T., Schulz, B., Stadler, P.F., Schmidt, T., Gabaldon, T., Lehrach, H., Weisshaar, B., and Himmelbauer, H. (2014) The genome of the recently domesticated crop plant sugar beet (*Beta vulgaris*). *Nature* 505: 546–9.
38. Griggs, B. (1997) *Green pharmacy. The history and evolution of western herbal medicine*. Healing Arts Press, Rochester VT.
39. Sala, A. (1618) *Opiologia or, a treatise concerning the nature, properties, true preparation and safe vse and administration of opium. And done into English, and something inlarged by Tho. Bretnor*. Printed by Nicholas Okes, London.
40. Latham, R.G. (1850) *The works of Thomas Sydenham, M.D.*, Vol. 2. Sydenham Society, London, p. 98.
41. Poe, E.A. (1845) in Poe, E.A. (ed) Tales. Wiley and Putnam, London. in his short story 'Ligeia' (1838). Kramer, J.C. (1979) Opium rampant: medical use, misuse and abuse in Britain and the west in the 17th and 18th centuries. *British Journal of Addiction* 74: 377–89.
42. Morimoto, S., Suemori, K., Moriwaki, J., Taura, F., Tanaka, H., Aso, M., Tanaka, M., Suemune, H., Shimohigashi, Y., Shoyama, Y. (2001) Morphine metabolism in the opium poppy and its possible physiological function: biochemical characterization of the morphine metabolite, bismorphine. *Journal of Biological Chemistry* 276: 38179–84.
43. Schriff, P.L. (2002) Opium and its alkaloids. *American Journal of Pharmaceutical Education* 66: 168–94. Askitopoulou, H., Ramoutsaki, I.A., and Konsolaki, E. (2002) Archaeological evidence on the use of opium in the Minoan world. *International Congress Series* 1242: 23–9.
44. Holloway, S.W.F. (1991) *Royal Pharmaceutical Society of Great Britain 1841–1991. A political and social history*. Pharmaceutical Press, London.
45. Kramer, J.C. (1979) Opium rampant: medical use, misuse and abuse in Britain and the west in the 17th and 18th centuries. *British Journal of Addiction* 74: 377–89.
46. Zheng, Y. (2003) The social life of opium in China, 1483–1999. *Modern Asian Studies* 37: 1–39. Brown, R.H. (2002) The opium trade and opium policies in India, China, Britain, and the United States: historical comparisons and theoretical interpretations. *Asian Journal of Social Science* 30, 623–56.
47. Fairbanks, J.K. (1992) The creation of the treaty system. In J.K. Fairbanks (ed.) *The Cambridge History of China*, Vol. 10 Part 1. Cambridge University Press, Cambridge, p. 213.
48. Dikötter, F., Laamann, L., and Xun, Z. (2004) *Narcotic culture: a history of drugs in China*. University of Chicago Press, Chicago.
49. Peters, G. (2009) *Seeds of terror: how heroin is bankrolling the Taliban and Al Qaeda*. Hachette India, Gurgaon, India.
50. Bloch-Dano, E. (2013) *Vegetables. A biography*. University of Chicago Press,

Chicago.

51. Hedrick, U.P. (1919) *Sturtevant's notes on edible plants.* J.B. Lyon Company, Albany, p. 211.

52. Darwin, C.R. (reprint 1998) *The variation of animals and plants under domestication*, Vol. 1. Johns Hopkins University Press, Baltimore, p. 322.

53. Li, H.L. (1970) The origin of cultivated plants in Southeast Asia. *Economic Botany* 24: 3–19.

54. Song, K.M., Osborn, T.C., and Williams, P.H. (1988) *Brassica* taxonomy based on nuclear RFLPs. I. Genome evolution of diploid and amplidiploid species. *Theoretical and Applied Genetics* 75: 784–94. Palmer, J.D., Shields, C.R., Cohen, D.B., and Orton, T.J. (1983) Chloroplast DNA evolution and the origin of amphidiploid *Brassica* species. *Theoretical and Applied Genetics* 65: 181–9. Allender, C.J., and King, G.J. (2010) Origins of the amphiploid species *Brassica napus* L. investigated by chloroplast and nuclear molecular markers. *BMC Plant Biology* 10: 54.

55. Small, E. (1975) On toadstool soup and legal species of marihuana. *Plant Science Bulletin* 21: 34–9.

56. Jiang, H.-E., Li, X., Zhao, Y.-X., Ferguson, D.K., Hueber, F., Bera, S., Wang, Y.-F., Zhao, L.-C., Liu, C.J., and Li, C.S. (2006) A new insight into *Cannabis sativa* (Cannabaceae) utilization from 2500-year-old Yanghai Tombs, Xinjiang, China. *Journal of Ethnopharmacology* 108: 414–22.

57. Postlethwayt, M. (1766) *The universal dictionary of trade and commerce.* Printed for H. Woodfall, London.

58. Anonymous (1844) *The dictionary of trade, commerce and navigation.* Brittain, London.

59. Van Slageren, M.W. (1994) *Wild wheats: a monograph of* Aegilops *L., and* Amblyopyrum *(Jaub. & Spach) Eig (Poaceae).* Agricultural University, Wageningen.

60. Levy, A.A., and Feldman, M. (2005) Genetic and epigenetic reprogramming of the wheat genome upon allopolyploidisation. *Biological Journal of the Linnean Society* 82: 607–15.

61. Heun, M., Abbo, S., Lev-Yadun, S., and Gopher, A. (2012) A critical review of the protracted domestication model for Near-Eastern founder crops: linear regression, long-distance gene flow, archaeological, and archaeobotanical evidence. *Journal of Experimental Botany* 63: 695–709.

62. Martin, D.L., and Goodman, A.H. (2002) Health conditions before Columbus: paleopathology of native North Americans. *Western Journal of Medicine* 176: 65–8. Pechenkina, E.A., Benfer, R.A., and Zhijun, W. (2002) Diet and health changes at the end of the Chinese Neolithic: the Yangshao/Longshan Transition in Shaanxi Province. *American Journal of Physical Anthropology* 117: 15–36.

63. Rudney, J.D. (1982) Dental indicators or growth disturbance in a series of ancient Lower Nubian populations: changes over time. *American Journal of Physical Anthropology* 60: 463–70.

64. Jablonski, N.G., and G. Chaplin, G. (2010) Human skin pigmentation as an adaptation to UV radiation. *Proceedings of the National Academy of Sciences USA*,

107: 8962–8.

65. Holden, C., and Mace, R. (1997) Phylogenetic analysis of the evolution of lactose digestion in adults. *Human Biology* 69: 605–28. Keller, A., Graefen, A., Ball, M., Matzas, M., Boisguerin, V., Maixner, F., Leidinger, P., Backes, C., Khairat, R., Forster, M., Stade, B., Franke, A., Mayer, J., Spangler, J., McLaughlin, S., Shah, M., Lee, C., Harkins, T. T., Sartori, A., Moreno-Estrada, A., Henn, B., Sikora, M., Semino, O., Chiaroni, J., Rootsi, S., Myres, N.M., Cabrera, V.M., Underhill, P.A., Bustamante, C.D., Vigl, E.E., Samadelli, M., Cipollini, G., Haas, J., Katus, H., O'Connor, B.D., Carlson, M.R.J., Meder, B., Blin, N., Meese, E., Pusch, C.M., and A. Zink, A. (2012) New insights into the Tyrolean Iceman's origin and phenotype as inferred by whole-genome sequencing. *Nature Communications* 3, doi:10.1038/ncomms1701. C.J.E. Ingram, C.J., Elamin, M.F., Mulcare, C.A., Weale, M.E., Tarekegn, A., Raga, T.O., Bekele, E., Elamin, F.M., Thomas, M.G., Bradman, N., and Swallow, D.M. (2007) A novel polymorphism associated with lactose tolerance in Africa: multiple causes for lactase persistence? *Human Genetics* 120: 779–88.

66. Mummert, A., Esche, E., Robinson, J., and Armelagos, G.J. (2011) Stature and robusticity during the agricultural transition: evidence from the bioarchaeological record. *Economics and Human Biology* 9: 284–301.

67. Scarborough, J. (1982) Beans, Pythagoras, taboos, and ancient dietetics. *The Classical World* 75: 355–8. Meletis, J. (2012) Favism: a brief history from the 'abstain from beans' of Pythagoras to the present. *Archives of Hellenic Medicine* 29: 258–63.

68. Danet, P. (1700) *A complete dictionary of the Greek and Roman antiquities*. John Nicholson, Tho. Newborough, John Bullord, R. Parker and B. Cooke, London.

69. Meletis, J. (2012) Favism. A brief history from the 'abstain from beans' of Pythagoras to the present. *Archives of Hellenic Medicine* 29: 258–63.

70. 'Cum faba florescit, stultorum copia crescit'; de Mery, M.C. (1828) *Histoire générale des proverbes, adages, sentences, apophthegmes*. Delongchamps, Libraire-Éditeur, Paris, p. 337.

71. Hopper, WD (2006) *Marcus Terentius Varro. On agriculture*. Harvard University Press, Cambridge MA, ch. 23, verse 3.

72. Lempriere, J. (1812) *Classical dictionary*. T. Cadell and W. Davies, London.

73. Phillips, H. (1822) *History of cultivated vegetables*, Vol. 1. Henry Colburn & Co., London, p. 71.

74. Anonymous (1791) *Observations on the evidence given before the Committees of the Privy Council and House of Commons in support of the Bill for abolishing the slave trade*. John Stockdale, London.

75. Phillips, H. (1822) *History of cultivated vegetables*, Vol. 1. Henry Colburn & Co., London, p. 70.

76. Gerard, J. (1633) *The herball or Generall historie of plantes. Gathered by Iohn Gerarde of London Master in Chirurgerie very much enlarged and amended by Thomas Iohnson citizen and apothecarye of London*. Printed by Adam Islip Ioice Norton and Richard Whitakers, London.

77. Vilmorin-Andrieux, M. (1885) *The vegetable garden*. John Murray, London, p. 22.

78. Duc, G., Bao, S., Baum, M., Redden, B., Sadiki, M., Suso, M.J., Vishniakova, M.,

and Zong, X. (2010) Diversity maintenance and use of *Vicia faba* L. genetic resources. *Field Crops Research* 115: 270–78.

79. Tanno, K.-I., and Willcox, G. (2006) The origins of cultivation of *Cicer arietinum* L., and *Vicia faba* L.: early finds from Tell el-Kerkh, north-west Syria, late 10th millennium b.p. *Vegetation History and Archaeobotany* 15: 197–204. Willcox, G., Fornite, S., and Herveux, L. (2008) Early Holocene cultivation before domestication in northern Syria. *Vegetation History and Archaeobotany* 17: 313–25.

80. Pickering, D. (2002). *Cassell's dictionary of superstitions*. Cassell, London.

81. Coles, W. (1657) *Adam in Eden: or, Natures Paradise. The history of plants, fruits, herbs and flowers*. J. Streater, London, pp. 135–7.

82. Stol, M. (1987) Garlic, onion, leek. *Bulletin of Sumerian Agriculture* 3: 57–80. Bottéro, J. (1987) The Culinary Tablets at Yale. *Journal of the American Oriental Society* 107: 11–19. Täckholm, V., and Drar, M. (1954) *Allium* in ancient Egypt. In Täckholm, V., and Drar, M. (eds) *Flora of Egypt*, Vol. 3. Cairo University Press, Cairo, pp. 93–106. Crawford, D. (1973) Garlic-growing and agricultural specialization in Graeco-Roman Egypt. *Chronique d'Égypte* 48: 350–63.

83. Littlebury, I. (1737) *The History of Herodotus*, Vol. 1. D. Midwinter, A. Bettesworth and C. Hitch, J. and J. Pemberton, R. Ware, C. Rivington, F. Clay, J. Batley and J. Wood, A. Ward, J. and P. Knapton, T. Longman and R. Hett, p. 211.

84. King, C. W. (1882) *Plutarch's morals. Theosophical essays*. George Bell and Sons, London, Book 1, 8.

85. Murray, M.A. (2000) Fruits, vegetables, pulses and condiments. In Nicholson, P.T., and Shaw, I. (eds) *Ancient Egyptian material and technology*. Cambridge University Press, Cambridge, pp. 505–36. De Vartavan, C., Arakelyan, A., and Amorós, V.A. (2010) *Codex of ancient Egyptian remains*. SAIS Academic Books, London.

86. Parejko, K. (2003) Pliny the Elder's Silphium: first recorded species extinction. *Conservation Biology* 17: 925–7.

87. Gerard, J. (1597) *The Herball or general historie of plantes. Gathered by John Gerarde of London Master in Chirurgerie*. John Norton, London, p. 133.

88. Stearn, W.T. (1978) European species of *Allium* and allied genera of Alliceae: a synonymic enumeration. *Annales Musei Goulandris* 4: 83–198. Mathew, B. (1996) *A review of* Allium *section* Allium. Royal Botanic Garden Kew, Richmond. Zohary, D., Hopf, M., and Weiss, E. (2013) *Domestication of plants in the Old World*. Oxford University Press, Oxford, pp. 155–7.

89. Kamenetsky, R. (2007) Garlic: botany and horticulture. *Horticultural Reviews* 33: 123–72.

90. Eady, C.C., Kamoi, T., Kato, M., Porter, N.G., Davis, S., Shaw, M., Kamoi, A., and Imai, S. (2008) Silencing onion lachrymatory factor synthase causes a significant change in the sulfur secondary metabolite profile. *Plant Physiology* 147: 2096–106.

91. Food and Agriculture Organization of the United Nations (2013) FAOSTAT http://faostat3.fao.org; accessed 27 April 2014.

92. Hooper, W.D. (1934) *Cato and Varro on agriculture*. Harvard University Press, Cambridge MA, ch. 38.

93. Fairclough, H.R. (1916) *Virgil. Eclogues, Georgics, Aeneid I–VI*. Harvard University

Press, Cambridge MA, pp. 177–8.

94. Weeden, N.F. (2007) Genetic changes accompanying the domestication of *Pisum sativum*: is there a common genetic basis to the 'domestication syndrome' for legumes? *Annals of Botany* 100: 1017–25.

95. Vilmorin-Andrieux, M. (1885) *The vegetable garden*. John Murray, London, pp. 385–438.

96. Darwin, C.R. (reprint 1998) *The variation of animals and plants under domestication*, Vol. 1. Johns Hopkins University Press, Baltimore, pp. 345–9.

97. Henig, R.M. (2000) *A monk and two peas. The story of Gregor Mendel and the discovery of genetics*. Phoenix, London.

98. Knight, T.A. (1799) An account of some experiments on the fecundation of vegetables. In a letter from Thomas Andrew Knight, Esq. to the Right Hon. Sir Joseph Banks, K.B. P.R.S. *Philosophical Transactions of the Royal Society of London* 89: 195–204.

99. MS Sherard 219, f.142–143 (Sherardian Library of Plant Taxonomy, University of Oxford).

100. MS Sherard 219, f.143 (Sherardian Library of Plant Taxonomy, University of Oxford). The reference is probably to Ferdinand Bauer's watercolour of the olive, which was eventually published in the *Flora Graeca* (MS Sherard 244, f.2; Sherardian Library of Plant Taxonomy, University of Oxford).

101. Zohary (1995) Olive, *Olea europaea* (Oleaceae). In J. Smartt and N.W. Simmonds, *Evolution of crop plants*. Longman, London, pp. 379–82.

102. *Deuteronomy* 8:8.

103. De Vartavan, C., Arakelyan, A., and Amorós, V.A. (2010) *Codex of ancient Egyptian plant remains*. SAIS Academic Books, London.

104. Dunmire, W.M. (2004) *Gardens of New Spain. How Mediterranean plants and foods changed America*. University of Texas Press, Austin TX.

105. Spennemann, D.H.R., and Allen, L.R. (2000) Feral olives (*Olea europaea*) as future woody weeds in Australia: a review. *Australian Journal of Experimental Agriculture* 40: 889–901.

106. Green, P.S. (2002) A revision of *Olea* L. (Oleaceae). *Kew Bulletin* 57: 91–140.

107. Lumaret, R., and Ouazzani, N. (2001) Ancient wild olives in Mediterranean forests. *Nature* 413: 700. Breton, C., Tersac, M., and Berville, A.A. (2006) Genetic diversity and gene flow between the wild olive (oleaster, *Olea europaea* L.) and the olive: several Plio-Pleistocene refuge zones in the Mediterranean Basin suggested by simple sequence repeats analysis. *Journal of Biogeography* 33, 1916–28.

108. Myles, S., Boyko, A.R., Owens, C.L., Brown, P.J., Grassi, F., Aradhya, M.K., Prins, B., Reynolds, A., Chia, J.-M., Ware, D., Bustamante, C.D., Buckler, E.S. (2011) Genetic structure and domestication history of the grape. *Proceedings of the National Academy of Sciences USA* 108: 3530–35. McGovern, P.E. (2003) *Ancient wine: the search for the origins of viniculture*. Princeton University Press, Princeton NJ.

109. *Genesis* 9: 20–21. Food and Agriculture Organization of the United Nations (2013) FAOSTAT http://faostat3.fao.org; accessed 27 April 2014.

110. Harvey J.H. (1981) *Mediaeval gardens*. Batsford, London.

111. McGovern, P.E. (2003) *Ancient wine: the search for the origins of viniculture*. Princeton University Press, Princeton NJ.

112. Royer, C. (1988) Mouvement historiques de la vigne dans le monde. In La Manufacture et la Cité des sciences et de l'industrie (ed.) *La Vigne et le Vin*. Graficas, Paris, pp. 15–25.

113. Martin, G. (2003) *Domesday Book: a complete translation*. Penguin, London.

114. Fagan, B. (2000) *The little ice age. How climate made history 1300–1850*. Basic Books, London.

115. Kunz, K., and Sigurdsson, G. (2008) *The Vinland sagas*. Penguin Books, London.

116. Moerman, D.E. (1998) *Native American ethnobotany*. Timber Press, Portland OR, pp. 598–600.

117. Bailey, L.H. (1898) *Sketch of the evolution of our native fruits*. Macmillan, New York. Campbell, C. (2004) *Phylloxera. How wine was saved for the world*. HarperCollins, London.

118. Borneman, A.R., Schmidt, S.A., and Pretorius, I.S. (2013) At the cutting-edge of grape and wine biotechnology. *Trends in Genetics* 29: 263–71.

119. This, P., Lacombe, T., and Thomas, M.R. (2006) Historical origins and genetic diversity of wine grapes. *Trends in Genetics* 22: 511–19.

120. Walker, A.R., Lee, E., Bogs, J., McDavid, D.A., Thomas, M.R., Robinson, S.P. (2007) White grapes arose through the mutation of two similar and adjacent regulatory genes. *Plant Journal* 49: 772–85. Bowers, J.E., and Meredith, C.P. (1997) The parentage of a classic wine grape, Cabernet Sauvignon. *Nature Genetics* 16: 84–7. Bowers, J., Boursiquot, J.-M., This, P. Chu, K., Johansson, H., and Meredith, C. (1999) Historical genetics: the parentage of Chardonnay, Gamay, and other wine grapes of northeastern France. *Science* 285: 1562–5. Levadoux, L. (1956) Les populations sauvages et cultivées de Vitis vinifera L. *Annales de l'Amélioration des Plantes* 6: 59–117.

121. Myles, S. (2013) Improving fruit and wine: what does genomics have to offer? *Trends in Genetics* 29: 190–96.

122. Bronk Ramsey, C., Dee, M.W., Rowland, J.M., Higham, T.F.G., Harris, S.A., Brock, F., Quiles, A., Wild, E.M., Marcus, E.S., and Shortland, A.J. (2010) Radiocarbon-based chronology for Dynastic Egypt. *Science* 328: 1554–7.

123. Rackham, H, (1945) *Pliny. Natural History. Books 12–16*. Harvard University Press, Cambridge MA, Book 13, 23, 76.

124. Sider, D. (2005) *The Library of the Villa dei Papiri at Herculaneum*. J. Paul Getty Museum, Los Angeles.

125. *POxy: Oxyrhynchus Online*. www.papyrology.ox.ac.uk/POxy; accessed 15 February 2014.

126. El-Abbadi, M. (1992) *Life and fate of the ancient Library of Alexandria*. UNESCO, Paris. Jochum, U. (1999) The Alexandrian Library and its aftermath. *Library History* 15: 5–12.

127. Heyerdahl, T. (1993) *The Ra Expeditions*, HarperCollins, London.

128. Okurut, T.O., Rijs. G.B.J., and van Bruggen, J.J.A. (1999) Design and performance of experimental constructed wetlands in Uganda, planted with *Cyperus papyrus* and *Phragmites mauritianus*. *Water Science and Technology* 40: 265–71.

129. Hunter, D. (1978) *Papermaking: the history and technique of an ancient craft*. Dover Publications, New York.

130. Rackham, H. (1945) *Pliny. Natural History. Books 12–16*. Harvard University Press, Cambridge MA, Book 13, 21, 70.

131. Fowler, B. (2001) *Iceman: Uncovering the life and times of a prehistoric man found in an alpine glacier*. University of Chicago Press, Chicago.

132. Oakley, K.P., Andrews, P., Keeley, L.H., and Clark, J.D. (1977) A reappraisal of the Clacton spearpoint. *Proceedings of the Prehistoric Society* 43: 13–30.

133. Farjon, A., and Filer, D. (2013) *An atlas of the world's conifers. An analysis of their distribution, biogeography, diversity and conservation status*. Brill, Leiden.

134. Günther, R.T. (1912) *Oxford gardens based upon Daubeny's popular guide to the Physick Garden of Oxford: with notes on the gardens of the Colleges and on the University Park*. Parker & Son, Oxford, p. 189.

135. Hageneder, F. (2001) *The heritage of trees. History, culture and symbolism*. Floris Books, Edinburgh.

136. Hardy, R. (2012) *Longbow. A social and military history*. Haynes, Yeovil.

137. Hartzell, H.R. (1995) Yew and us: a brief history of the yew tree. In Suffness, M. (ed.) *Taxol: science and applications*. CRC Press, Boca Raton, FL, pp. 27–34.

138. Edwards, H.J. (1917) *Caesar. De Bello Gallico. The Gallic War*. Heinemann, London, Book 6, 31.

139. Hageneder, F. (2007). *Yew: A history*. Sutton Publishing, Stroud. Frohne, D., Pfander, H.J. (2005) *Poisonous plants. A handbook for doctors, pharmacists, toxicologists, biologists and veterinarians*. Manson Publishing, London.

140. Goodman, J., and Walsh, V. (2006) *The story of taxol: nature and politics in the pursuit of an anti-cancer drug*. Cambridge University Press, Cambridge.

141. Linnaeus, C. (1753) *Species plantarum*. Laurentii Salvii, Holmiae, p. 492.

142. Lindley, J. (1820). *Rosarum Monographia: or a botanical history of roses*. London. Gandoger, M. (1892–1893). *Monographia Rosarum Europae et Orientis*. Ballière, Paris.

143. Crépin, F. (1893) L'obsession de l'individu dans l'étude des Roses. *Bulletin de la Société royale de Botanique de Belgique* 32: 52–5. Crépin, F. (1894) Rosae hybrida e études sur les Roses hybrides. *Bulletin de la Société royale de Botanique de Belgique* 33: 7–149.

144. Erlanson, E.W. (1929) Chromosome studies and evolution in the genus *Rosa*. *Bulletin de la Jardin Botanique de Natura Belgique* 37: 45–52. Gustafsson, A., and Håkansson, A. (1942) Meiosis in some *Rosa*-hybrids. *Botaniska Notiser* 1942: 331–43. Rowley, G.D. (1967) Chromosome studies and evolution in the genus *Rosa*. *Bulletin de la Jardin Botanique de Natura Belgique* 37: 4552.

145. Rehder, A. (1940) *Manual of cultivated trees and shrubs hardy in North America*, 2nd edn. Macmillan, New York. Matthews, V.A. (1995) *Rosa* Linnaeus. In *The*

European garden Flora, a manual for the identification of plants cultivated in Europe, both out-of-doors and under glass, ed. J. Cullen, J.C. M. Alexander, A. Brady, C.D. Bickell, P.S. Green, V.H. Heywood, P.M. Jörgensen, S.L. Jury, S.G. Knees, A.C. Leslie, V.A. Matthews, N.K.B. Robson, S.M. Walters, D.O. Wijnands, and P.F. Yeo. Cambridge University Press, Cambridge, pp. 358–79.

146. Stearn, W.T. (1965) The five brethren of the rose: an old botanical riddle. *Huntia* 2: 180–84.

147. *Rosa chinensis*, *R. foetida*, *R. gallica*, *R. gigantea*, *R. moschata*, *R. multiflora* and *R. wichurana*. Wylie, A.P. (1954). The history of the garden rose. *Journal of the Royal Horticultural Society* 79: 555–71.

148. Bruneau, A., Starr, J.R., and Joly, S. (2007) Phylogenetic relationships in the genus *Rosa*: new evidence from chloroplast DNA sequences and an appraisal of current knowledge. *Systematic Botany* 32: 366–78. Matsumoto, S., Kouchi, M., Yabuki, J., Kusunoki, M., Ueda, Y., and Fukui, H. (1998) Phylogenetic analyses of the genus *Rosa* using the *mat*K sequence: molecular evidence for the narrow genetic background of modern roses. *Scientia Horticulturae* 77: 73–82.

149. Young, N. (1971) *The complete rosarian. The development, cultivation and reproduction of rose*. Hodder & Stoughton, London.

150. Cited in the entry for carnations by Thornton, R.J. (1807) *New illustration of the sexual system of Carolus von Linnaeus: and the Temple of Flora, or garden of nature.* Published for Author, London.

151. Weir, A. (1998). *Lancaster and York: the Wars of the Roses*. Vintage, London.

152. Hort, A. (1926) *Theophrastus. Enquiry into plants*, Vol. 2. William Heinemann, London, ch. 6, 8.

153. Kuniholm, P.I. (2001) Dendrochronology and other applications of tree-ring studies in archaeology. In D.R. Brothwell and A.M. Pollard (eds) *The handbook of archaeological science*. John Wiley, London, pp. 1–11.

154. Fritz, H.C. (1991) *Reconstructing large-scale climatic patterns from tree-ring data*. University of Arizona Press, Tucson. Stokes, M.A., and Smiley, T.L. (1996) *An introduction to tree-ring dating*. University of Arizona Press, Tucson.

155. Friedrich, M., Remmele, S., Kromer, B., Hofmann, J., Spurk, M, Kaiser, K.F., Orcel, C., and Küppers, M. (2004) The 12,460-year Hohenheim oak and pine tree-ring chronology from Central Europe – a unique annual record for radiocarbon calibration and paleoenvironment reconstructions. *Radiocarbon* 46: 1111–22. Wilson, R. Loader, N.J., Rydval, M., Patton, H., Frith, A., Mills, C.M., Crone, A., Edwards, C., Larsson L., and Gunnarson B.E. (2011) Reconstructing Holocene climate from tree rings: the potential for a long chronology from the Scottish Highlands. *The Holocene* 22: 3–11.

156. Godwin, H. (1956) *The history of the British flora*. Cambridge University Press, Cambridge.

157. Farjon, A., and Filer, D. (2013) *An atlas of the world's conifers. An analysis of their distribution, biogeography, diversity and conservation status*. Brill, Leiden.

158. Penney, D., and Green, D.I. (c.2011) *Fossils in amber: remarkable snapshots of prehistoric forest life*. Siri Scientific Press, Manchester. Poinar, G., and Poinar, R. (1999) *The amber forest: a reconstruction of a vanished world*. Princeton University

Press, Princeton NJ.

159. Williams, J. (1935) English mercantilism and Carolina naval stores, 1705–1776. *The journal of southern history* 1: 169–85. Malone, J.J. (1964) *Pine trees and politics: the naval stores and forest policy in colonial New England, 1691–1775.* Longmans, London.

160. USDA (1935) *A naval stores handbook dealing with the production of pine gum or oleoresin.* United States Department of Agriculture, Washington DC.

161. Williams, M. (2006) *Deforesting the earth. From prehistory to global crisis. An abridgement.* The University of Chicago Press, Chicago.

162. Maxwell, G. (1959) *A reed shaken by the wind – a journey through the unexplored marshlands of Iraq.* Longmans, London. Thesiger, W. (1964) *The marsh Arabs.* Longmans, London. Young, G. (2009) *Return to the marshes: Life with the marsh Arabs of Iraq.* Faber & Faber, London.

163. Cope, T., and Gray, A. (2009) *Grasses of the British Isles.* Botanical Society of the British Isles, London.

164. Ridley, H.N. (1930) *The dispersal of plants throughout the world.* Reeve, Ashford.

165. Mazoyer, M., and Roudart, L. (2006) *A history of world agriculture from the neolithic age to the current crisis.* Earthsan, London.

166. Curtis J., Richardson, C.J., Reiss, P., Hussain,, N.A., Alwash, A.J., Pool, D.J. (2005) The restoration potential of the Mesopotamian Marshes of Iraq. *Science* 307: 1307–11.

167. Zuazo, V.H.D., and Pleguezuelo, C.R.R. (2009) Soil-erosion and runoff prevention by plant covers: a review. In Lichtfouse, E., Navarrete, M., Debaeke, P., Souchère, V., and Alberola, C. *Sustainable agriculture.* Springer, Dordrecht, pp. 785–811. Pimentel, D., Harvey, C., Resosudarmo, P., Sinclair, K., Kurz, D., McNair, M., Crist, S., Shpritz, L., Fitton, L., Saffouri, R., and Blair, R. (1995) Environmental and economic costs of soil erosion and conservation benefits. *Science* 267: 1117–23.

168. Vymazal, J. (2010) Constructed wetlands for wastewater treatment, *Water* 2: 530–49.

169. Lambert, J.M., Jennings, J.N., Smith, C.T., Green, C., and Hutchinson J.N. (1960) *The making of the Broads. A reconsideration of their origin in the light of new evidence.* Royal Geographical Society, London.

170. Mitsch, W.J. (2014) When will ecologists learn engineering and engineers learn ecology? *Ecological Engineering* 65: 9–14.

171. International Energy Agency, *Technology roadmap. Biofuels for transport.* Paris, 2011.

172. Mariani, C., Cabrini, R., Danin, A., Piffanelli, P., Fricano, A., Gomarasca, S., Dicandilo, M., Grassi, F., and Soave, C. (2010) Origin, diffusion and reproduction of the giant reed (*Arundo donax* L.): a promising weedy energy crop. *Annals of Applied Biology* 157: 191–202.

173. Naik, S.N., Goud, V.V., Rout, P.K., and Dalai, A.K (2010) Production of first and second generation biofuels: A comprehensive review. *Renewable and Sustainable Energy Reviews* 14: 578–97.

174. Hewitt, G. (2000) The genetic legacy of Quaternary ice ages. *Nature* 405: 907–13.

175. Petit, R.J., Csaikl, U.M., Bordács, S., Burg, K., Coart, E., Cottrell, J., van Dam, B., Deans, J.D., Lapegue-Dumolin, S., Fineschi, S., Finkeldey, R., Gillies, A.C.M., Glaz, I., Goicoechea, P.G., Jensen, J.S., Konig, A.O., Lowe, A.J., Madsen, S.F., Matyas, G., Munro, R.C., Olalde, M., Pemonge, M.H., Popescu, F., Slade D., Tabbener, H., Taurchini, D., and van Dam, B. (2002) Chloroplast DNA variation in European white oaks: phylogeography and patterns of diversity based on data from over 2600 populations. *Forest Ecology and Management* 156: 5–26.

176. Hemery, G., and Simblet, S. (2014) *The New Sylva. A discourse of forest & orchard trees for the twenty-first century*. Bloomsbury, London, pp. 202–15.

177. Marsden, P. (2003) *Sealed by time: the loss and recovery of the Mary Rose.* The Archaeology of the *Mary Rose*, Vol. 1. Mary Rose Trust, Portsmouth.

178. Rackham, O. (1995). *Trees and woodlands in the British landscape. The complete history of Britain's trees, woods and hedgerows.* Weidenfeld & Nicolson, London.

179. Mabey, R. (2006). *Fencing paradise. The uses and abuses of plants.* Transworld Publishers, London.

180. Diringer, D. (1982) *The book before printing: ancient, medieval and oriental.* Dover Publications, New York.

181. Rackham, O. (1995). *Trees and woodlands in the British landscape. The complete history of Britain's trees, woods and hedgerows.* Weidenfeld & Nicolson, London.

182. Mason, S. (1995) Acornutopia? Determining the role of acorns in past subsistence. In Wilkins, J., Harvey, D., and Dobson, M. (eds) *Food in antiquity.* University of Exeter Press, Exeter, pp. 12–24. Pearman, G. (2005). Nuts, seeds and pulses. In Prance, G.T., and Nesbitt, M. (eds) *The cultural history of plants.* Routledge: New York, pp. 133–52.

183. Dzhangaliev, A.D. (2010) The wild apple tree of Kazakhstan. In J. Janick (ed.) *Horticultural Reviews: Wild apple and fruit trees of Central Asia*, Vol. 29. John Wiley, Oxford.

184. Cornille, A., Giraud, T., Smulders, M.J.M., Roldán-Ruiz, I., and Gladieux, P. (2014) The domestication and evolutionary ecology of apples. *Trends in Genetics* 30: 57–65.

185. Cornille, A., Giraud, T., Smulders, M.J.M., Roldán-Ruiz, I., and Gladieux, P. (2014) The domestication and evolutionary ecology of apples. *Trends in Genetics* 30: 57–65.

186. McFadden, C. (2008) *Pepper: the spice that changed the world.* Absolute Press, Bath, p. 78.

187. Hort, A. (1926) *Theophrastus. Enquiry into plants*, Vol. 2. William Heinemann, London, ch. 9, 20.

188. Miller, I.J. (1969) *The spice trade of the Roman Empire.* Oxford University Press, Oxford. Thapar, R. (1992) Black gold: South Asia and the Roman maritime trade. *South Asia: Journal of South Asian Studies* 15: 1–27.

189. Prange, S.R. (2011) 'Measuring by the bushel': reweighing the Indian Ocean pepper trade. *Historical Research* 84: 212–35.

190. Purseglove, J.W., Brown, E.G., Green, C.L., and Robbins, S.R.J. (1981) *Spices*,

Vol. 1. Longman Scientific and Technical, London.

191. Freedman, P. (2005) Spices and late-Medieval European ideas of scarcity and value. *Speculum* 80: 1209–27.

192. Johns, C. (2010) *The Hoxne late Roman treasure: gold, jewellery and silver plate.* British Museum Press, London.

193. Cook, H.J. (2007) *Matters of exchange. Commerce, medicine, and science in the Dutch Golden Age*. Yale University Press, New Haven CT.

194. Accum, F. (1820) *A treatise on adulteration of food.* Longman, Hurst, Rees, Orme and Brown, London, p. 285.

195. Accum, F. (1820) *A treatise on adulteration of food.* Longman, Hurst, Rees, Orme and Brown, London, p. 286.

196. Norwich, J.J. (1990) *Byzantium: the early centuries.* Penguin, London, p.134.

197. *Genesis* 2:20.

198. Gulick, C.B. (1930) *Athenaeus. The Deipnosophists. Book IX.* Harvard University Press, Cambridge MA, p. 183.

199. Stolarczyk, J., and Janick, J. (2011) Carrot: history and iconography. *Chronica Horticulturae* 51: 13–18.

200. Culpeper, N. (1653) *The English physitian enlarged.* Printed by Peter Cole, London, p. 56.

201. Just, B., Santos, C. F., Yandell, B., and Simon, P. (2009) Major QTL for carrot color are positionally associated with carotenoid biosynthetic genes and interact epistatically in a domesticated × wild carrot cross. *Theoretical and Applied Genetics* 119: 1155–69.

202. Surles, R.L., Weng, N., Simon, P.W., Tanumihardjo, S.A. (2004) Carotenoid profiles and consumer sensory evaluation of speciality carrots. *Journal of Agricultural and Food Chemistry* 52: 3417–21.

203. Brothwell, D.R., and Brothwell, P. (1969) *Food in antiquity: a survey of the diet of early peoples.* Thames & Hudson, London.

204. Iorizzo, M., Genalik, D.A., Ellison, S.L., Grzebelus, D., Cavagnaro, P.F., Allender, C., Brunet, J., Spooner, D.M., van Deynze A., and Simon, P.W. (2013) Genetic structure and domestication of carrot (*Daucus carota* subsp. *sativus*) (Apiaceae). *American Journal of Botany* 100: 930–38.

205. Vavilov, N.I. (1992) *Origin and geography of cultivated plants.* Cambridge University Press, New York, pp. 337–40.

206. Mackevic, V. (1932) *The carrot of Turkey.* WACCHNIL, Institute of Plant Breeding, Leningrad, Russia. Zagorodskikh, P. (1939) New data on the origin and taxonomy of the cultivated carrot. *Comptes Rendus (Doklady), Academy of Science, USSR* 25: 522–5. Banga, O. (1963) Origin and domestication of the western cultivated carrot. *Genetica Agraria* 17: 357–70.

207. Banga, O. (1957) Origin of the European cultivated carrot: the development of the original European carrot material. *Euphytica* 6: 64–76. Banga, O. (1963) Origin and domestication of the western cultivated carrot. *Genetica Agraria* 17: 357–70.

208. Zeven, A.C., and Brandenburg, W.A. (1986) Use of paintings from the sixteenth to

nineteenth centuries to study the history of domesticated plants. *Economic Botany* 40: 397–408. Stolarczyk, J., and Janick, J. (2011) Carrot: history and iconography. *Chronica Horticulturae* 51: 13–18.

209. Vilmorin, M. (1859) L'hérédité dans les végétaux. In M. Vilmorin, *Notice sur l'amélioration des plantes par la semis*. Librairie Agricole, Paris, pp. 5–29. Small, E. (1978) Numerical taxonomic analysis of *Daucus carota* complex. *Canadian Journal of Botany* 56: 248–76. Heywood, V.H. (1983) Relationships and evolution in the *Daucus carota* complex. *Israel Journal of Ecology and Evolution* 32: 51–65.
210. Banga, O. (1957) The development of the original European carrot material. *Euphytica* 6: 64–76. Iorizzo, M., Genalik, D.A., Ellison, S.L., Grzebelus, D., Cavagnaro, P.F., Allender, C., Brunet, J., Spooner, D.M., van Deynze A., and Simon, P.W. (2013) Genetic structure and domestication of carrot (*Daucus carota* subsp. *sativus*) (Apiaceae). *American Journal of Botany* 100: 930–38.
211. Darwin, T. (1996) *The Scots Herbal. The plant lore of Scotland*. Mercat Press, Edinburgh.
212. Ginn, F. (2012) Dig for Victory! New histories of wartime gardening in Britain. *Journal of Historical Geography* 38: 294–305.
213. Edwards, H.J. (1917) *Caesar. De Bello Gallico. The Gallic War*. Heinemann, London, Book 5, 14. Foster, S.M. (1996) *Picts, Gaels and Scots*. Batsford, London.
214. Pyatt, F.B., Beaumont, E.H., Lacy. D., Magilton, I.R., and Buckland, P.C. (1991) Non Isatis sed Vitrum or, the colour of Lindow Man. *Oxford Journal of Archaeology* 10: 61–73.
215. Van der Veen, M., Hall, A.R., and May, J. (1993) Woad and the Britons painted blue. *Oxford Journal of Archaeology* 12: 367–71. Hall, A.R. (1992) Archaeological records of woad (*Isatis tinctoria* L.) from medieval England and Ireland. *Beitruge zur Waidtagung* 4: 21–2. Tomlinson, P. (1985) Use of vegetative remains in the identification of dyeplants from waterlogged ninth–tenth century deposits at York. *Journal of Archaeological Science* 12: 269–83.
216. Hurry, J.B. (1930) *The woad plant and its dye*. Oxford University Press, Oxford. Brown, M.P. (2003) *The Lindisfarne Gospels. Society, spirituality and the scribe*. University of Toronto Press, Toronto.
217. Elizabeth I (1585) *By the Queene. A proclamation against the sowing of woade*. Christopher Barker, London.
218. Gerard, J. (1597) *The herball or generall historie of plantes*. John Norton, London, p. 395.
219. Davis, M. (2001) *Late Victorian Holocausts: El Niño famine and the making of the Third World*. Verso, London.
220. Williams, G. (1999) *The prize of all the oceans*. Viking, New York.
221. Lind, J. (1753) *A treatise of the scurvy*. Edinburgh, Sands, Murray, and Cochran, pp. 180–239.
222. Lind, J. (1753) *A treatise of the scurvy*. Edinburgh, Sands, Murray, and Cochran, pp. 191–3.
223. Hess, A.S. (1920) *Scurvy past and present*. J.B. Lippencoer, Philadelphia.
224. Calabrese F. (2002) Origin and history. In Dugo, G. and di Giacomo, A. *Citrus*.

The genus Citrus. Taylor & Francis, London, pp. 1–15. Garcia-Lor, A., Curk, F., Snoussi-Trifa, H., Morillon, R., Ancillo, G., Luro, F., Navarro, L., and Ollitrault P. (2013) A nuclear phylogeny: SNPs, indels and SSRs deliver new insights into the relationships in the 'true citrus fruit trees' group (Citrinae, Rutaceae) and the origin of cultivated species. *Annals of Botany* 111: 1–19. Wu, G.A., Prochnik, S., Jenkins, J., Salse, J., Hellsten, U., Murat, F., Perrier, X., Ruiz, M., Scalabrin, S., Terol, J., Takita, M.A., Labadie, K., Poulain, J., Couloux, A., Jabbari, K., Cattonaro, F., del Fabbro, C., Pinosio, S., Zuccolo, A., Chapman, J., Grimwood, J., Tadeo, F.R., Estornell, L.H., Muñoz-Sanz, J.V., Ibanez, V., Herrero-Ortega, A., Aleza, P., Pérez-Pérez, J., Ramón, D., Brunel, D., Luro, F., Chen, C., Farmerie, W.G., Desany, B., Kodira, C., Mohiuddin, M., Harkins, T., Fredrikson, K., Burns, P., Lomsadze, A., Borodovsky, M., Reforgiato, G., Freitas-Astúa, J., Quetier, F., Navarro, L., Roose, M., Wincker, P., Schmutz, J., Morgante, M., Machado, M.A., Talon, M., Jaillon, O., Ollitrault, P., Gmitter, F., and Rokhsar, D. (2014) Sequencing of diverse mandarin, pummelo and orange genomes reveals complex history of admixture during citrus domestication. *Nature Biotechnology* DOI: 10.1038/nbt.2906.

225. Calabrese, F. (2002) Origin and history. In Dugo, G., and di Giacomo, A., *Citrus. The genus* Citrus. Taylor & Francis, London, pp. 1–15. Gmitter, F.G. and Hu, X. (1990) The possible role of Yunnan, China, in the origin of contemporary citrus species (Rutaceae). *Economic Botany* 44: 267–77. Ramón-Laca, L. (2003) The introduction of cultivated citrus to Europe via northern Africa and the Iberian Peninsula. *Economic Botany* 57: 502–14.

226. Díaz, B. (1963) *The conquest of New Spain*. Penguin Books, London.

227. Rea, J. (1676) *Flora, Ceres, Pomona*. Printed by T.N. for George Marriott, London.

228. Hamilton, W. (1796) A short account of several gardens near London, with remarks on some particulars wherein they excel, or are deficient, upon a view of them in December 1691. Communicated to the Society by the Reverend Dr. Hamilton, Vice President, from an original manuscript in his possession. *Archaeologia* 12: 181–92.

229. Sackman, D. (2005) *Orange empire: California and the fruits of Eden*. University of California Press, Berkeley.

230. Cogan, T. (1636) *The haven of health. Chiefly gathered for the comfort of students, and consequently of all those that have a care of their health*. Printed by Anne Griffin, London, p. 125.

231. Donkin, R.A. (2003) *Between east and west: the Moluccas and the traffic in spices up to the arrival of Europeans*. American Philosophical Society, Philadelphia.

232. Ellacombe, H.N. (1878) The plant-lore and garden-craft of Shakespeare. William Pollard, London.

233. Gerard's *Herball* (1597: 1353–4) provides detailed woodcuts of the nutmeg tree but he clearly had not seen the plant; the leaves have serrated rather than entire margins. A notable exception was Garcia da Orta, who was familiar with the tree as an introduced species in Goa, where he was based for nearly three decades. Markham, C. (1913) *Colloquies of the simples and drugs of India by Garcia da Orta*. Henry Sotheran, London, p. 273.

234. Donkin, R.A. (2003) *Between east and west: the Moluccas and the traffic in spices up to the arrival of Europeans*. American Philosophical Society, Philadelphia.

235. Markham, C. (1913) *Colloquies of the simples and drugs of India by Garcia da Orta.* Henry Sotheran, London, p. 273.

236. Boxer, C.R. (1965) *The Dutch seaborne empire: 1600–1800.* Hutchinson, London.

237. Donkin, R.A. (2003) *Between east and west: the Moluccas and the traffic in spices up to the arrival of Europeans.* American Philosophical Society, Philadelphia.

238. The VOC eventually went bankrupt in the early 1800s and its nutmeg monopoly was taken over by the Dutch government. Cook, H.J. (2007) *Matters of exchange. Commerce, medicine, and science in the Dutch Golden Age.* Yale University Press, New Haven CT.

239. Wallace, A.R. (1869) *The Malay Archipelago. The land of the Orang-Utan, and the Bird of Paradise.* Macmillan, London, p. 295.

240. Ovington, J. (1696) A voyage to Suratt in the year 1689. Printed for Jacob Tonson, London, pp. 225–6.

241. Wallace, A.R. (1869) *The Malay Archipelago. The land of the Orang-Utan, and the Bird of Paradise.* Macmillan, London, pp. 295–7.

242. Grove, R.H. (1995) *Green imperialism. Colonial expansion, tropical island Edens and the origins of environmentalism, 1660–1860.* Cambridge University Press, Cambridge, pp. 168–263. Spary, E.C. (2005) Of nutmegs and botanists. The colonial cultivation of botanical identity. In Schiebinger, L., and Swan, C. *Colonial botany. Science., commerce, and politics in the early modern world.* University of Pennsylvania Press, Philadelphia, pp. 187–203.

243. Bovill, E.W. (1968) The Madre de Dios. *The Mariner's Mirror* 54: 129–52.

244. Liu, X., and Shaffer, L.N. (2007) *Connections across Eurasia: transportation, communication, and cultural exchange on the Silk Roads.* McGraw–Hill, Boston MA.

245. Feltwell, J. (1990) *The story of silk.* St Martin's Press, London.

246. Arunkumar, K.P., Metta, M., and Nagaraju, J.H. (2006) Molecular phylogeny of silkmoths reveals the origin of domesticated silkmoth, *Bombyx mori* from Chinese *Bombyx mandarina* and paternal inheritance of *Antheraea proylei* mitochondrial DNA. *Molecular Phylogenetics and Evolution* 40: 419–27.

247. Dewhurst, H.W. (1836) A familiar treatise on the natural history and management of the Phalaena *Bombyx Mori* or common silk-worm. J. Saunders, London.

248. Milne, R.I., and Abbott, R.J. (2002) The origin and evolution of tertiary relict floras. *Advances in Botanical Research* 38: 281–314.

249. Wang, Z. (1987). *Sericulture in Ancient China's technology and science.* Institute of the History of Natural Sciences Chinese Academy of Sciences, Beijing.

250. Thorley, J. (1971) The silk trade between China and the Roman Empire at its height, circa a.d. 90–130. *Greece and Rome* 18: 71–80.

251. Foster, G.R. (1831) *A treatise on the origin, progressive improvement, and present state of the silk manufacture.* Longman, Rees, Orme, Brown, and Green, London.

252. Mola, L. (2000) *The silk industry of Renaissance Venice.* Johns Hopkins University Press, Baltimore.

253. MacGregor, N. (2012) *A history of the world in 100 objects.* Penguin Books,

London, pp. 271–5.

254. Roach, F.A. (1985) *Cultivated fruits of Britain: their origins and history.* Blackwells, Oxford.

255. Cobb, J.H. (1831) *A manual containing information respecting the growth of the mulberry tree, with suitable directions for culture of silk.* Carter, Hendee & Co. Ryland, E.H. (1939) America's 'Multicaulis Mania'. *William and Mary Quarterly Historical Magazine* 19: 25–33. Cole, A.H. (1926) Agricultural crazes. A neglected chapter in American economic history. *American Economic Review* 16: 627–32.

256. Anonymous (1832) On the management of the silk-worm; and on growing silk, as means of bettering the condition of the labouring classes. Part 3. The *Horticultural Register and General Magazine* 1832: 412–19. Rhind, W. (1877) *A history of the vegetable kingdom.* Blackie & Son. Anonymous (1854) *The art of breeding, rearing, and keeping silkworms, so that they may prove profitable to those that undertake their management.* W. Mason, London.

257. Parkinson, J. (1629) *Paradisi in sole.* Printed by Humfrey Lownes and Robert Young, London, p. 596.

258. Sánchez, M.D. (2002) *Mulberry for animal production. FAO Animal Production and Health Paper 147.* FAO, Rome. Anonymous (1825) *The art of rearing silk-worms. Translated from the work of Count Dandolo.* John Murray, London.

259. Wisconsin Historical Society (2003) A shorte and briefe narration (Cartier's Second Voyage), 1535–1536. Document No. AJ-027. Wisconsin Historical Society Digital Library and Archives, p. 68.

260. Townsend, T. (1738) *The history of the conquest of Mexico by the Spaniards. Translated into English from the original Spanish of Don Antonio de Solis,* Vol. 1. Printed for John Osborn, London, p. 417.

261. Coles, E. (1717) *An English dictionary, explaining the difficult terms that are used in divinity, husbandry, physick, philosphy, law, navigation, mathematicks, and other arts and sciences.* Printed by S. Collins, London.

262. Chase, M.W., Knapp, S., Cox, A.V., Clarkson, J.J., Butsko, Y., Joseph, J., Savolainen, V., and Parokonny, A.S. (2003) Molecular systematic, GISH and the origin of the hybrid taxa in *Nicotiana* (Solanaceae). *Annals of Botany* 92: 107–27.

263. Hancocke, John (1672) *King James his counterblast to tobacco . To which is added a learned discourse proving that tobacco is a procuring cause of the scurvy.* Printed for John Hancock, London, p. 12.

264. Eriksen, M., Mackay, J., and Ross, H. (2012) *The tobacco atlas.* American Cancer Society, Atlanta GA.

265. World Health Organization (2009) *Global health risks: mortality and burden of disease attributable to selected major risks.* World Health Organization, Geneva.

266. Nutt, D., King, L.A., Saulsbury, W., and Blakemore, C. (2007) Development of a rational scale to assess the harm of drugs of potential misuse. *The Lancet* 369, 1047–53.

267. World Health Organization (2009) *Global health risks: mortality and burden of disease attributable to selected major risks.* World Health Organization, Geneva. Eriksen, M., Mackay, J., and Ross, H. (2012) *The tobacco atlas.* American Cancer Society, Atlanta GA.

268. Eriksen, M., Mackay, J., and Ross, H. (2012) *The tobacco atlas*. American Cancer Society, Atlanta GA.

269. Zirkle, C. (1935) *The beginnings of plant hybridization*. University of Pennsylvania, Philadelphia.

270. Fraley, R.T., Rogers, S.G., Horsch, R.B., Sanders, P.R., Flick, J.S., Adams, S.P., Bittner, M.L., Brand, L.A., Fink, C.L., Fry, J.S., Galluppi, G.R., Goldberg, S.B., Hoffmann, N.L. AND Woo, S.C. (1983) Expression of bacterial genes in plant cells. *Proceedings of the National Academy of Sciences USA* 80: 4803–7.

271. Mackay, C. (1841) *Memoirs of extraordinary popular delusions and the madness of crowds*. Richard Bentley, London.

272. Dubos, R.J. (1960) Tulipomania and the benevolent virus. *Garden Journal of the New York Botanical Garden* 10: 41–3, 66–7.

273. Garber, P.M. (1989) Tulipmania. *Journal of Political Economy* 97, 535–60. Goldgar, A. (2007) *Tulipmania: money, honor, and knowledge in the Dutch Golden Age*. University of Chicago Press, Chicago. Thompson, E. (2007) The tulipmania: Fact or artifact? *Public Choice* 130: 99–114.

274. Hall, D. (1940) *The genus Tulipa*. Royal Horticultural Society, London.

275. Salzmann, A. (2000) The Age of Tulips confluence and conflict in Early Modern consumer culture (1550–1730). In Quataert, D., *Consumption studies and the history of the Ottoman Empire, 1550–1922*. State University of New York Press, Albany NY pp. 83–106.

276. Delaunay, P. (1923–24) Pierre Beon Naturaliste. *Bulletin de la Société d'Agriculture, Sciences et Arts de la Sarthe* 41: 13–39. Deschamps, L. (1887) Pierre Belon: naturaliste et explorateur. *Revue de Géographie* 21: 433–40.

277. Busbecq, O.G. (1689) *Epistolae de Rebus Turcicis. Trans. Forster, E/.S. The Turkish letters of Ogier Ghiselin de Busbecq.* Oxford.

278. Gesner, C. (1561) *De hortis Germaniae cum Descriptione Tulipae Turcarum*. Strasbourg.

279. Egmond, F. (2010) *The world of Carolus Clusius: natural history in the making, 1550–1610*. Pickering & Chatto, London. Ogilvie, B.W. (2006) *The science of describing: natural history in Renaissance Europe*. University of Chicago Press, Chicago.

280. Collins, M.D., Wasmund, L.M., and Bosland, P.W. (1995) Improved method for quantifying capsaicinoids in *Capsicum* using high-performance liquid chromatography. *HortScience* 30, 137–9.

281. Bosland, P.W., Coon, D., and Reeves, G. (2012) 'Trinidad Moruga Scorpion' pepper is the world's hottest measured chile pepper at more than 2 million Scoville heat units. *HortTechnology* 22: 534–8.

282. Rozin, P., and Schiller, D. (1980). The nature and acquisition of a preference for chili pepper by humans. *Motivation and Emotion* 4: 77–101.

283. Knapp, S. (2007) Some like it hot. *Science* 315, 946–7.

284. Perry, L., Dickau, R., Zarrillo, S., Holst, I., Pearsall, D.M., Piperno, D.R., Berman, M.J., Cooke, R.G., Rademaker, K., Ranere, A.J., Raymond, J.S., Sandweiss, D.H., Scaramelli, F., Tarble, K., and Zeidler, J.A. (2007) Starch fossils and the domestica-

tion and dispersal of chili peppers (*Capsicum* spp. L.) in the Americas. *Science* 315: 986–8. Perry, L., and Flannery, K.V. (2007) Precolumbian use of chili peppers in the Valley of Oaxaca, Mexico. *Proceedings of the National Academy of Sciences USA* 104: 11905–9.

285. Markham, C.R. (1893) *The journal of Christopher Columbus (during his first voyage, 1492–1493), and documents relating to the voyages of John Cabot and Gaspar Corte Real.* Hakluyt Society, London, p. 164.

286. Major, R.H. (1870) *Select letters of Christopher Columbus, with other original documents, relating to his four voyages to the New World.* Hakluyt Society, London, p. 68.

287. Gerard, J. (1597) *The herball or generall historie of plantes.* John Norton, London, pp. 292–3.

288. Whitehead, N.L., and Harbsmeier, M. (2008) *Hans Staden's true history. An account of cannibal captivity in Brazil.* Duke University Press, Durham NC.

289. Tootal, A. (1874) *The captivity of Hans Stade of Hesse, in A.D. 1547–155, among the wild tribes of eastern Brazil.* Hakluyt Society, London, pp. 154, 166.

290. Tewksbury, J.J., and Nabhan, G.P. (2001) Directed deterrence by capsaicin in chillies. *Nature* 412: 403–4. Tewksbury, J.J., Levey, D.J., Huizinga, M., Haak, D.C., and Traverse, A. (2008) Costs and benefits of capsaicin-mediated control of gut retention in dispersers of wild chilies. *Ecology* 89: 107–17. Levey, D.J., Tewksbury, J.J., Cipollini, M.L., and Carlo, T.A. (2006) A field test of the directed deterrence hypothesis in two species of wild chilli. *Oecologia* 150: 61–8.

291. Jensen, P.G., Curtis, P.D., Dunn, J.A., Austic, R.E., and Richmond, M.E. (2003) Field evaluation of capsaicin as a rodent aversion agent for poultry feed. *Pest Management Science* 59: 1007–15.

292. Haggis, A.W. (1942) Fundamental errors in the early history of *Cinchona. Bulletin of History of Medicine* 10: 586–92. Jaramillo-Arango, J. (1949) A critical review of the basic facts in the history of *Cinchona. Journal of the Linnean Society of London* 53: 272–309.

293. Andersson, L. (1998) *A revision of the genus Cinchona (Rubiaceae-Cinchoneae).* New York Botanical Garden, New York.

294. Markham, C. (1880) *Peruvian bark: a popular account of the introduction of Chinchona cultivation into British India 1860–1880.* J. Murray, London.

295. Anonymous (1931) 'Introduction of Cinchona to India', *Kew Bulletin of Miscellaneous Information 1931*: 113–17.

296. Hooker, W.D. 1839. *Inaugural dissertation upon the Cinchonas, their history, uses and effects.* Glasgow University Press, Glasgow.

297. Spruce, R. (1908) *Notes of a botanist on the Amazon and Andes: Being records of travel on the Amazon and its tributaries as also to the Cataracts of the Orinoco during the years 1849–1864, 1817–1893*, Vol. II. Macmillan, London.

298. PBB. 1852–1863. Parliamentary Blue Book, Cinchona. 1852–1863. Stationery Office, London. Letter from Robert Cross to Secretary of State for India, dated 9 November 1861 (PBB 1852–1863).

299. Purseglove, J.W. (1968) *Tropical crops. Dicotyledons 2.* Longmans, London.

300. Henderson, J.S., Joyce, R.A., Hall, G.R., Hurst, W.J., and McGovern, P.E. (2007) Chemical and archaeological evidence for the earliest cacao beverages. *Proceedings of the National Academy of Sciences USA* 104: 18937–40.

301. Crown, P.L., and Hurst, W.J. (2009) Evidence of cacao use in the pre-Hispanic American Southwest. *Proceedings of the National Academy of Sciences USA* 106: 2110–13.

302. McNeil, C. (2006) *Chocolate in Mesoamerica: a cultural history of cacao*. University of Florida Press, Gainesville.

303. Motamayor, J.C., Lachenaud, P., da Silva e Mota, J.W., Loor, R., Kuhn, D.N., Brown, J.S., and Schnell, R.J. (2008) Geographic and genetic population differentiation of the Amazonian chocolate tree (*Theobroma cacao* L.). *PLoS ONE* 3: e3311. Clement, C.R., de Cristo-Araújo, M., d'Eeckenbrugge, G.C., Alves Pereira, A., and Picanço-Rodrigues, D. (2010) Origin and domestication of native Amazonian crops. *Diversity* 2: 72–106. Thomas, E., van Zonneveld, M., Loo, J., Hodgkin, T., Galluzzi, G., van Etten, J., and Fuller, D.Q. (2012). Present spatial diversity patterns of *Theobroma cacao* L. in the Neotropics reflect genetic differentiation in Pleistocene refugia followed by human-influenced dispersal. *PLoS ONE* 7: e47676.

304. From Girolamo Benzoni's *La Historia del Mundo Novo* (1575), cited in Coe, S.D., and Coe, M.D. 1996. *The true history of chocolate*. Thames & Hudson, London.

305. McEwan, G.F. (2008) *The Incas: new perspectives*. W.W. Norton, London.

306. Spooner, D.M., McLean, K., Ramsay, G., Waugh, R., and Bryan, G.J. (2005) A single domestication for potato based on multilocus amplified fragment length polymorphism genotyping. *Proceedings of the National Academy of Sciences USA* 102: 14694–9.

307. Hawkes, J.G. (1990) *The potato. Evolution, biodiversity and genetic resource*. Belhaven Press, London.

308. Rios, D., Ghislain, M., Rodríguez, F., and Spooner, D.M. (2007) What is the origin of the European potato? Evidence from Canary Island landraces. *Crop Science* 47: 1271–80.

309. Gerard, J. (1597) *The herball or generall historie of plantes*. John Norton, London, p. 782.

310. Gomez-Alpizar, L,, Carbone, I., and Ristaino, J.B. (2007) An Andean origin of *Phytophthora infestans* inferred from mitochondrial and nuclear gene genealogies. *Proceedings of the National Academy of Sciences USA* 104: 3306–11. Grunwald, N.J., and Flier, W.G. (2005) The biology of *Phytophthora infestans* at its center of origin. *Annual Review of Phytopathology* 43: 171–90.

311. Kinealy, C. (1995) *This great calamity: The Irish Famine* 1845–52, Gill & Macmillan, Dublin.

312. Hawkes, J.G. (1990) *The potato. Evolution, biodiversity and genetic resource*. Belhaven Press, London.

313. Rios, D., Ghislain, M., Rodríguez, F., and Spooner, D.M. (2007) What is the origin of the European potato? Evidence from Canary Island landraces. *Crop Science* 47: 1271–80.

314. Ames, M., and Spooner, D.M. (2008) DNA from herbarium specimens settles a controversy about origins of the European potato. *American Journal of Botany* 95:

252–7.

315. George and Ira Gershwin, 'Let's call the whole thing off' (1937).

316. Gentilcore, D. (2010). *Pomodoro! A history of the tomato in Italy*. Columbia University Press, New York.

317. Peralta, I.E., Spooner, D.M., and Knapp, S. (2008) *Taxonomy of wild tomatoes and their relatives (Solanum sect. Lycopersicoides, sect. Juglandifolia, sect. Lycopersicon; Solanaceae)*. American Society of Plant Taxonomists, Ann Arbor.

318. Peralta, I.E., Spooner, D.M., and Knapp, S. (2008) Taxonomy of wild tomatoes and their relatives (*Solanum* sect. *Lycopersicoides*, sect. *Juglandifolia*, sect. *Lycopersicon*; Solanaceae). American Society of Plant Taxonomists, Ann Arbor.

319. Blanca, J., Cañizares, J., Cordero, L., Pascual, L., Diez, M.J., and Nuez, F. (2012) Variation revealed by SNP genotyping and morphology provides insight into the origin of the tomato. *PLoS ONE* 7: e48198.

320. Gentilcore, D. (2010). *Pomodoro! A history of the tomato in Italy*. Columbia University Press, New York.

321. Gerard, J. (1597) *The herball or generall historie of plantes*. John Norton, London, pp. 275–6.

322. Parkinson, J. (1629) *Paradisi in sole*. Printed by Humfrey Lownes and Robert Young, London, pp. 379–80.

323. Bobart, J. (1648) *Catalogus Plantarium Hortii Medici Oxoniensis*. University of Oxford, Oxford. Stephens, P., and Brown, W. (1658) *Catalogus Horti Botanici Oxoniensis*. William Hall, Oxford.

324. Gerard, J. (1597) *The herball or generall historie of plantes*. John Norton, London, pp. 275–6.

325. Parkinson, J. (1629) *Paradisi in sole*. Printed by Humfrey Lownes and Robert Young, London, pp. 379–80.

326. Vilmorin-Andrieux, M. (1885) *The vegetable garden*. John Murray, London.

327. Monforte, A.J., Diaz, A.I., Caño-Delgado, A. van der Knaap, E. (2014) The genetic basis of fruit morphology in horticultural crops: lessons from tomato and melon. *Journal of Experimental Botany* doi:10.1093/jxb/eru017.

328. Martineau, B. (2001) *First fruit: the creation of the Flavr Savr tomato and the birth of biotech food*. McGraw-Hill Education, London.

329. Butelli, E., Titta, L., Giorgio, M., Mock, H.-P., Matros, A., Peterek, S., Schijlen, E., Hall, R., Bovy, A., Luo, J., and Martin, C. (2008) Induced anthocyanin biosynthesis in tomato results in purple fruit with increased antioxidant and dietary, health-protecting properties. *Nature Biotechnology* 26: 1301–8. Gonzali, S., Mazzucato, A., and Perata, P. (2009) Purple as a tomato: towards high anthocyanin tomatoes. *Trends in Plant Science* 14: 237–41. Zhang, Y., Butelli, E., de Stefano, R., Schoonbeek, H.J., Magusin, A., Pagliarani, C., Wellner, N., Hill, L., Orzaez, D., Granell, A., Jones, J.D.G., and Martin, C. (2013) Anthocyanins double the shelf life of tomatoes by delaying over-ripening and reducing susceptibility to gray mold. *Current Biology* 23: 1094–100.

330. Wroth, W.W., and Kell, P.E. (2004) Salter, James (d. *c.* 1728). *Oxford Dictionary of National Biography*, Oxford University Press, Oxford. www.oxforddnb.com/view/

article/24569; accessed 26 June 2014.

331. Anonymous (*c.* 1785) *A catalogue of the rarities, to be seen at Don Saltero's coffee-house in Chelsea.* 38th edn. London.

332. Lillywhite, B. (1963) *London coffee houses.* George Allen & Unwin, London.

333. Ellis, J. (1774) *An historical account of coffee.* Edward and Charles Dilly, London.

334. Bradley, R. (1718) *New improvements of planting and gardening, both philosophical and practical; explaining the motion of the sapp. and generation of plants.* W. Mears, London, p. 235.

335. Moseley, B. (1792) *A treatise concerning the properties and effects of coffee.* J. Sewell, London, p. v.

336. Saint-Arroman, A. (1852) *Coffee, tea and chocolate: their influence upon the health, the intellect and the moral nature of man.* Crissy & Marklet, Philadelphia, p. 30.

337. Knight, F.W. (2000) The Haitian Revolution. *American Historical Review* 105: 103–15.

338. Piddington, H. (1839) *A letter to the European soldiers in India, on the substitution of coffee for spirituous liquors.* Englishman Press, London. Saint-Arroman, A. (1852) *Coffee, tea and chocolate: their influence upon the health, the intellect and the moral nature of man.* Crissy & Marklet, Philadelphia. Weinberg, B.A., and Bealer, B.K. (2002) *The world of caffeine. The science and culture of the world's most popular drug.* Routledge, London.

339. Moseley, B. (1792) *A treatise concerning the properties and effects of coffee.* J. Sewell, London, p. 2. Simmonds, P.L. (1850) *Coffee as it us, and as it ought to be.* Effingham Wilson, London, p. 5.

340. Anonymous (1832) *A treatise in the nature and properties of kalopino, the new invented substitute for tea and coffee.* J.T. Norris, London.

341. Gross, M. (2014) Coffee and chocolate in danger. *Current Biology* 24: R503–R506.

342. Mazoyer, M., and Roudart, L. (2006) *A history of world agriculture from the Neolithic Age to the current crisis.* Earthscan, London.

343. Gerard, J. (1597) *The herball or generall historie of plantes.* John Norton, London, p. 77.

344. Sauer, C.O. (1960) Maize in Europe. Akten des 34. Internationalen Amerikanisten Kongresses, Vienna, pp. 778–86.

345. De Candolle, A. (1837) Histoire. Histoire naturelle, agricole et économique du maïs, par M. Matthieu Bonafous. *Annales de l'agriculture française* 19: 5–27. Bonafous, M. (1833) *Traité du maïs, ou histoire naturelle et agricole de cette céréale.* Mme Huzard, Paris. 2nd edn published in folio as Bonafous, M. (1836) *Histoire naturelle, agricole et économique du maïs.* Mme Huzard, Paris.

346. Kunz, K., and Sigurdsson, G. (2008) *The Vinland sagas.* Penguin Books, London, pp. 35, 44, 56 n11. Sturtevant, E.L. (1885) Indian corn and the Indian. *The American Naturalist* 19: 225–34.

347. Benz, B.F. (2001) Archaeological evidence of teosinte domestication of Guilá Naquitz, Oaxaca. *Proceedings of the National Academy of Sciences USA* 98: 2104–6. Piperno, D.R., and Flannery, K.V. (2001) The earliest archaeological maize (*Zea*

mays L.) from Highland Mexico: new accelerator mass spectrometry dates and their implication. *Proceedings of the National Academy of Sciences USA* 98: 2101–3.

348. Beadle, G.W. (1939) Teosinte and the origin of maize. *Journal of Heredity* 30: 245–7. Jaenicke-Després, V., Buckler, E.S., Smith, B.D., Gilbert, M.T.P., Cooper, A., Doebley, J., and Pääbo, S. (2003) Early allelic selection in maize as revealed by ancient DNA. *Science* 302: 1206–8. Doebley, J. (2004) The genetics of maize evolution. *Annual Review of Genetics* 38: 37–59.

349. Ralph, J. (1758) *The case of authors by profession or trade stated.* Printed by R. Griffiths, London, p. 41.

350. MacNutt, F.A. (1912) *De Orbe Novo: the eight decades of Peter Martyr d'Anghera*, Vol. 1. G.P. Putnam & Sons, London, p. 262.

351. Do Rosário, A. (1702) *Frutas do Brasil numa nova, e ascetica Monarchia, consagrada à Santissima Senhora do Rosario.* António Galrão, Lisbon. Biron, B.R.R. (2009) *Frutas do Brasil*: Uma alegoria do Novo Mundo. *Revista do Núcleo de Estudos de Literatura Portuguesa e Africana da UFF* 2: 47–57.

352. Whatley, J. (1992) *Jean de Léry. History of a voyage to the land of Brazil, otherwise called America.* University of California Press, Berkeley, p. 108.

353. Whatley, J. (1992) *Jean de Léry. History of a voyage to the land of Brazil, otherwise called America.* University of California Press, Berkeley, p. 108. Piso, W., and Marggraf, G. (1648) *Historia naturalis Brasiliae.* Franciscum Hackium, Amstelodami, apud Lud. Elzevirium, Lugdunum Batavorum.

354. Boym, M. (1656) *Flora Sinensis, fructus floresque humillime porrigens.* Typis Matthaei Rictiji, Viennae, tab. G.

355. Ligon, R. (1657) *True and exact history of Barbados.* Humphrey Moseley, London.

356. Parkinson, J. (1640) *Theatrum Botanicum. The theatre of plantes.* London, pp. 1626–7.

357. De Beer, E.S. (1955) *The diary of John Evelyn*, Vol. 3. Clarendon Press, Oxford, p. 293.

358. Bradley, R. (1721) *A general treatise of husbandry and gardening*, Vol. 1. Printed for T. Woodward and J. Peele, London, pp. 206–20.

359. Musgrave, T. (2009) *The head gardeners. Forgotten heroes of horticulture.* Aurum Press, London.

360. Brown, J. (2000) *The pursuit of paradise. A social history of gardens and gardening.* HarperCollins, London.

361. Pearson, R.A., Lhoste, P., Saatamoinen, M., and Martin-Rosset, W. (2003) *Working animals in agriculture and transport. A collection or current research and development observations*, Wageningen Academic Publishers, Wageningen.

362. Flint, C.L. (1859) *Grasses and forage plants. A practical treatise.* W.F. Gill, Boston MA, p. 91.

363. Hitchcock, A.S. (1935) *Manual of the grasses of the United States.* United States Government Printing Office, Washington DC.

364. Jefferson, R.G. (2005) The conservation management of upland hay meadows in Britain: a review. *Grass and Forage Science* 60: 322–31.

365. Berridge, V. (2005) *The Big Smoke: fifty years after the 1952 London smog.* University of London, London. Bell, M.L., Devra, L., and Davis, T.F. (2004) A retrospective assessment of mortality from the London Smog episode of 1952: the role of influenza and pollution. *Environmental Health Perspectives* 112: 6–8.

366. Owen, D. (2004) *Copies in seconds: how a lone inventor and an unknown company created the biggest communication breakthrough since Gutenberg.* Simon & Schuster, New York.

367. McHenry, G. (1863) *The cotton trade: its bearing upon the prosperity of Great Britain and commerce of the American Republics, considered in connection with the system of Negro slavery in the Confederate State.* Saunders, Otley & Co., London.

368. Lee, H. (1887) *The vegetable lamb of Tartary; a curious fable of the cotton plant.* Sampson Low, Marston, Searle & Rivington, London. Appleby, J.H. (1997) The Royal Society and the Tartar Lamb. *Notes and Records of the Royal Society of London* 51: 23–34.

369. Watt, G. (1907) *The wild and cultivated cotton plants of the world. A revision of the genus* Gossypium *framed primarily with the object of aiding planters and investigators who may contemplate the systematic improvement of the cotton staple.* Longmans, Green, & Co., London.

370. Hort, A. (1916) *Theophrastus. Enquiry into plants*, Vol. 1. William Heinemann, London, chs 4, 4 and 4, 7.

371. Thomson, J. (1849) On the mummy cloth of Egypt. *The Classical Museum* 6: 152–63.

372. Fryxell, P.A. (n.d.) *The natural history of the cotton tribe (Malvaceae, tribe Gossypeae).* Texas A&M University Press, College Station and London.

373. Huckell, L.W. (1993) Plant remains from the Pinaleño Cotton Cache, Arizona. *Kiva, the Journal of Southwest Anthropology and History* 59: 147–203. Moulherat, C., Tengberg, M., Haquet, J.F., and Mille, B. (2002) First evidence of cotton at Neolithic Mehrgarh, Pakistan: analysis of mineralized fibres from a copper bead. *Journal of Archaeological Science* 29: 1393–1401.

374. Wendel, J.F. (1989) New World tetraploid cottons contain Old World cytoplasm. *Proceedings of the National Academy of Sciences USA* 86: 4132–6.

375. Bowman, F.H. (1908) *The structure of the cotton fibre in its relation to technical applications.* Macmillan, London. Flint, E.A. (1950) The structure and development of the cotton fibre. *Biological Reviews* 25: 414–34.

376. Fryxell, P.A. (n.d.) *The natural history of the cotton tribe (Malvaceae, tribe Gossypeae).* Texas A&M University Press, College Station and London.

377. Drury, H. (1873) *The useful plants of India.* William H. Allen, London, p. 230.

378. McHenry, G. (1863) *The cotton trade: its bearing upon the prosperity of Great Britain and commerce of the American Republics, considered in connection with the system of Negro slavery in the Confederate State.* Saunders, Otley & Co., London. Hobhouse, H. (1999) *Seeds of change.* Papermac, London.

379. Watts, J. (1866) *The facts of the cotton famine.* Simpkin, Marshall, & Co., London. Arnold, A. (1864) *The history of the cotton famine from the fall of Sumter to the passing of the Public Works Act.* Saunders, Otley, & Co., London.

380. Davis, M. (2000) *Late Victorian Holocausts: El Niño famines and the making of the Third World*. Verso, London.

381. Perrin, L.M. (2001) Resisting reproduction: reconsidering slave contraception in the Old South. *Journal of American Studies* 35: 255–74.

382. Waltham, T., and Sholji, I. 2001. The demise of the Aral Sea – an environmental disaster. *Geology Today* 17: 218–28. Wang, Z., Lin, H., Huang, J., Hu, R., Rozelle, S., and Pray, C. 2009. Bt cotton in China: are secondary insect infestations offsetting the benefits in farmer fields? *Agricultural Sciences in China* 8: 83–90. Lu, W.K., Wu, K., Jiang, Y., Guo, Y., and Desneux, N. (2012) Widespread adoption of Bt cotton and insecticide decrease promotes biocontrol services. *Nature* 487: 362–5.

383. Moseley, B. (1799) *A treatise on sugar*. Printed for G.G., and J. Robinson, London.

384. Gerard, J. (1597) *The herball or generall historie of plantes*. John Norton, London, p. 35.

385. Moseley, B. (1799) *A treatise on sugar*. Printed for G.G., and J. Robinson, London, p. 157.

386. Voltaire (1759) *Candide, ou L'optimisme, traduit de l'Allemand de Mr. le Docteur Ralph*. Paris, p. 127.

387. Moseley, B. (1799) *A treatise on* sugar. printed for G.G., and J. Robinson, London, p. 140.

388. Treloar, W.P. (1884) *The prince of palms*. Sampson Low, Marston, Searle & Rivington, London, p. 5.

389. Treloar, W.P. (1884) *The prince of palms*. Sampson Low, Marston, Searle & Rivington, London.

390. Purseglove, J.W. (1972) *Tropical crops. Monocotyldons*. Longman: London.

391. Halliwell, J.O. (1839) *The voyage and travaile of Sir John Maundevile, Kt*. Edward Lumley, London, p. 265.

392. Gerard, J. (1597) *The herball or generall historie of plantes*. John Norton, London, pp. 1337–9. Fritz, R. (1983). *Die Gefässe aus Kokosnuss in Mitteleuropa 1250–1800*. Philipp. von Zabern, Mainz am Rhein.

393. Harries, H.C. (2004) Fun made the fair coconut shy. *Palms* 48: 77–82.

394. Edmondson, C.H. (1941) Viability of coconut after floating in sea. *Occasional Papers of the Bernice Pauahi Bishop Museum of Polynesian Ethnology and Natural History, Hawaii* 16: 293–304.

395. Hartwig, G. (1863) *The tropical world: a popular scientific account of the natural history of the animal and vegetable kingdoms in the equatorial regions*. Longman, Green, Longman, Roberts, & Green, London, pp. 128–9.

396. Clement, C.R., Zizumbo-Villarreal, D., Brown, C.H., Ward, R.G., Alves-Pereira, A., and Harries, H.C. (2013) Coconuts in the Americas. *Botanical Review* 79: 342–70. Gunn, B.F., Baudouin, L., Olsen, K.M. (2011) Independent origins of cultivated coconut (*Cocos nucifera* L.) in the Old World tropics. *PLoS ONE* 6: e21143.

397. Clement, C.R., Zizumbo-Villarreal, D., Brown, C.H., Ward, R.G., Alves-Pereira, A., and Harries, H.C. (2013) Coconuts in the Americas. *Botanical Review* 79:

342–70.

398. De Candolle, A. (1884) *Origin of cultivated plants*. Kegan Paul, Trench & Co., London. Purseglove, J.W. (1972) *Tropical crops. Monocotyldons*. Longman, London. Gunn, B.F., Baudouin, L., and Olsen, K.M. (2011) Independent origins of cultivated coconut (*Cocos nucifera* L.) in the Old World tropics. *PLoS ONE* 6: e21143.

399. Cook, O.F. (1901) *The origin and distribution of the cocoa palm*. Government Printing Office, Washington DC. Harries, H.C. (1992) Biogeographyof the coconut *Cocos nucifera* L. *Principes* 36: 155–62. Clement, C.R., Zizumbo-Villarreal, D., Brown, C.H., Ward, R.G., Alves-Pereira, A., and Harries, H.C. (2013) Coconuts in the Americas. *Botanical Review* 79: 342–70. Baker, W.J., and Couvreur, T.L.P. (2013) Global biogeography and diversification of palms sheds light on the evolution of tropical lineages. I. Historical biogeography. *Journal of Biogeography* 40: 274–85. Meerow, A.W., Noblick, L., Borrone, J.W., Couvreur, T.L.P., Mauro-Herrera, M., Hahn, W.J., Kuhn, D.N., Nakamura, K., Oleas, N.H., and Schnell, R.J. (2009) Phylogenetic analysis of seven WRKY genes across the palm subtribe Attaleinae (Arecaceae) identifies *Syagrus* as sister group of the coconut. *PLoS ONE* 4: e7353.

400. Harries, H.C., and Clement, C.R. (2013) Long-distance dispersal of the coconut palm by migration within the coral atoll ecosystem. *Annals of Botany* doi: 10.1093/aob/mct293.

401. Harries, H.C. (2004) Fun made the fair coconut shy. *Palms* 48: 77–82. Jackson, J.R. (1890) *Commercial botany of the nineteenth century*. Cassell & Co., London.

402. Treloar, W.P. (1884) *The prince of palms*. Sampson Low, Marston, Searle & Rivington, London.

403. Anonymous (1912) *The cult of the coconut: a popular exposition of the coconut and oil palm industries*. Curtis Gardner, London.

404. Purseglove, J.W. (1972) *Tropical crops. Monocotyldons*. Longman: London.

405. J. A. Carney, J.A. (2001) Black rice. *The African origins of rice cultivation in the Americas*. Harvard University Press, Cambridge, MA. Carney, J.A., and Rosomoff, R.N. (2009) *In the shadow of slavery. Africas botanical legacy in the Atlantic World*. University of California Press, Berkley,CA.

406. Ruddiman, W.F. (2005) *Plows, plagues, and petroleum. How humans took control of climate*. Princeton University Press, Princeton NJ.

407. Sweeney, M., and McCouch, S. (2007) The complex history of the domestication of rice. *Annals of Botany* 100: 951–7. Fuller, D.Q., Sato, Y.-I., Castillo, C., Qin, L., Weisskopf, A.R., Kingwell-Banham, E.J., Song, J., Ahn, S.-M., and van Etten, J. (2010) Consilience of genetics and archaeobotany in the entangled history of rice. *Archaeological and Anthropological Sciences* 2: 115–31. Molina, J., Sikora, M., Garud, N., Flowers, J.M., Rubinstein, S., Reynolds, A., Huang, P., Jackson, S., Schaal, B.A., Bustamante, C.D., Boyko, A.R., and Purugganan, M.D. (2011) Molecular evidence for a single evolutionary origin of domesticated rice. *Proceedings of the National Academy of Sciences USA* 108: 8351–6.

408. Li, Z.M., Zheng, X.M., and Ge, S. (2011) Genetic diversity and domestication history of African rice (*Oryza glaberrima*) as inferred from multiple gene sequences. *Theoretical and Applied Genetics* 123: 21–31. Portères, R. (1970) *Primary cradles*

of agriculture in the African continent. Cambridge University Press, Cambridge. Richards, P. (1996) *Redefining nature: ecology, culture and domestication*. Oxford University Press, Oxford.

409. Linares, O.F. (2002) African rice (*Oryza glaberrima*): history and future potential. *Proceedings of the National Academy of Sciences USA* 99: 16360–65.
410. Beyer, P. (2010) Golden rice and 'golden' crops for human nutrition. *New Biotechnology* 27: 478–81.
411. Salim Al-Babili, S., and Beyer, P. (2005) Golden Rice – five years on the road – five years to go? *Trends in Plant Science* 10: 565–73. Eisenstein, M. (2014) Biotechnology: Against the grain. *Nature* 514: S55–S57.
412. Koerner L (1999) *Linnaeus: nature and nation*. Harvard University Press: Cambridge MA.
413. Hamilton, H. (1948) *England: a history of the homeland*. Norton, New York.
414. Smith, J. (1848) *Essays on the cultivation of the tea plant, in the United States of America*. W.E. Dean, New York, p. 3.
415. Gardner, G. (1846) *Travels in the interior of Brazil, principally through the Northern Provinces and the gold and diamond districts, during the years 1836–1841*. Reeve Brothers, London, p. 35.
416. Fortune, R. (1847) *Three years' wandering in the northern provinces of China, a visit to the tea, silk, and cotton countries*. John Murray, London. Fortune, R. (1852) *A journey to the tea countries of China*. John Murray, London.
417. Fortune, R. (1847) *Three years' wandering in the northern provinces of China, a visit to the tea, silk, and cotton countries*. John Murray, London.
418. Harbowy, M.E., and Balentine, D.A. (1997) Tea chemistry. *Critical Reviews in Plant Sciences* 16: 415–80.
419. Brockway, L.H. (1979) *Science and colonial expansion. The role of the British Royal Botanic Gardens*. Yale University Press, New Haven CT.
420. Ward, N.B. (1852) *On the growth of plants in closely glazed cases*. John von Voorst, London.
421. Blatchley, W.S. (1912) *The Indiana weed book*. Nature Publ. Co., Indianapolis. Wodehouse, R.P. (1960) Weed. *Encyclopaedia Britannica* 23: 477.
422. Pelser, P.B., van den Hof, K., Gravendeel, B., and van der Meijden, R. (2004) The systematic value of morphological characters in *Senecio* sect. Jacobaea (Asteraceae). *Systematic Botany* 29: 790–805. Pelser, P.B., Nordenstam, B., Kadereit, J.W., and Watson, L.E. (2007) An ITS phylogeny of tribe Senecioneae (Asteraceae) and a new delimitation of *Senecio* L. *Taxon* 56: 1077–104.
423. Harper, J.L., and Wood, W.A. (1957) Biological flora of the British Isles. *Senecio jacobaea* L. *Journal of Ecology* 45: 617–37.
424. Cameron, E. (1935) A study of the natural control of ragwort (*Senecio jacobaea* L.). *Journal of Ecology* 23: 265–322. Schmidl, L. (1972) Biology and control of ragwort, *Senecio jacobaea* L., in Victoria, Australia. *Weed Research* 12: 37–45.
425. Rizk, A.F.M. (1991) The pyrrolizidine alkaloids: plant sources and properties. In Rizk, A.F.M. (ed.) *Naturally Occurring Pyrrolizidine Alkaloids*. CRC Press, Boca

Raton FL, pp. 1–89.

426. Peterson, J.E., and Culvenor, C.C.J. (1983) Hepatotoxic pyrrolizidine alkaloids. In R.F. Keeler and A.T. Tu (eds) *Handbook of natural toxins.* Volume 1: *Plant and fungal toxins.* Marcel Dekker, New York, pp. 637–71.

427. Noonan, P.J. (2001) Common plant poisoning. *Irish Veterinary Journal* 54: 342–4.

428. Pemberton, R.W., and Turner, C.E. (1990). Biological control of *Senecio jacobaea* in northern California, an enduring success. *Entomophaga* 35: 71–7.

429. Grieve, M. (1931) *A modern herbal,* Vol. 2. Jonathan Cape, London.

430. Gerard, J. (1597) *The Herball or Generall Historie of Plantes.* John Norton, London, pp. 1331–3.

431. Denham, T.P., Haberle, S.G., Lentfer, C., Fullagar, R., Field, J., Therin, M., Porch, N., and Winsborough, B. (2003). Origins of agriculture at Kuk Swamp in the highlands of New Guinea. *Science* 5630: 189–93.

432. Simmonds, N.W., and Shepherd, K. (1955) Taxonomy and origins of cultivated bananas. *Botanical Journal of the Linnean Society* 55: 302–12.

433. Watson, A. (1983) *Agricultural innovation in the early Islamic world.* Cambridge University Press, Cambridge.

434. Johnson, T. (1636) *The Herball or Generall Historie of Plantes. Gathered by John Gerarde of London.* Adam Islip Ioice Norton and Richard Whitakers, London, p. 1515.

435. Freer, S. (2007) *Musa cliffortiana Clifford's banana plant. Reprint and translation of the original edition (Leiden 1736).* A.R.G. Gantner Verlag, Ruggell. Watson, A. (1983) *Agricultural innovation in the early Islamic world.* Cambridge University Press, Cambridge. Johnson, T. (1636) *The Herball or Generall Historie of Plantes. Gathered by John Gerarde of London.* Printed by Adam Islip, Ioice Norton and Richard Whitakers, London, pp. 1331–3.

436. Purseglove, J.W. (1972) *Tropical crops. Monocotyldons.* Longman, London.

437. Moore, N.Y., Bentley, S., Pegg, K.G., and Jones, D. R. (1995) *Musa Disease Fact Sheet No 5. Fusarium wilt of banana.* INIBAP, Montpellier.

438. Marín, D.H., Romero, R.A., Guzmán, M., and Sutton, T.B. (2003) Black sigatoka: an increasing threat to banana cultivation. *Plant Disease* 87: 208–22.

439. Hwang, S.-C., and Ko, W.-H. (2004) Cavendish banana cultivars resistant to *Fusarium* Wilt acquired through somaclonal variation in Taiwan. *Plant Disease* 6: 580–88. Robert, S., Ravigne, V., Zapater, M.F., Abadie, C., and Carlier, J. (2012) Contrasting introduction scenarios among continents in the worldwide invasion of the banana fungal pathogen *Mycosphaerella fijiensis. Molecular Ecology* 21: 1098–114.

440. d'Hont, A., Denoeud, F., Aury, J.-M., Baurens, F.-C., Carreel, F., Garsmeur, O., Noel, B., Bocs, S., Droc, G., Rouard, M., Da Silva, C., Jabbari, K., Cardi, C., Poulain, J., Souquet, M., Labadie, K., Jourda, C., Lengelle, J., Rodier-Goud, M., Alberti, A., Bernard, M., Correa, M., Ayyampalayam, S., McKain, M.R., Leebens-Mack, J., Burgess, D., Freeling, M., Mbeguie-A-Mbeguie, D., Chabannes, M., Wicker, T., Panaud, O., Barbosa, J., Hribova, E., Heslop-Harrison, P., Habas, R., Rivallan, R., Francois, P., Poiron, C., Kilian, A., Burthia, D., Jenny, C., Bakry, F.,

Brown, S., Guignon, V., Kema, G., Dita, M., Waalwijk, C., Joseph, S., Dievart, A., Jaillon, O., Leclercq, J., Argout, X., Lyons, E., Almeida, A., Jeridi, M., Dolezel, J., Roux, N., Risterucci, A.-M., Weissenbach, J., Ruiz, M., Glaszmann, J.-C., Quetier, F., Yahiaoui, N., and Wincker, P. (2012) The banana (*Musa acuminata*) genome and the evolution of monocotyledonous plants. *Nature* 488: 213–17.

441. Whittington, E.M. (2001) *The sport of life and death: the Mesoamerican ballgame.* Thames & Hudson, New York.

442. Filloy Nadal, L. (2001) Rubber and rubber balls in Mesoamerica. In Whittington, E.M. (ed.) *The sport of life and death: the Mesoamerican ballgame.* Thames & Hudson, New York, pp. 20–31.

443. Dean, W. (1987) *Brazil and the struggle for rubber: a study in environmental history*. Cambridge University Press, Cambridge.

444. Cowell, A. (1990) *The decade of destruction.* Hodder & Stoughton, London, pp. 169–200.

445. Moerman, D.E. (1998) *Native American ethnobotany*. Timber Press, Portland OR, pp. 257–8. Heiser, C.B. (1951) The sunflower among the North American Indians. *Proceedings of the American Philosophical Society* 95: 432–48.

446. Gerard, J. (1597) *The Herball or general historie of plantes. Gathered by John Gerarde of London Master in Chirurgerie.* John Norton, London, p. 612.

447. Parkinson, J. (1629) *Paradisi in sole.* Printed by Humfrey Lownes and Robert Young, London, pp. 295–6.

448. Knapp, S. (2014) Why is a raven like a writing desk? Origins of the sunflower that is neither an artichoke nor from Jerusalem. *New Phytologist* 201: 710–11.

449. Gerard, J. (1633) *The Herball or Generall historie of plantes.* Printed by Adam Islip, Ioice Norton and Richard Whitakers, London, p. 754.

450. Gerard, J. (1597) *The Herball or general historie of plantes. Gathered by John Gerarde of London Master in Chirurgerie.* John Norton, London, p. 613.

451. Adam, J.A. (2009) *A mathematical nature walk.* Princeton University Press, Princeton NJ, pp. 31–42.

452. Mathai, A.M., and Davis, T.A. (1974) Constructing the sunflower head. *Mathematical Biosciences* 20: 117–33. Vogel, H. (1979) A better way to construct the sunflower head. *Mathematical Biosciences* 44: 179–89.

453. Heiser, C.B. (1998) The domesticated sunflower in old Mexico? *Genetic Resources and Crop Evolution* 45: 447–9. Lentz, D.L., Pohl, M.D., Alvarado, J.L., Tarighat, S., and Bye, R. (2008) Sunflower (*Helianthus annuus* L.) as a pre-Columbian domesticate in Mexico. *Proceedings of the National Academy of Sciences USA* 105: 6232–7. Lentz, D.L., Pohl, M.D., Pope, K.O., and Wyatt, A.R. (2001) Prehistoric sunflower (*Helianthus annuus* L.) domestication in Mexico. *Economic Botany* 55: 370–76. Heiser, C.B. (2008) Sunflowers among Aztecs? *International Journal of Plant Sciences* 169: 980. Lentz, D.L. (2008) Reply to Heiser. *International Journal of Plant Sciences* 169: 980. Heiser, C.B. (2008) The sunflower (*Helianthus annuus*) in Mexico: further evidence for a North American domestication. *Genetic Resources and Crop Evolution* 55: 9–13.

454. Putt, E.D. (1997) Early history of sunflower. In Schneiter, A.A. (ed.) *Sunflower technology and production.* American Society of Agronomy, Crop Science Society

of America and Soil Science Society of America, Madison WI.

455. Watkins, C. (2006) Operation Oilseed. *Sunflower Magazine.* www.sunflowernsa.com/magazine/details.asp?ID=420&Cat=1; accessed 13 July 2014.

456. Burkill, H.M. 1997 *The useful plants of West Tropical Africa*, Volume 4: *Families M–R.* Royal Botanic Gardens, Kew, pp. 354–69.

457. Sir Hans Sloane's *Catalogus Plantarum* (1696) describes oil palm in Jamaica. William Dampier, in his *A voyage to New Holland, &c. In the Year, 1699* (1703: p. 71), may refer to the African oil palm or perhaps a Brazilian oil-producing palm.

458. Loudon, J.C. (1850) *Loudon's Hortus Britannicus.* Printed for Longman, Brown, Green, and Longmans, London, p. 399.

459. Purseglove, J.W. (1972) *Tropical crops. Monocotyldons.* Longman: London.

460. Secretariat of the Convention on Biological Diversity (2010) *Global Biodiversity Outlook 3.* Montréal, p. 5.

461. Singh, R., Ong-Abdullah, M., Low, E.-T.L., Manaf, M.A.A., Rosli, R., Nookiah, R., Ooi, L.C.-L., Ooi, S.-E., Chan, K.-L., Halim, M.A., Azizi, N., Nagappan, J., Bacher, B., Lakey, N., Smith, S.W., He, D., Hogan, M., Budiman, M.A., Lee, E.K., DeSalle, R., Kudrna, D., Goicoechea, J.L., Wing, R.A., Wilson, R.K., Fulton, R.S., Ordway, J.M., Martienssen, R.A., and Sambanthamurthi, R. (2013) Oil palm genome sequence reveals divergence of interfertile species in Old and New worlds. *Nature* 500: 335–9.

462. Hymowitz, T., and Harlan, J.R. (1983) Introduction of soybean to North America by Samuel Bowen in 1765. *Economic Botany* 37: 371–9.

463. Benson Ford Research Center (2014) www.thehenryford.org/research/soybeancar.aspx; accessed 27 July 2014.

464. Kaempfer, E. (1712) *Amoenitatum exoticarum politico-physico-medicarum fasciculi V.* Lemgoviae: Typis & Impensis Henrici Wilhelmi Meyeri, Aulae Lippiacae Typographi, pp. 837–40.

465. Hymowitz, T. (1970) On the domestication of soybean. *Economic Botany* 24: 408–21. Stark, M.T. (2005). *Archaeology of Asia.* Wiley–Blackwell, Hoboken NJ.

466. Vranken, L., Avermaete, T., Petalios, D., and Mathijs, E. (2014) Curbing global meat consumptioe Emerging evidence of a second nutrition transition. *Environmental Science & Policy* 39: 95–106.

467. National Agricultural Statistics Service (2014) www.nass.usda.gov/index.asp; accessed 27 July 2014.

468. Mittermeier, R.A., Gil, P.R., Hoffman, M., Pilgrim, J., Brooks, T., Mittermeier, C.G., Lamoreux, J., and da Fonseca, G.A.B. (2005) *Hotspots revisited. Earth's biologically richest and most endangered terrestrial ecoregions.* University of Chicago Press, Chicago.

469. WWF (2011) *Soya and the cerrado: Brazil's forgotten jewel.* WWF–UK Report, Cambridge.

470. Conservation International (2004) Press release dated 8 July 2004: Brazilian cerrado may disappear by 2030. www.conservation.org/newsroom/pressreleases/pages/press/aspx; accessed 10 October 2013. For alternative views, see Ratter, J.A., Ribeiro, J.F., and S. Bridgewater, S. (1997) The Brazilian cerrado vegetation and

threats to its biodiversity. *Annals of Botany* 80: 223–30; and Jepson, W. (2005) A disappearing biome? Reconsidering land-cover change in the Brazilian savanna. *Geographical Journal* 171: 99–111.

471. UNICA (2010) Sugar cane Industry Association. http://english.unica.com.br; accessed 10 November 2013. Anonymous (2010) The miracle of the cerrado. *The Economist*, 26 August 2010. See also letters responding to the article in *The Economist*, 9 September 2010.

472. Vince, G. (2014) *Adventures in the anthropocene: a journey to the heart of the planet we made*. Chatto & Windus, London.

473. Thompson, P.A. (1973) Effects of cultivation on the germination character of the corn cockle (*Agrostemma githago* L.). *Annals of Botany* 37: 133–54.

474. Baxter, W. (1837) *British Phaenogamous botany*, Vol. 3. Published by the Author, Oxford, t.175.

475. Gerard, J. (1633) *The herball or Generall historie of plantes. Gathered by Iohn Gerarde of London Master in Chirurgerie very much enlarged and amended by Thomas Iohnson citizen and apothecarye of London*. Printed by Adam Islip, Ioice Norton and Richard Whitakers, London, p. 1087.

476. Graves, G., and Hooker, W.J. (1835) *Curtis's Flora Londinensis*, Vol. 1. Henry G. Bohn, London.

477. Thompson, P.A. (1973) Effects of cultivation on the germination character of the corn cockle (Agrostemma githago L.). *Annals of Botany* 37: 133–54. Storkey, J., Meyer, S., Still, K.S., and Leuschner, C. (2011) The impact of agricultural intensification and land-use change on the European arable flora. *Proceedings of the Royal Society B* doi:10.1098/rspb.2011.1686.

478. Storkey, J., Meyer, S., Still, K.S., and Leuschner, C. (2011) The impact of agricultural intensification and land-use change on the European arable flora. *Proceedings of the Royal Society B* doi:10.1098/rspb.2011.1686.

479. Marsh, G.P. (1864) *Man and nature; or, physical geography as modified by human action*. Charles Scribner, New York, p. 50.

480. Egerton, F.N. (2012) *Roots of ecology. Antiquity to Haeckel.* University of California Press, Berkeley.

481. Walker, T. (2014) *Plant conservation. Why it matters and how it works*. Timber Press, Portland OR.

482. Walker, T. (2014) *Plant conservation. Why it matters and how it works*. Timber Press, Portland OR.

483. Storkey, J., Meyer, S., Still, K.S., and Leuschner, C. (2011) The impact of agricultural intensification and land-use change on the European arable flora. *Proceedings of the Royal Society B* doi:10.1098/rspb.2011.1686.

484. Thallius, J. (1588) *Sylva Hercynia*. Francofvurti ad Moenum.

485. Holl, F., and Heynhold, G. (1842) *Flora von Sachsen*. Verlag von Justus Raumann, Dresden, p. 538.

486. Mitchell-Olds, T. (2001) *Arabidopsis thaliana* and its wild relatives: a model system for ecology and evolution, *Trends in Ecology & Evolution* 16: 693–700.

487. International Human Genome Sequencing Consortium (2004) Finishing the euchromatic sequence of the human genome. *Nature* 431: 931–45.

488. The *Arabidopsis* Genome Initiative (2000) Analysis of the genome sequence of the flowering plant *Arabidopsis thaliana*. *Nature* 408: 796–815.

489. The Arabidopsis Information Resource (2014) www.arabidopsis.org; accessed 2 February 2014.

490. Coen, E.S., and Meyerowitz, E.M. (1991) The war of the whorls: genetic interactions controlling flower development. *Nature* 353: 31–7.

491. Meyerowitz, E.M. (2001) Prehistory and history of *Arabidopsis* research. *Plant Physiology* 125: 15–19.

참고문헌

Abbott, E. (2010) *Sugar. A Bittersweet History*. Duckworth Overlook, London.

Balfour-Paul, J. (2011) *Indigo: Egyptian mummies to blue jeans*. British Museum, London.

Beauman, F. (2005) *The pineapple. King of fruits*. Chatto & Windus, London.

Biancardi, E., Panella, L.W., and Lewellen, R.T. (2012) *Beta maritima. The origin of beets*. Springer, Berlin.

Block, E. (2010) *Garlic and other alliums: the lore and the science*. Royal Society of Chemistry, Cambridge.

Booth, M. (1996) *Opium: a history*. Simon & Schuster, London.

Booth, M. (2003) *Cannabis: a history*. Bantam Books, London.

Brockway, L.H. (1979) *Science and colonial expansion. The role of the British Royal Botanic Gardens*. Yale University Press, New Haven CT.

Brown, D.C. (2011) *King cotton: a cultural, political, and economic history since 1945*. University Press of Mississippi, Jackson.

Clarke, R.C., and Merlin, M.D. (2013) *Cannabis. Evolution and ethnobotany*. University of California Press, Berkeley.

Coe, S.D., and Coe, M.D. (1996) *The true history of chocolate*. Thames & Hudson, London.

Cook, H.J. (2007) *Matters of exchange. Commerce, medicine, and science in the Dutch Golden Age*. Yale University Press, New Haven CT.

Crosby, A.W. (2003) *The Columbian exchange. Biological and cultural consequences of 1492*. Praeger, Westport CT.

Dash, M. (1999) *Tulipomania. The story of the world's most coveted flower & the extraordinary passions it aroused*. Indigo, London.

Diamond, J. (1998) *Guns, germs and steel: a short history of everybody for the last 13,000 years*. Vintage, London.

Dixon, G.R. (2007) *Vegetable brassicas and related crucifers*. CABI, Wallingford.

Endersby, J. (2008) *A guinea pig's history of biology*. Arrow Books, London.

Foale, M. (2003) *The coconut odyssey – the bounteous possibilities of the tree of life*. Australian Centre for International Agricultural Research, Canberra.

Food and Agriculture Organization of the United Nations (2013) *FAOSTAT*. http://faostat3.fao.org.

Freedman, P.H. (2008) *Out of the east: spices and the medieval imagination*. Yale University Press, New Haven CT.

Freese, B. (2005) *Coal: a human history*. Arrow Books, London.

Gately, I. (2001) *Tobacco. A cultural history of how an exotic plant seduced civilization*. Grove Press, New York.

Gately, I. (2009) *Drink: a cultural history of alcohol*. Gotham Books, New York.

Gledhill, D. (2008) *The names of plants*. Cambridge University Press, Cambridge.

Hageneder, F. (2013) *Yew*. Reaktion Books, London.

Harris, S.A. (2014) *Grasses*. Reaktion Books, London.

Harvey, G. (2001) *The forgiveness of nature. The story of grass*. Vintage, London.

Hobhouse, H. (1999) *Seeds of change*. Papermac, London.

Honigsbaum, M. (2001) *The fever trail: the hunt for the cure for malaria*. Macmillan, London.

Jackson, J. (2008) *The thief at the end of the world. Rubber, power, and the seeds of empire*. Duckworth Overlook, London.

Juniper, B.E., and Mabberley, D.J. (2006) *The story of the* apple. Timber Press, Portland OR.

Kenrick, P., and Davis, P. (2004) *Fossil plants*. Natural History Museum, London.

Leigh, G.J. (2004) *The world's greatest fix. A history of nitrogen and agriculture*. Oxford University Press, Oxford.

Mann, C.C. (2011) *1493: how Europe's discovery of the Americas revolutionized trade, ecology and life on earth*. Granta Books, London.

Markham, C. (1880) *Peruvian bark: a popular account of the introduction of Chinchona cultivation into British India 1860–1880*. John Murray, London.

Mason, L. (2013) *Pine*. Reaktion Books, London.

McNeil, C. (2006). *Chocolate in Mesoamerica: A Cultural History of Cacao*. University of Florida Press, Gainesville.

Milton, G. (1999) *Nathaniel's nutmeg. How one man's courage changed the course of history*. Sceptre, London.

Montgomery, D.R. (2008) *Dirt. The erosion of civilizations*. University of California Press, Berkeley.

Morgan, J., and Richards, A. (2002) *The book of the apples*. Ebury, London.

Morton, A.G. (1981) *History of botanical science: an account of the development of botany from ancient times to the present day*. Academic Press, London.

Murphy, D.J. (2007) *People, plants & genes. The story of crops and humanity*. Oxford University Press, Oxford.

Parkinson, R., and Quirke, S. (1995) *Papyrus*. British Museum Press, London.

Pavord A. 1998. *The tulip*. Bloomsbury, London.

Perdue, R.E., (1958) *Arundo donax* – source of musical reeds and industrial cellulose. *Economic botany* 12: 368–404.

Potter, J. (2010) *The rose. A true history*. Atlantic Books, London.

Reader, J. (2008) *Propitious esculent: the potato in world history*. William Heinemann, London.

Smith, B.D. (1998) *The emergence of agriculture*. Scientific American Library, New York.

Staller, J.E. (2010) *Maize cobs and cultures: history of Zea mays L.* Springer, Berlin.

Thompson, C.J.S. (1934) *The mystic mandrake*. Rider, London.

Weinberg, B.A., and Bealer, B.K. (2002) *The world of caffeine. The science and culture of the world's most popular drug*. Routledge, London.

Young, P. (2012) *Oak*. Reaktion Books, London.

Zohary, D., Hopf, M., and Weiss, E. (2013) *Domestication of plants in the Old World.* Oxford University Press, Oxford.

찾아보기

세계를 정복한 식물들

초판 1쇄 발행 | 2020년 8월 10일
초판 3쇄 발행 | 2021년 4월 15일

지은이 | 스티븐 해리스
옮긴이 | 장진영
펴낸이 | 조승식
펴낸곳 | 돌배나무
공급처 | 북스힐
등록 | 제2019-000003호
주소 | 서울시 강북구 한천로 153길 17
전화 | 02-994-0071
팩스 | 02-994-0073
홈페이지 | www.bookshill.com
이메일 | bookshill@bookshill.com

ISBN 979-11-966240-8-8
정가 15,000원